설교집 30

소통하는 사람들

| 박종순 목사 설교집 |

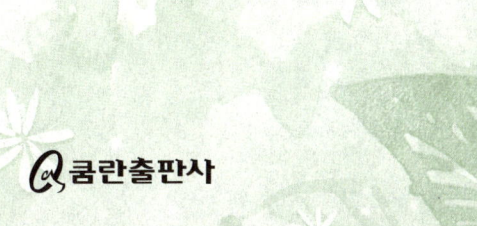

소통하는
사람들

머리말

서른 번째 설교집 《소통하는 사람들》을 펴내게 하신 하나님께 영광과 감사를 드립니다. 설교를 할 수 있다는 것 그 자체만으로도 감격 또 감격인데 책으로 묶어낼 수 있다는 건 무한감사 더 감사가 아닐 수 없습니다.

저는 평생 설교를 했습니다만, 단 한 번도 '잘했다, 만족한다, 걸작이다'라는 생각을 하지 못했습니다. 지금도 강단에 서려면 침이 마르는 긴장을 떨치지 못합니다. 그런 저에게 말씀 선포의 때와 장소를 허락하신 하나님의 사랑과 배려가 너무나 높고 깊고 큽니다.

서른 번째 설교집의 표제를 《소통하는 사람들》로 잡았습니다. 우리 시대는 가는 곳마다 소통이 화두가 되고 있습니다. 소통의 부재와 단절이 부부, 부자, 노사, 여야, 동서와 계층을 처절하게 갈라놓고 있습니다. 그래서 우리 시대는 불행지수가 상승하고 있습니다.

그러나 더 큰 문제는 하나님과의 소통 부재입니다. 소통, 소통 떠들지만 하나님과의 소통 부재는 문제 삼지 않고 있습니다. 탐욕과 이기심, 분파주의와 교권주의가 신령한 소통을 가로막고 있습니다.

　이 설교집을 손에 드는 독자들과 한국교회가 하나님과의 소통을 회복하고 타락 이전의 영성을 되찾게 되기를 바라는 열망을 이 책 안에 담았습니다.

　쿰란출판사, 충신교회, 기도의 동지들 그리고 사랑하는 동역자들 모두에게 감사드립니다. 저부터 주님과의 소통을 위해 경청의 시간을 더 마련하렵니다. 독자들에게 은혜와 평강이 있기를 기도드립니다.

2016년 가을
박종순

차례

머리말...4

제1부 위대한 선택

주님과 나(고전 15:9-11) 10

위대한 선택(신 30:15-20) 18

아버지, 아버지(갈 4:1-7) 26

위로하는 사람들(고후 1:1-11) 35

맡긴 사람들(잠 16:1~9) 44

친구(요 15:13-17) 53

제2부 오직 믿음

하나님의 훈련소(시 66:10~15) 64

오직 믿음(롬 5:1-2) 73

어떻게 살아야 할까요?(엡 4:17-24) 83

요나 청문회(욘 1:1-10) 93

내가 믿나이다(요 20:24-29) 103

새로운 삶을 결단한 사람들(눅 19:1-10) 111

삶의 우선순위(롬 11:33-36) 120

제3부 위기 해법

주님은 내 안에, 나는 주님 안에(요 15:1-8) **132**

위기 해법(사 37:1-7) **143**

행복한 동행(창 5:18-32) **152**

하나님 품(사 40:6-11) **162**

만져 보고 믿으라(눅 24:36-43) **172**

나 혼자 있을 때(사 51:1~6) **182**

제4부 건강한 교회

그리스도인의 자아 돌봄(롬 7:21-25) **192**

다른 평안(요 14:25-31) **202**

바로 보는 사람들(요 9:30-41) **212**

광야 훈련소(신 8:1-10) **223**

문제 해법(행 27:20-26) **233**

건강하고 행복한 교회(고전 12:25-31) **243**

제5부 자아 통찰

섬기러 왔노라(막 10:35-45) **252**
(제4회 바른신학균형목회세미나 개회예배)

함께 가는 한국교회(엡 1:19-22) **264**
(한기총 신임교단장 취임 감사예배)

자아 통찰(눅 24:28-35) **269**
(제5회 바른신학균형목회세미나 개회예배)

주여, 내 아들을(눅 9:37-43) **278**
(제6회 바른신학균형목회세미나 개회예배)

소통하는 사람들(롬 8:28) **288**
(제7회 바른신학균형목회세미나 개회예배)

방황하는 사람들(민 21:4-9) **297**
(제8회 바른신학균형목회세미나 개회예배)

그들이 떠나는가! 교회가 떠나는가!(눅 15:20-24) **308**
(제9회 바른신학균형목회세미나 개회예배)

바벨탑 교훈(창 11:1-9) **322**
(제10회 바른신학균형목회세미나 개회예배)

제1부

위대한 선택

주님과 나

> **고린도전서 15장 9-11절**
> 나는 사도 중에 가장 작은 자라 나는 하나님의 교회를 박해하였으므로 사도라 칭함 받기를 감당하지 못할 자니라 그러나 내가 나 된 것은 하나님의 은혜로 된 것이니 내게 주신 그의 은혜가 헛되지 아니하여 내가 모든 사도보다 더 많이 수고하였으나 내가 한 것이 아니요 오직 나와 함께 하신 하나님의 은혜로라 그러므로 나나 그들이나 이같이 전파하매 너희도 이같이 믿었느니라

하루 24시간을 분 단위로 환산하면 1,440분이 됩니다. 24시간을 초 단위로 환산하면 86,400초가 됩니다. 이 시간 안에서 주님을 생각하는 시간은 얼마나 될까요?

저는 목사입니다. 주님을 이야기하고 가르치는 사람입니다만 주님을 생각하고 이야기하는 시간보다 주님이 아닌 다른 것들을 생각하고 이야기하는 시간이 더 많았다는 것을 고백합니다. 바쁘다는 핑계, 피곤하다는 핑계, 기분이 나쁘다는 핑계, 하는 일이 많다는 핑계, 이 핑계 저 핑계가 주님과 나와의 관계를 멀리하고 있습니다.

여러분과 주님의 관계는 어떻습니까? 저는 지난주간 호주를 다녀

왔습니다. 몇몇 도시를 순회하면서 한국에서 강사를 초청할 수 없는 작은 교회와 작은 도시를 찾아 하루나 이틀씩 집회를 인도하고 말씀을 전했습니다. 호주에 머무는 동안 접했던 두 가지 사건을 말씀드리겠습니다.

하나는 선교사들의 묘지를 방문한 일입니다. 1910년 한국에 온 호주 선교사가 있었습니다. 그의 이름은 매킨지 선교사입니다. 그는 부산을 중심으로 버림받은 나환자들을 돌보며 복음을 전했고, 그의 두 딸은 부산 일신병원을 세우고 가난하고 병든 환자들을 돌보며 선교 사역을 했습니다.

호주 멜버른 코벅에 있는 묘지에 매킨지 선교사 부부와 그의 두 딸 헬렌 매킨지와 캐서린 매킨지가 잠들어 있습니다. 그들이 잠들어 있는 묘지를 방문, 헌화하고 선교사 가족들과 함께 기도를 드렸습니다. 그리고 선교사 가족들을 시내 중국식당으로 안내해 식사를 대접하고 작은 선물도 준비해 드렸습니다.

선교사 가족들은 80~90세가 지난 분들이었습니다. 우리나라가 암울했던 시절, 모든 것을 다 내려놓고 주님과의 관계, 주님의 부르심 때문에 한국을 찾아온 선교사들입니다. 그들 무덤 앞에 서 있는 저 자신이 너무나 초라하고 부끄러웠습니다. 호주에서의 제 일정은 강행군이었습니다. 하룻밤 잠자고 다른 곳으로 옮기고, 이틀 밤 잠자고 다른 곳으로 옮겨야 했습니다. 피곤하고 힘든 일정을 소화해야 했습니다. 그러나 선교사님들 무덤 앞에 서 있을 때 깨달음이 저를 사로잡았습니다.

바울 사도는 소아시아를 두 발로 걸어 다니며 복음을 전했습니다. 유럽 접경지역인 일루리곤까지 찾아가 복음을 전했습니다. 그리고 그 당시 땅 끝인 스페인(서바나)까지 가고 싶어했습니다. 그땐 비행기도 자동차도 없었습니다. 그런데 저는 비행기 타고 자동차 타고 다니며 복음을 전하는데 피곤하다느니 힘들다느니 하는 생각이 사치스러웠습니다.

선교사들도 마찬가지입니다. 좋은 집, 좋은 직장 다 내려놓고 한국 땅을 찾아와 복음을 전했습니다. 이유는 한 가지입니다. '주님 때문이었습니다.' 세상살이가 힘들고 신앙생활이 버겁고 교회생활이 짐이 될 때가 있을 것입니다. 그때 우리는 주님과 나와의 관계를 생각해야 합니다.

내가 아무리 억울한 누명을 뒤집어썼다고 해도 주님이 겪으신 누명엔 비할 수 없습니다. 내가 제아무리 고통을 당하고 아픔을 겪고 있다 해도 주님의 십자가엔 비길 수 없습니다. 주님은 나를 위해 죽으셨지만 나는 주님을 위해 죽지 못하고 있습니다. 주님을 위해 죽기는커녕 주님 때문에 잘 먹고, 잘 입고, 잘 살고 있습니다.

우리는 여기서 잠깐 주님과 나는 어떤 관계인가를 살펴봅시다.

주님은 창조주, 나는 그의 피조물입니다.

주님은 구원자, 나는 죄인입니다.

주님은 주인, 나는 종입니다.

주님은 왕, 나는 신하입니다.

주님은 진리, 나는 변덕쟁이입니다.

그런데 내 속에 있는 자아는 내가 왕이 되고 싶고 주인 노릇하고 싶고 어른 노릇하고 싶은 욕망이 꿈틀거리고 있습니다. 그러나 그것은 주님이 기뻐하시는 길이 아닙니다. 120년 전 한국을 찾아온 선교사들은 인간적이고 개인적인 욕망을 다 포기한 사람들이었습니다. 저는 선교사님들 무덤 앞에서 많은 것을 생각했고 깨달았습니다.

두 번째 사건은 호주교회 현황입니다. 호주 브리스베인에 가면 유명한 술집이 있다고 합니다. 교회가 텅텅 비고 운영이 어려워지자 매매 광고를 냈습니다. 어떤 사람이 교회를 샀습니다. 문제는 교회를 산 사람이 술 장사하는 사람이었다는 것입니다. 십자가 종탑 그대로 두고 십자가 밑에 술집 간판을 걸었습니다. 교회 내부도 그대로 둔 채 술집 영업을 시작했습니다. 가관인 것은 강대상에 올라가 마시는 술 값은 VVIP석이라 해서 제일 비싸고, 성가대석에서 마시는 것은 VIP석이라 해서 그 다음으로 비싸고…….

교회를 술집으로 만든 이 사람은 완전히 교회를 조롱하며 영업을 하고 있다는 것입니다. 아들레이드라는 도시에도 교회를 술집으로 만든 곳이 있습니다. 종탑 십자가 옆에 술집 간판을 내걸고 교회 내부에서는 술을 팔고 있습니다. 그곳 현장을 가볼까 생각하다가 그곳에 가면 심장이 뛰고 멎을 것 같아 가지 않았습니다.

호주에서 열리는 몇 가지 세계대회가 있습니다. 세계 테니스대회, 세계 자동차 경기, 그리고 매년 열리는 세계 동성애자대회입니다. 이 대회에는 전 세계에서 수만 명이 참가하기 때문에 관광 수입이 대단하다고 합니다.

호주교회는 동성애자에게 목사 안수를 허락했고, 신학은 이상한 쪽으로 기울어졌습니다. 매년 교인 수는 줄어들고 운영이 어려워지면서 술집도 상관 않고 교회를 팔아넘기고 있습니다. 다는 아니겠지만 예수님 없는 교회, 주님과 아무 상관도 없는 교회로 추락하고 있습니다.

저는 이 이야기를 들으면서 주님과 나, 주님과 한국교회를 생각해 보았습니다. 저는 1966년에 목사 안수를 받았으니까 45년 동안 목사로 사역을 한 셈입니다. 그러나 내가 주님과 상관없는 길을 걷거나 일을 했다면 참 목사는 아닙니다. 목사로 포장을 했거나 가짜 목사일 것입니다. 그러나 큰 교회냐 작은 교회냐를 떠나 주님을 위해 일하고 주님을 사랑하고 그 은혜로 하루하루를 살았다면 나는 주의 종이 분명합니다.

마찬가지로 예수님 없는 교회, 예수님 없는 교인이 무슨 의미가 있습니까? 예수님 없는 교회, 건물만 화려한 교회, 주인 되고 머리 되시는 주님은 계시지 않고 사람들끼리 모여 웅성거린다면 호주의 몇몇 교회처럼 되고 말 것입니다.

1347년에 시작된 흑사병(페스트)은 1351년까지 5년 동안 유럽을 휩쓸었습니다. 그 당시 서유럽 인구의 30~50%인 7,500만 명이 흑사병으로 죽었습니다. 660년이 지난 지금도 그 병균이 살아서 매년 2천여 명의 목숨을 앗아 간다고 합니다. 나쁜 병균, 악성 병균으로 쉽게 죽지 않습니다. 신앙생활과 교회생활도 악성 바이러스에 감염되면 고치기가 어렵고 여파가 오래 갑니다.

자살을 예로 들어 보겠습니다. 2010년 통계청 발표에 따르면 한 해

동안 우리나라의 자살자 수가 1만 5,413명으로 매일 평균 42명이 됩니다. OECD 국가 중 가장 자살률이 높은 나라가 된 것입니다. 자살 이유는 개인적 요인과 사회적 요인이 얽혀 있지만 인터넷 자살 사이트도 자살을 부추기고 있다는 것입니다. 자살을 조장하는 악성 바이러스가 급속히 퍼지고 있기 때문이라는 것입니다.

우리가 사는 세상은 어지럽고 뒤숭숭합니다. 그러나 가장 큰 유혹과 위협은 우리의 믿음을 흔들어 넘어지게 하고 포기하게 하고 뒤로 물러서게 하고 자격지심에 빠지게 하는 사탄의 역사라는 것입니다.

기독교인이라고 말하기가 부끄러워졌다고 말하는 사람이 있습니다. 저도 동의합니다. 그러나 기독교는 부끄러울 수 있지만 예수님을 부끄러워하면 안 됩니다. 교회는 잘못될 수 있지만 그러나 우리가 믿는 예수님은 잘못한 일도 없고, 부끄럽고 욕먹을 일을 단 한 가지도 하신 일이 없습니다.

교회를 잘못 만날 수는 있습니다. 교회 잘못 만난 탓으로 실망하고 상처받고 가슴앓이 할 수는 있지만 그러나 예수님 만난 사람들은 절대로 그럴 일이 없습니다. 예수님 만난 베드로는 초대교회 지도자가 되었고 가나안 여자는 귀신 들린 딸을 고쳤고 세리 삭개오는 구원받았고 나사로는 부활했고 바울은 사명과 삶이 변했습니다.

내가 예수님을 만나면 실망할 일이 없습니다. 낙심할 일도 없습니다. 상처받을 일도 없습니다. 우리가 읽고 믿는 성경이 증언하고 있습니다. 그러나 가롯 유다는 3년씩 예수님을 따라 다녔지만 옷깃만 스쳤기 때문에 결국 스스로 목숨을 끊고 말았습니다. 주님과 나! 관계

설정과 정립이 중요합니다.

　본문에서 바울은 주님 만난 감격을 토로하고 있습니다. "나는 만삭되지 못하여 난 자", "사도 중에 가장 작은 자", "하나님의 교회를 박해하던 자" 이것이 바울이 그린 자화상입니다. 그런데 주님은 바울을 부르시고 세계 선교의 사명을 주셨다는 것입니다.

　고린도전서 15장 10절을 주목해야 합니다. "내가 나 된 것은 하나님의 은혜로 되었다", "오직 나와 함께하신 하나님은 은혜다", 여기서 바울은 하나님의 은혜를 강조하고 있습니다. 종이 주인의 은혜로, 신하가 황제의 은혜로, 죄인이 주님의 은혜로 부름받고 구원받고 사도가 되었다는 것입니다.

　바울이 쓴 편지들, 예컨대 로마서, 고린도서, 갈라디아서, 빌립보서, 골로새서, 데살로니가서, 디모데서, 빌레몬서 등을 살펴보면 '은혜'라는 용어가 90여 차례 반복되고 있습니다.

　바울은 주님의 은혜를 체험했고 그 은혜를 선포했습니다.

　"나는 하나님 은혜로 되었다."

　문제는 그 이후의 삶입니다. 어떻게 살아야 합니까?

　바울은 주님을 위해 모든 것을 다 내려놓고 생명을 바쳤습니다. 그러나 우리는 그렇게 못하고 있습니다. 바울은 소아시아와 로마에서 복음을 전했습니다. 그러나 우리는 그것도 못하고 있습니다. 여기서 우리는 새로운 다짐을 해야 합니다. "오늘 내가 사는 것은 하나님의 은혜입니다", "그래서 나는 주님을 사랑합니다", "내 생명 내 소유 다 주님의 것입니다", "바울처럼 나도 주를 위해 살고 싶습니다"라고 고백해야 합니다.

사람은 세 가지 요소가 갖춰졌을 때 행복을 느낀다고 합니다. '첫째는 내가 어디에 속해 있는가, 둘째는 그 소속된 곳이 어떤 의미 있는 일을 하는 곳인가, 셋째는 그곳에서 하는 일이 얼마나 즐거운가'라고 합니다. 우리는 주님께 속한 사람들입니다. 우리는 주님의 일을 하는 사람들입니다. 우리가 하는 일은 내 돈 내고 내 밥 먹고 하지만 보람 있고 가치 있고 즐거운 일입니다.

여러분! 신앙생활 기쁘게 합시다. 교회생활 즐겁게 합시다. 주의 일을 감동적으로 합시다. 억지로 하지 맙시다. 마지못해 하지 맙시다. 무엇을 하든지, 어떤 일을 하든지, 무엇을 드리든지 즐거운 마음과 표정으로 합시다.

스데반 집사는 돌에 맞아 죽으면서도 그 얼굴이 천사의 얼굴과 같았다고 했습니다. 이유는 주님과 나와의 관계를 확인했기 때문입니다.

내가 누구입니까? 하나님의 은혜로 오늘 이 자리에 선 사람입니다. 하나님의 은혜가 아니었으면 지옥 불에 떨어졌을 것이고 버림받은 무용지물이 되었을 것이고 폐기처분된 질그릇이 되었을 것입니다.

"주님! 저를 드립니다. 내 생명을 드립니다. 나를 드립니다. 나는 주의 것이기 때문입니다."

위대한 선택

🌿 신명기 30장 15-20절

보라 내가 오늘 생명과 복과 사망과 화를 네 앞에 두었나니 곧 내가 오늘 네게 명령하여 네 하나님 여호와를 사랑하고 그 모든 길로 행하며 그의 명령과 규례와 법도를 지키라 하는 것이라 그리하면 네가 생존하며 번성할 것이요 또 네 하나님 여호와께서 네가 가서 차지할 땅에서 네게 복을 주실 것임이니라 그러나 네가 만일 마음을 돌이켜 듣지 아니하고 유혹을 받아 다른 신들에게 절하고 그를 섬기면 내가 오늘 너희에게 선언하노니 너희가 반드시 망할 것이라 너희가 요단을 건너가서 차지할 땅에서 너희의 날이 길지 못할 것이니라 내가 오늘 하늘과 땅을 불러 너희에게 증거를 삼노라 내가 생명과 사망과 복과 저주를 네 앞에 두었은즉 너와 네 자손이 살기 위하여 생명을 택하고 네 하나님 여호와를 사랑하고 그의 말씀을 청종하며 또 그를 의지하라 그는 네 생명이시요 네 장수이시니 여호와께서 네 조상 아브라함과 이삭과 야곱에게 주리라고 맹세하신 땅에 네가 거주하리라

우리는 순간순간 그 무엇을 선택해야 합니다. '누구를 만날까? 어떤 사람과 결혼해야 할까? 어느 식당으로 갈까? 어떤 색깔이나 디자인의 옷을 고를까? 어느 동네에서 살까? 어느 교회를 나갈까?' 선택해야 할 항목을 꼽으면 수백 가지가 넘습니다. 금년 4월에는 국회의원

선거가 있고 12월에는 대통령 선거가 있습니다. 이 경우에도 우리는 선택을 해야 합니다.

그러나 내가 선택하고 표를 찍은 사람이 될 수도 있고 되지 않을 수도 있습니다. 내가 찍은 그 사람이 국회의원이 되고 대통령이 됐다고 해서 하루아침에 세상이 변하고 벼락부자가 되는 것이 아닙니다. 내가 찍은 그 사람이 대통령이나 국회의원이 되지 않았다고 해서 온통 세상이 무너지고 나라가 망하고 회사가 문을 닫는 것은 아닙니다. 그 세상 그대로 유지되고 존속될 것입니다. 그러니까 세상일에 목숨을 걸거나 기력을 다 쏟을 필요가 없습니다.

그러나 선택이 잘못되면 큰일나는 것이 있습니다. 본문은 "살기 위하여 하나님을 선택하라, 믿음을 버리지 말라"고 말하고 있습니다. 이 선택은 어떻게 하느냐에 따라 살 수도 있고, 흥할 수도 있고, 번영할 수도 있고, 잘될 수도 있지만 그 반대로 죽을 수도 있고, 안될 수도 있고, 퇴보할 수도 있습니다.

구약성경 가운데 신명기는 "이스라엘 민족이 광야 40년 유랑생활을 마감하고 가나안 땅에 들어가게 됐을 때 어떻게 믿어야 하는가? 어떻게 살아야 하는가?"를 모세를 통해 지시하신 말씀들로 구성되어 있습니다. "우상을 섬기면 반드시 저주를 받는다, 하나님을 섬기면 반드시 번영한다. 믿음을 지켜라, 반드시 복을 받는다"는 명령과 약속이 구절마다 반복됩니다.

본문 15절을 보면 "보라 내가 오늘 생명과 복과 사망과 화를 네 앞에 두었다"고 했고, 19절에서도 "내가 오늘 하늘과 땅을 불러 너희에게 증거를 삼노라 내가 생명과 사망과 복과 저주를 네 앞에 두었은즉 너와 네 자손이 살기 위하여 생명을 택하고"라고 했습니다. 그 뜻은 "살기 위하여 하나님 신앙을 택하라, 하나님을 떠나지 말라, 하나님을 멀리하지 말라, 하나님을 외면하지 말라"는 것입니다.

여기서 말하는 "살기 위하여"라는 말씀의 뜻은 잘 먹고 잘 입고 잘 사는 것만을 의미하는 것이 아닙니다. 내 영이 죽지 않고 사는 것, 영원히 사는 것을 뜻합니다. 물론 하나님을 사랑하고 믿으면 모든 일이 다 잘되고 형통의 복을 누리게 됩니다. 그러나 그런 것들보다 더 큰 복은 영혼이 구원받고 잘되는 것입니다.

이스라엘 사람들은 예수님이 메시아가 아니라며 십자가에 못박아 죽인 사람들의 후손입니다. 지금도 저들은 하나님은 믿지만 예수는 단순히 사람의 아들이었다면서 믿지 않고 있습니다. 그런데도 저들은 중동의 어느 나라보다 잘삽니다. 잘못된 신앙이지만 하나님을 믿고 그 이름을 부르기 때문입니다. 그리고 그들의 조상 아브라함, 이삭, 야곱과 맺은 약속 때문입니다.

일찍이 하나님은 아브라함의 신앙을 용납하시고 약속하셨습니다. "내가 네게 큰 복을 주겠다. 그리고 네 후손에게도 내가 복을 주겠다"고 약속하셨습니다. 그 약속 때문에 하나님은 이스라엘의 범죄에도 불구하고 저들을 지키시고 잘 살 수 있도록 복을 주고 있는 것입니다.

이스라엘은 중동의 그 어느 나라보다 부강하고, 잘살고 있습니다. 이란이나 이라크보다, 시리아나 레바논보다, 요르단이나 이집트 그 어떤 나라보다 이스라엘이 잘삽니다. 개인도 예외가 아닙니다. 많은 교인들이 예수 믿고 충신교회 출석하면서 복을 받았노라고 간증하고 있습니다. 저도 개인적으로 받은 복을 다 셀 수가 없습니다.

저는 가난한 농부, 전도사의 아들이었습니다. 흉년이 들면 죽도 못 먹고 굶기를 밥먹듯 했습니다. 중학교도 들어갈 형편이 못 돼 초등학교 은사님의 도움으로 중학교를 다녔습니다. 신학교는 3년 동안 제때 등록금을 내본 일이 없었고 하루 한 끼나 한 끼 반으로 밥을 먹으며 공부했습니다. 선교사의 도움으로 신학 공부를 끝낼 수 있었습니다.

그런 저에게 하나님은 엄청난 은혜와 복을 주셨습니다. 특히 충신교회 목회 35년간 받은 사랑과 은혜는 다 꼽을 수가 없습니다. 하나님께 감사드리고 교우 여러분에게도 감사드립니다.

왜 그토록 큰 은혜와 복을 주셨을까요? 그 대답은 간단하고 쉽습니다. "하나님을 나의 하나님으로 생명과 구원의 주님으로 사랑하고 섬길 신앙의 대상으로 선택했기 때문"입니다. 내가 할 일은 선택하고 결단하는 일입니다. 그 이후에 복 주시고 은혜 주시는 일은 하나님이 하실 일입니다. "살기 위하여 생명을 택하라!"

정신과 의사들은 '충동조절장애'라는 정신과 질환을 앓고 있는 사람들이 적지 않다고 말합니다. 울컥하는 순간 자기 감정을 추스르지 못하고 벌컥 화를 내는 것, 솟구치는 화를 참지 못하고 폭언과 폭력을 일삼는 것, 자기방어 기능이 약해져 스스로 충동을 조절하지 못하는 것, 그 행동을 반복하는 것, 그리고 그런 행동을 하지 않으면 긴장과 흥분이 고조되는 것, 그런 행동을 수행하고 있으면 쾌감을 느끼고 만족감과 안도감을 느끼는 정신질환을 충동조절장애라고 합니다.

전문가들은 이 질환을 치료하는 다양한 방법이 있는데 가족들의 이해와 도움이 있어야 하고 상담이나 약물 치료도 병행해야 하지만 묵상이나 기도가 약물 치료보다 중요하다고 합니다.

기도가 무엇입니까? 하나님을 믿고 의지하고 모든 것을 맡기는 신앙 행위입니다. 욱하고 화가 치밀고 분노가 터져나올 때가 있을 것입니다. 바로 그때 "주님, 제가 이러면 안 되지요. 제 감정과 분노와 화를 다스려 주십시오. 주님은 십자가도 참고 견디셨는데 저로 하여금 십자가 바라보고 피 흘리신 그 손과 발에 제 손을 얹게 해주십시오. 분노로 쾅쾅거리는 제 심장을 창에 찔리신 주님의 옆구리에 얹게 해주십시오"라고 기도할 수 있어야 합니다. 그 방법이 내가 살고 가정이 살고 부부가 살고 교회가 사는 길입니다. 사는 길, 생명의 길을 택한 사람이 할 일을 20절이 밝히고 있습니다.

1. 하나님 여호와를 사랑하라

최고의 사랑을 아가페라고 합니다. 그 뜻은 희생, 섬김, 나눔을 실천하는 것이며 아무런 조건 없이 베푸는 사랑을 의미합니다. 하나님은 그 사랑으로 우리를 사랑하셨습니다. 그리고 그 사랑으로 하나님을 사랑하라고 말씀하십니다. "하나님이 세상을 이처럼 사랑하사 독생자를 주셨으니", 요한복음 3장 16절 말씀입니다.

소설, 드라마, 연극, 영화, 대중가요 가운데 사랑이라는 단어나 대사가 들어가지 않은 것이 거의 없습니다. 그런데 어느 곳을 살펴도 사랑을 찾는 것은 어렵습니다. 심지어 사랑의 요람이어야 할 교회 안에도 사랑 찾기가 어려워졌습니다. 깊은 사랑에 빠지면 얼굴이 밝아지고 미소가 떠나지 않고 몸짓이 순해진다고 합니다. 그러나 미움이나 증오가 그 사람을 지배하면 얼굴 근육이 굳어지고 미소가 사라지고 언어와 행동이 거칠어진다고 합니다.

지금 나는 어느 쪽입니까?

하나님을 사랑하면 잃었던 영혼의 기쁨이 회복됩니다. 사라진 감사와 감격이 되살아납니다. 얼굴이 밝아지고 언어가 순해지고 몸짓이 편안해집니다. 그리고 그 사랑이 가정을 살리고 부부를 살리고 교회를 살리고 이 나라를 살립니다.

"주님! 사랑합니다."

2. 그 말씀을 청종하라

청종한다는 말의 뜻은 제대로 듣고 따른다는 것입니다. 그리고 밀착한다는 뜻도 있습니다. 하나님의 말씀을 하나님의 말씀으로 듣는 것이 가장 바람직한 태도입니다. 나와는 상관없는 말씀, 옆의 사람이나 들어야 할 말씀으로 듣는 것은 밀착이 아닙니다. 하나님의 말씀을 가까이 밀착해서 듣고 순종하는 것이 바람직한 청종입니다.

설교는 하나님의 말씀의 재해석이며 선포입니다. 설교를 바로 듣는 기준이 있습니다. 그것은 "하나님의 말씀으로 듣는 것, 나에게 주시는 말씀으로 듣는 것, 그 말씀에 순종하는 것, 나의 삶에 적용하는 것"입니다.

3. 그를 의지하라

'의지한다'는 것은 전폭적으로 믿고 맡기는 것을 의미합니다. 현대과학을 의지할 수 있습니다. 의학이나 약을 의지할 수도 있습니다. 권력이나 돈을 의지할 수도 있습니다. 사람을 의지할 수도 있고 자기 자신을 의지할 수도 있습니다. 그러나 그런 것들은 흔들리는 나뭇가지와 같아서 변하고 없어지고 무너집니다. 그러나 하나님을 의지하면 하나님은 흔들리지도 않고 변덕을 부리지도 않고 무너지지도 않습니다.

히브리서 13장 5절을 보면 "예수 그리스도는 어제나 오늘이나 영원토록 동일하시니라"고 했습니다.

사람의 뱃속에는 100조 마리의 세균이 살고 있고 몸 속 구석구석 가리지 않고 100조보다 열 배나 많은 세균이 붙어서 살아가고 있다고 합니다. 장 안에 있는 세균은 소화를 돕고 면역성을 키워 병원균의 침입을 막아줍니다. 그런가 하면 그 세균이 암을 일으킬 수도 있고 다발성 경화증 같은 질병을 일으킬 수도 있다고 보고했습니다. 중요한 것은 내 영혼도, 육체도, 세포도, 흑사병 세균도 하나님의 손안에 있고 하나님께서 다스리신다는 것입니다. 660년이 지난 세균도 하나님이 처리하십니다.

환자는 의사를 의지합니다. 학생은 교사를 의지합니다. 그러나 우리는 하나님을 의지합니다. 그 이유가 20절에 나와 있습니다. "그는 네 생명이시요 네 장수이시니"라고 했습니다. 장수란 오래 사는 것을 말합니다.

현대의학은 사람이 120세까지 살 수 있다고 말합니다. 지금 70세라면 앞으로 50년을 더 살게 된다는 것입니다. 그러나 장수하는 것 자체만으로는 축복이 아닙니다. 건강하고 먹고살 것 넉넉하고 걱정근심 없이 120년을 사는 것이 장수의 축복입니다. 그런 축복을 누리는 것은 결코 쉽지 않습니다. 그런데 하나님을 의지하면 생명을 구원하시고 영원히 죽지 않는 영생을 선물로 주신다는 것입니다.

요한복음 11장 25~26절을 주목합시다.

> "예수께서 이르시되 나는 부활이요 생명이니 나를 믿는 자는 죽어도 살겠고 무릇 살아서 나를 믿는 자는 영원히 죽지 아니하리니 이것을 네가 믿느냐"

우리는 무엇이라고 대답해야 합니까? "주여, 그렇습니다. 내가 믿습니다"라고 대답합시다. 살기 위하여 하나님을 사랑합시다. 살기 위해 말씀을 청종합시다. 살기 위해 의지합시다.

"주는 나의 생명, 장수, 힘, 방패, 산성, 요새, 구원, 피할 바위 되시는 나의 하나님." 아멘.

아버지, 아버지

> **갈라디아서 4장 1-7절**
>
> 내가 또 말하노니 유업을 이을 자가 모든 것의 주인이나 어렸을 동안에는 종과 다름이 없어서 그 아버지가 정한 때까지 후견인과 청지기 아래에 있나니 이와 같이 우리도 어렸을 때에 이 세상의 초등학문 아래에 있어서 종 노릇 하였더니 때가 차매 하나님이 그 아들을 보내사 여자에게서 나게 하시고 율법 아래에 나게 하신 것은 율법 아래에 있는 자들을 속량하시고 우리로 아들의 명분을 얻게 하려 하심이라 너희가 아들이므로 하나님이 그 아들의 영을 우리 마음 가운데 보내사 아빠 아버지라 부르게 하셨느니라 그러므로 네가 이후로는 종이 아니요 아들이니 아들이면 하나님으로 말미암아 유업 받을 자니라

아이들은 하루 동안 400번 웃는다고 합니다. 거기에 비해 어른들은 많이 웃는 사람이 열 번 정도이고 보통사람들은 일곱 번 정도라고 합니다. 솔직히 요즘 세상 돌아가는 걸 보고 있노라면 웃을 일이 별로 없습니다.

웃기는 사람들은 많습니다. 정치인들도 웃기는 정치를 하고 있습니다. 다는 아니지만 금융권 사람들도 웃기는 짓을 하고 있습니다. 교

육을 책임진 사람들도 웃기고 행정을 맡았다는 사람들도 웃기는 일들을 하고 있습니다. 그러나 웃을 일은 거의 없습니다. 그래서 사람들은 속상하다고 하기도 하고 집단우울증에 걸렸다고도 하고 할 수만 있으면 먼 나라로 갔으면 좋겠다는 사람도 있습니다.

그러나 한 가지 분명한 사실이 있습니다. 그것은 행복도 불행도 내가 어떻게 하느냐로 결정된다는 것입니다. 다시 말하면 '어떻게 생각하느냐, 어떻게 행동하느냐'로 행복과 불행이 결정된다는 것입니다.

베란 울프는 《어떻게 행복해질 수 있을까》라는 자신의 책 속에서 불행의 원인을 "시야협착증"이라고 지적했습니다. 자기만 바라보고 자신의 문제에만 집착하는 것이 시야협착증입니다. '왜 나는 불행한가? 왜 나만 이 꼴인가? 왜 나만 이런 일을 당해야 하는가?'라고 생각하면 한 순간도 행복할 수 없습니다. 그러나 눈을 들어 위를 바라보고 옆을 바라보면 나보다 더 불행한 사람이 거기 있고 나보다 더 속상한 사람이 곁에 있고 나보다 더 비참한 사람이 많다는 것을 발견하게 됩니다. 그리고 신앙을 가진 사람들은 나보다 위대하시고 능력이 한이 없으시고 한 순간도 나를 떠나지 않고 함께 계시는 하나님 아버지가 내 아버지라는 사실을 깨닫게 됩니다.

오늘 읽은 본문이 그 사실을 밝히고 있습니다. 본문의 요지를 간추려 말씀드리겠습니다. 본래 우리는 아담과 하와의 후손인 탓으로 죄의 종이 되어 종 노릇 하던 존재였습니다. 그런데 하나님이 외아들 예수 그리스도를 세상에 보내시고 우리를 위해 죽게 하시고 우리는 그 예수를 믿음으로 죄에서 해방되었을 뿐만 아니라 양자를 삼아 주셨다는 것입니다. 그리하여 마귀를 주인이라고 부르며 살던 우리가 하나님을 '아바 아버지'라고 부를 수 있는 아들이 된 것입니다. 예수님의 십자가가 아니었으면 어림도 없는 이야기입니다. 하나님의 아들이라니……얼마나 큰 은혜입니까?

중국 사람들은 옛날부터 임금(君), 스승(師), 어버이(父)를 하나라고 불렀습니다. '君師父一體'란 나라를 다스리고 이끄는 임금을 어버이처럼 존경하라, 너를 가르치고 이끌어준 선생님을 어버이처럼 섬겨라, 너를 낳아 주시고 키워 주신 어버이에게 효도하라는 뜻입니다.

그런데 세상이 나쁜 쪽으로 많이 변했습니다. 최고 통치권자에게 입에 담지 못할 욕을 해대는 사람들이 있습니다. 중학생이 학교에서 선생님에게 폭력을 가하고 두들겨 팹니다. 자식들이 부모를 외면하고 서로 모시지 않겠다며 형제가 싸움판을 벌입니다. 세상이 악해졌고 나빠졌습니다.

유대인들의 아버지 이해를 살펴보겠습니다. 유대인은 아버지를 세 분으로 이해했습니다.

1. 낳아 주신 아버지

누구에게나 아버지가 있습니다. 아버지 없이 이 세상에 태어나는 사람은 없습니다. 바울에게도 아버지가 있었습니다. 그의 아버지는 베냐민 지파였고 그 당시 유대인으로서는 갖기 힘든 로마시민권을 가지고 있었습니다. 바울의 아버지가 무엇을 했는지, 재산은 얼마나 가지고 있었는지, 얼마나 물려 주었는지 언급이 없습니다.

아버지의 가치나 존재 의미는 '공부를 얼마나 많이 했느냐, 어떤 학위를 가지고 있느냐, 얼마나 부자냐, 얼마나 저명인사냐?'로 결정되는 것이 아닙니다. 아버지는 그냥 아버지이고 어머니는 그냥 어머니입니다. 잘났든 못났든 알아주든 알아주지 않든 내 아버지이고 어머니입니다.

자녀는 부모를 부모로 인정해야 합니다. 그리고 바울이 말한 대로 부모에게 순종해야 합니다. 최고최상의 효도는 순종하는 것입니다. 부모를 무시하고 멸시하고 돌보지 않고 부모 없이 태어난 것처럼, 부모 없이 장성하고 출세한 것처럼, 부모 없이 성공하고 잘사는 것처럼 행동하는 것은 비성경적이고 자식 된 도리가 아닙니다. 그리고 용서받지 못할 불효입니다.

2. 가르쳐 주신 스승

바울은 가말리엘이라는 당대 최고의 율법 선생에게서 율법을 배웠습니다. 그는 예수님을 믿고 사도가 된 후에도 그 사실을 숨기지 않았습니다. 스승도 어버이입니다. 스승은 나를 가르치고 인도하고 이끌어 준 어버이입니다. 그런데 요즈음 사람들에게는 스승이 없습니다. 자기가 잘나서 성공한 줄 알고 자기가 똑똑해서 출세한 줄 압니다. 물론 요즘은 나쁜 선생도 있습니다. 불온사상을 가르치고 어린 학생들을 세뇌시켜 시위에 가담시키고 나쁜 동아리에 가담시켜 인생을 망치는 선생과 그런 단체도 있습니다. 그러나 대부분 선생님들은 희생 정신과 섬기는 정신으로 제자들을 가르치고 인도합니다.

교회학교에 자녀를 보내는 부모들에게 부탁합니다. 여러분의 자녀를 믿음으로 가르치고 돌보고 키우는 선생님들을 인정하십시오. 존경하십시오. 칭찬과 감사와 격려를 해 주십시오. 스승의 은혜를 저버리고 배신하는 일, 그리고 영적 스승의 은혜를 외면하는 것은 절대로 박수 받을 일이 아닙니다.

3. 하나님 아버지

바울은 하나님을 '나를 창조하신 아버지, 죄에서 구원하신 아버지, 그리고 날마다 영원히 함께하시는 아버지'라고 고백했습니다.

에베소서 1장 5절에서 바울은 "그 기쁘신 뜻대로 우리를 예정하사 예수 그리스도로 말미암아 자기의 아들이 되게 하셨으니"라고 했습니다. 바울이 쓴 서신을 보면 "하나님 아버지"라는 표현을 반복하고 있습니다. 나를 낳으신 아버지와 나를 창조하신 하나님 아버지와의 차이점은 무엇입니까?

어떤 아버지 이야기를 하겠습니다. 어느 날 병원 응급실에서 걸려 온 급한 전화를 받았습니다. 며느리가 보낸 전화였습니다. 아들이 교통사고로 중상을 입고 응급실에 누워 있으니 빨리 와달라는 내용이었습니다. 병원으로 달려갔습니다. 머리를 온통 흰 붕대로 감고 피투성이가 된 채 숨을 몰아쉬고 있었습니다. 눈앞이 캄캄했습니다. 심장이 멎는 것 같았습니다. 아들의 손을 붙잡고 이름을 불렀습니다.

"형철아! 애비다. 제발 눈 좀 떠봐라. 너 죽으면 안 돼! 너 죽으면 이 애비도 죽는다."

그때 아들이 실낱같이 눈을 뜨더니 "아빠, 저 좀 살려주세요"라고 소곤거렸습니다. 그러나 아버지는 아무것도 아무 일도 할 수가 없었습니다. 불과 3시간 후 아들은 두 눈을 감고 죽었습니다. 지금도 아버지는 그때 그 응급실을 생각하면 가슴이 미어지고 울음이 복받친다고 합니다. "아버지, 저 좀 살려주세요"라는 죽어가는 아들의 갈망에 아버지는 아무것도 해주지 못했습니다. 그래서 한이 맺히고 응어리가 가슴에 남아 있습니다. 바로 이 대목이 아버지와 하나님 아버지의 다른 점입니다.

내 아버지 하나님은 어떤 분이십니까?

"아버지, 저 좀 살려 주세요"라는 아들의 절규에 나 몰라라 외면하시는 무능한 아버지가 아닙니다. 말씀으로 천지를 창조하셨습니다. 말씀 한마디로 풍랑을 잠잠케 하셨습니다. "그 사람에게서 나오라"는 명령 한마디로 귀신을 축출하셨습니다. "나사로야, 나오라"는 한마디 말씀으로 죽은 지 나흘 된 나사로를 살리셨습니다. 이런 기적과 능력은 구약에도 신약에도 가득 차 있습니다.

앞에서 잠깐 언급했습니다만 우리가 사는 세상은 웃기는 짓을 하는 사람들은 많지만 웃을 일이 별로 없습니다. 그러나 아버지 하나님 때문에 웃고 삽시다. 시도 때도 없이 히히덕거리고 웃는 것을 정신분열증상이라고 합니다. 시도 때도 없이 징징대고 한숨 쉬고 우는 것을 우울증이라고 합니다. 그러나 우리는 아버지 하나님 때문에 웃을 땐 웃고 울 땐 소리내 웁시다.

미국 미네소타 대학교 약학대 교수인 윌리엄 H. 프레이 교수는 《눈물의 신비》(Crying: The Mystery of Tears)라는 자신의 책 속에서 눈물을 세 가지로 분류했습니다. 눈이 마르지 않도록 계속 분비되는 눈물, 양파나 마늘 등 외부 자극에 의해 분비되는 반사적 눈물, 외부 자극과 관계없이 뇌의 작용만으로 나는 감정적 눈물이라는 것입니다. 감정적 눈물을 흘릴 때 프로락틴(Prolactin)이라는 호르몬이 대량 분비되는데 스트레스를 받아 변해 있던 심리적, 생리적 상태를 정상으로 되돌려 균형을 잡아주기 때문에 심리적 안정이 뒤따라온다는 것입니다. 그러면서 그는 울 때는 실컷 우는 것도 좋다고 강조하고 있습니다.

김동구 교수가 조사한 바에 의하면 77%의 사람들은 집에서 울고, 40%는 혼자 숨어서 운다고 합니다. 우는 시간도 80%는 30분 정도, 56%는 저녁이나 밤에 울고, 여성은 연평균 47회 울고 남성은 7회 운다고 합니다. 날마다 우는 것은 병입니다. 그런데 죄 때문에 울고 회개하느라 울고 구원의 감격 때문에 울고 주신 은혜와 사랑 때문에 우는 것은 백번 좋습니다.

그러나 걱정과 염려 때문에 울고, 의심과 회의 때문에 울고, 죽을까봐 울고, 망할까봐 울고, 무너질까봐 울지는 맙시다. 왜요? 아버지 하나님이 계시기 때문입니다.

미국 16대 대통령 아브라함 링컨은 평생 동안 학교에 다닌 것은 1년 미만이었습니다. 그는 네 살 때 동생이 죽었습니다. 아홉 살 때 어머니가 세상을 떠났습니다. 열여덟 살 때 여동생이 죽었습니다. 그리고 두 아들이 눈앞에서 죽었습니다. 정치에 발을 들여놓은 후 선거에서 지고 떨어지기를 밥 먹듯 했습니다. 그러나 오직 믿음 하나로 역경과 고난을 모두 이겨 냈습니다.

그의 믿음은 어떤 믿음이었습니까? "하나님은 내 아버지시다. 모두 나를 떠나고 버리고 외면하고 도울 힘이 없어도 내 아버지는 나를 도우신다. 나와 함께하신다. 내 편이시다"라는 것입니다.

바울은 그 하나님을 본문에서 "아바 아버지"라고 했습니다. 아바라는 말은 아람어인데 아빠라는 뜻입니다. 그러니까 하나님은 아빠라는 뜻입니다. 하나님은 내 아빠이시고 아버지시라는 것입니다.

저는 세 살 때 아빠를 하늘나라로 떠나 보냈습니다. 가난한 농부였고 전도사이셨던 아버지가 병으로 세상을 떠나신 것입니다. 저는 아빠의 사랑과 보살핌과 가르침이 필요한 유아기, 유년기, 소년기를 아빠 없이 자랐습니다. 아빠가 그립고 부르고 싶을 때가 한두 번이었겠습니까? 그런데 아빠가 없었습니다. 그러던 어느 날 하나님이 나의 아버지라는 사실을 깨닫고 발견했습니다. 그때 그 기쁨, 그 감격은 말로 표현하기가 어렵습니다. 하나님 아버지, 아바 아바, 아빠 아버지, 아버지, 아버지!

여러분, 하나님을 향해 입을 여십시오. 아버지, 아버지를 부르십시오. 큰소리로 선포하십시오. 하나님은 내 아버지시라고…….

사업에 실패하고 방황하는 여러분!

가슴에 맺힌 상처로 아파하는 여러분!

질병과 고통으로 절망의 벽 앞에 서있는 여러분!

누구 때문에 무엇 때문에 걱정하고 염려하는 여러분!

바울이 '아바 아버지'라고 불렀던 하나님을 우러러 바라보십시오. 그 이름을 부르십시오. "내 아버지는 하나님 아버지"라고.

불란서 샤넬사가 만든 샤넬No5 향수는 1924년에 만들기 시작해서 80가지가 넘는 꽃향기를 합성해 만든다고 합니다. 지금도 30초마다 한 병씩 팔리고 있다고 합니다. 하나님 아버지의 능력은 8만 가지, 8억 가지가 넘습니다. 전 세계에서 그 자녀들에게 기적과 능력을 베푸십니다. 영원히, 영원히! 저도 그 아버지 때문에 구원받고 병에서 해방되고 주의 종으로 살아가고 있습니다.

"아버지, 아버지, 아바 아버지!"

"아빠 아버지!" 아멘!

위로하는 사람들

고린도후서 1장 1-11절

하나님의 뜻으로 말미암아 그리스도 예수의 사도 된 바울과 형제 디모데는 고린도에 있는 하나님의 교회와 또 온 아가야에 있는 모든 성도에게 하나님 우리 아버지와 주 예수 그리스도로부터 은혜와 평강이 있기를 원하노라 찬송하리로다 그는 우리 주 예수 그리스도의 하나님이시요 자비의 아버지시요 모든 위로의 하나님이시며 우리의 모든 환난 중에서 우리를 위로하사 우리로 하여금 하나님께 받는 위로로써 모든 환난 중에 있는 자들을 능히 위로하게 하시는 이시로다 그리스도의 고난이 우리에게 넘친 것같이 우리가 받는 위로도 그리스도로 말미암아 넘치는도다 우리가 환난 당하는 것도 너희가 위로와 구원을 받게 하려는 것이요 우리가 위로를 받는 것도 너희가 위로를 받게 하려는 것이니 이 위로가 너희 속에 역사하여 우리가 받는 것 같은 고난을 너희도 견디게 하느니라 너희를 위한 우리의 소망이 견고함은 너희가 고난에 참여하는 자가 된 것같이 위로에도 그러할 줄을 앎이라 형제들아 우리가 아시아에서 당한 환난을 너희가 모르기를 원하지 아니하노니 힘에 겹도록 심한 고난을 당하여 살 소망까지 끊어지고 우리는 우리 자신이 사형 선고를 받은 줄 알았으니 이는 우리로 자기를 의지하지 말고 오직 죽은 자를 다시 살리시는 하나님만 의지하게 하심이라 그가 이같이 큰 사망에서 우리를 건지셨고 또 건지실 것이며 이 후에도 건지시기를 그에게 바라노라 너희도 우리를 위하여 간구함으로 도우라 이는 우리가 많은 사람의 기도로 얻은 은사로 말미암아 많은 사람이 우리를 위하여 감사하게 하려 함이라

'위로'라는 낱말의 뜻이 여러 가지입니다만 대표적인 것은 "곁에 머문다"는 것입니다. 곁에 머문다는 것은 "함께한다", "함께 있다"는 뜻입니다. 내가 건강할 때, 내가 성공하고 출세했을 때, 내가 돈을 많이 가지고 있을 때, 잘 먹고 잘 살 때, 내 곁에 머물 사람이 많습니다.

실제 장관을 지낸 사람의 말이 떠오릅니다. 장관 재임시절 면담을 요청하는 사람들과 만나러 오는 사람들이 날마다 줄을 섰습니다. 비서실은 완급을 가려 그들을 만나줄 시간을 짜느라 정신이 없었습니다. 장관실, 다른 장소 심지어는 집에까지 사람들이 줄을 대어 찾아왔습니다. 그러던 어느 날 장관 자리에서 내려앉았습니다. 사람들의 발길이 끊어지고 빗발치듯 걸려오던 전화도 끊어졌습니다. 그야말로 적막강산이 되더랍니다. 권력 주변을 맴돌던 사람들이나 장관 주위를 에워쌌던 사람들은 위로자는 아닙니다. 그들은 청탁자들이고 자기 이익을 챙기려는 해바라기들입니다.

바울이 말한 위로는 언제, 어디서나 '함께, 곁에' 있는 것입니다. 바울은 본문 3절에서 "찬송하리로다 그는 우리 주 예수 그리스도의 하나님이시요 자비의 아버지시요 모든 위로의 하나님이시며"라고 했습니다.

하나님이신 예수 그리스도가 왜 하늘 존귀한 보좌를 버리고 이 땅에 오셨습니까? 위로 때문입니다. 가난한 목수의 아들로 태어나신 것은 천대받고, 멸시받고 가난에 지친 사람들을 위로하기 위해서였습니다. 억울하게 누명쓰고 채찍에 맞고 손과 발에 못 박히시고 옆구리가 창에 찔리신 것은 억울한 사람들을 위로하시고 죄인을 구원하시기 위해서였습니다.

얼마 동안 우리 곁에 우리와 함께 우리를 떠나지 않고 계셨습니까? 마태복음 28장 20절이 답을 주고 있습니다.

"볼지어다 내가 세상 끝 날까지 너희와 항상 함께 있으리라"

하루, 이틀이 아닙니다. 세상 끝 날까지 언제, 어디서나 위로자로 함께하신다는 것입니다.

바울은 하나님이 철저하게 자신과 함께하시는 위로를 수백 번 경험했습니다. 한 가지 예를 들겠습니다. 사도행전 27장을 보면 죄수의 몸으로 로마 황제의 재판을 받기 위해 로마로 가고 있었습니다. 그가 탄 배가 지중해에서 풍랑을 만나 침몰의 위기를 겪게 되었습니다. 좌초 일보 전 위로의 하나님이 바울에게 메시지를 주셨습니다. 사도행전 27장 24절이 메시지의 내용입니다.

"바울아 두려워하지 말라 네가 가이사 앞에 서야 하겠고 또 하나님께서 너와 함께 항해하는 자를 다 네게 주셨다 하였으니"

바울은 하나님의 위로의 메시지를 받은 후 다음과 같이 고백했습니다. 사도행전 27장 25절입니다.

"그러므로 여러분이여 안심하라 나는 내게 말씀하신 그대로 되리라

위로하는 사람들

고 하나님을 믿노라"

그렇습니다. 내가 할 일은 믿는 것입니다. 하나님의 위로의 약속과 섭리를 믿고 받아들여야 내 위로가 되고 내 희망이 되는 것입니다. 우리 시대는 경쟁자는 있지만 위로자가 없습니다.

국제무대에서 활동하는 프로골퍼의 글을 읽었습니다. 골프는 몸과 몸을 부딪치는 과격한 운동이 아닙니다. 자기 감정과 몸을 자신이 조절하고 자기 공을 자기 채로 치는 운동입니다. 함께 라운딩하는 사람이 치고 나면 "굿 샷", "나이스 샷"이라며 격려하고 박수쳐 주는 운동입니다. 그런데 수백만 불 상금이 걸리고 명예가 걸린 큰 대회의 경우 마음이 다르다는 것입니다. 프로들은 경기 중에 "굿 샷"이니 "나이스 샷"이니라는 말을 하지 않습니다. 그러나 속마음은 상대가 실수하면 좋겠다, 오비가 나면 괜찮겠다, 슬라이스나 훅이 나서 페어를 벗어나면 좋겠다라는 생각이 든다는 것입니다. 이유는 경쟁자이기 때문입니다.

그러나 위로자의 마음은 그게 아닙니다. '실수하면 안 되지, 잘 쳐야지, 점수가 좋아야지'라는 생각을 합니다. 그리고 격려하고 칭찬해 줍니다. 요즘 같은 각박한 경쟁 사회에서 그런 위로자를 만날 수 있습니까? 찾을 수 있습니까? 결코 쉽지 않을 것입니다.

호주는 개인주의가 극도로 발달한 나라여서 외롭게 사는 사람들이 대부분입니다. 남의 일 간섭하지 않고 내 일 간섭받지 않고 내 맘대로 살고 행동하는 것이 저들의 삶의 공식입니다.

개를 키우는 호주 교회 목사가 있습니다. 자식들은 철들고 대학에 들어가면서부터 곁을 떠났습니다. 그런데 개는 늘 곁에 있습니다. 여행도 같이 하고 산책도 함께 하고 TV도 같이 보고 주인이 커피 마시면 개는 물 마시고 식사도 시간 맞춰 같이 합니다. 밖에 나갔다 돌아오면 자동차 엔진 소리만으로 주인을 알아보고 환영해 줍니다. 그리고 주인이 잠든 뒤에 개도 잠을 잡니다. 세상에 이렇게 좋은 친구가 어디 있겠습니까? 그래서 어느 날 그 목사는 개에게 세례를 주었습니다. 그리고 그 개는 세례를 받았기 때문에 구원받은 개라며 자랑했습니다.

여러분은 어떻게 생각하십니까? 개에게 세례를? 개가 구원을 받는다? 아닙니다. 그건 아닙니다. 한국 같으면 그런 목사는 면직감입니다. 그런데 호주는 개인의 인권과 평등을 신처럼 높이는 나라여서 개인이 한 행동을 시비하거나 건드리지 못합니다. 그래서 버젓이 지금도 그 목사는 구원받은 개하고 히히덕거리며 살고 있습니다.

사람이 개를 위로한다는 것도 논리가 맞지 않습니다. 하물며 개가 사람을 위로한다는 것은 말이 되지 않습니다. 그런데 사람들은 권력이, 명성이, 돈이, 애완동물이, 친구가, 가족이 영원한 위로자라고 믿고 의지하다가 그 기대가 무너지면 자살하기도 하고, 삶을 포기하기도 하고, 절망의 나락으로 떨어지기도 합니다.

사람도, 물질도, 환경도, 조건도 위로자가 아닙니다. 하나님이 위로자이시며 내 아버지가 위로자이십니다.

본문이 주는 세 가지 교훈을 살피겠습니다.

1. 내가 받은 위로가 헤아릴 수 없이 큽니다

바울은 돌에 맞아 죽게 됐을 때, 감옥에 갇혔을 때, 태장으로 맞고 채찍에 맞을 때, 헐벗고 굶주릴 때, 배가 파선 당했을 때, 길에서 강도를 만났을 때 곁에 계시는 하나님의 위로 때문에 견딜 수 있었고 이길 수 있었습니다.

초대교회 교인들은 불에 타 죽고, 맹수에게 찢겨 죽고, 십자가에 달려 죽는 처절한 절망 속에서도 "내가 너와 함께한다. 내가 네 곁에 있다"는 하나님의 위로 때문에 참고 견디고 순교의 잔을 마셨습니다.

저도 목회 한평생을 되돌아보면 힘들고, 어렵고, 지치고, 병들고, 가슴앓이 하고 절망할 때가 있었습니다. 그러나 그때마다 "박 목사야, 넌 혼자가 아니야, 내가 네 곁에 있다. 내가 너와 함께하고 있다. 힘내라, 일어나라"고 말씀하시는 하나님 내 아버지의 위로 때문에 오늘 여기까지 걸어 나왔습니다.

저뿐이겠습니까? 여러분도 예외가 아닙니다. 내 힘으로 산 것 같아도 내 힘이 아닙니다. 내 재주로 성공한 것 같아도 내 재주가 아닙니다. 내 노력으로 이룬 것 같지만 내 노력이 아닙니다. 하나님의 위로, 격려, 사랑, 보살핌, 이끌어 주심 때문에 오늘 내가 여기에 존재하는 것입니다. 이 사실을 결코 잊어버리거나 외면하면 안 됩니다. 내가 받은 위로가 큽니다.

2. 위로는 행복지수와 희망지수를 높입니다

광산이 무너져 갱이 막혔습니다. 지하 30미터 갱 속에 금을 캐던 23명이 갇혔습니다. 하루, 이틀, 사흘 구조를 기다리며 그들이 한 일이 있었습니다. 서로 돌아가며 사랑하는 가족들, 자기네를 애타게 기다리며 기도하고 있을 가족들 얘기를 했습니다. 그리고 서로를 격려하고 위로했습니다. "우리는 반드시 구조된다. 반드시 살아서 찬란한 태양을 보고 가족들을 품에 안을 것이다"라며 희망을 얘기했습니다. 먹을 것도 마실 것도 빛도 없는 갱 속에서 일주일을 버텼습니다. 8일째 되는 날 실낱 같은 빛이 보이기 시작했습니다. 구조대가 구멍을 뚫고 접근하기 시작한 것입니다.

이 이야기는 가족 이야기일 수도 있고, 교회 이야기일 수도 있고, 국가 이야기일 수도 있습니다. 모두 다 어렵습니다. 지하 갱도처럼 깜깜하고 빛이 보이지 않습니다. 그렇다고 서로 원망하고, 탓하고, 흉보고 포기하면 길도 열리지 않고 빛도 보이지 않습니다. 그러나 내가 받은 하나님의 위로로 격려하고 위로하면 길이 보이고 빛이 보이게 됩니다. 그리고 행복지수, 희망지수가 백배, 천배로 높아집니다.

여러분! 가족끼리 서로 위로합시다. 격려합시다.

"여보, 힘드시죠? 제가 기도하고 있으니까 힘내세요." "아빠, 엄마! 힘내세요." "얘들아, 힘내라. 용기를 버리지 말아라."

이런 대화가 이어진다면 행복지수가 쑥쑥 올라갈 것입니다.

정명훈 씨가 하고 싶었던 일은 야구와 음식 만드는 셰프였다고 합니다. 그러나 그가 음악가가 될 수 있었던 것은 어머니의 줄기찬 격려 때문이었습니다. "명훈아, 너는 잘할 수 있어. 해낼거야. 세계적인 음악가가 될거야"라는 어머니의 격려, 칭찬 때문에 음악을 계속했다는 것입니다.

서로 격려합시다.

"수고하셨습니다. 힘내세요. 주님이 곁에 계십니다. 주님이 함께하십니다."

3. 위로는 역사하는 힘이 있습니다

본문 6절을 보면 "이 위로가 너희 속에 역사하여 우리가 받는 것 같은 고난을 너희도 견디게 하느니라"고 했습니다. 위로는 살아 움직이는 생명체 같은 힘을 가지고 있습니다. 그래서 이 위로가 내 속에 들어오면 힘이 나고, 용기가 나고, 일어서게 됩니다. 가족 속에 위로가 들어가면 가족이 화목하고 서로를 존중하고 높여 줍니다. 활력을 불어넣어 줍니다. 그래서 가족 공동체가 되살아납니다. 이 위로가 교회 안에 들어오면 교인들 얼굴빛이 달라지고 걸음걸이가 변합니다. 교회가 활기로 가득 차게 되고 좋은 소문이 각처에 퍼지게 됩니다.

서울시가 2009년부터 2011년까지 청소년상담지원센터 21개를 방문한 77만 2,696명의 청소년을 대상으로 상담 내용을 분석했습니다. 인터넷 게임과 음란물 중독이 고민의 1위였는데 19만 1,184명으로 24.7%였습니다. 그 다음이 학업과 진로 문제로 17.6%, 일탈 및 비행이

13.2%, 왕따, 학교폭력 등이 12.2%였습니다. 서울시는 위기 청소년 문제해결을 위해 지역사회 청소년 통합 자원체계를 활성화하고 '청소년 동반자 사업' 등을 추진하기로 했다고 합니다. 동반자 사업! 구체적 방안이 나와 있진 않습니다만 동반자, 곁에 있는 사람, 함께 있는 사람, 같은 의미로 해석해야 합니다.

나는 위로를 받은 사람입니다. 이웃을 위로할 책임이 있습니다. 받은 위로와 사랑, 격려와 돌보심이 너무나 큽니다. 주변을 둘러봅시다. '내가 위로해야 할 사람은 누구인가? 남편? 아내? 부모? 자녀? 형제? 친구?' 그리고 마음으로 말로 행동으로 그를 위로합시다.

예수 그리스도는 위로의 하나님이십니다. 기독교는 위로의 종교입니다. 시기, 질투, 모함, 다툼의 종교가 아닙니다.

나는 위로자가 되어야 합니다.

주님처럼! 아멘.

맡긴 사람들

🌿 잠언 16장 1-9절

마음의 경영은 사람에게 있어도 말의 응답은 여호와께로부터 나오느니라 사람의 행위가 자기 보기에는 모두 깨끗하여도 여호와는 심령을 감찰하시느니라 너의 행사를 여호와께 맡기라 그리하면 네가 경영하는 것이 이루어지리라 여호와께서 온갖 것을 그 쓰임에 적당하게 지으셨나니 악인도 악한 날에 적당하게 하셨느니라 무릇 마음이 교만한 자를 여호와께서 미워하시나니 피차 손을 잡을지라도 벌을 면하지 못하리라 인자와 진리로 인하여 죄악이 속하게 되고 여호와를 경외함으로 말미암아 악에서 떠나게 되느니라 사람의 행위가 여호와를 기쁘시게 하면 그 사람의 원수라도 그와 더불어 화목하게 하시느니라 적은 소득이 공의를 겸하면 많은 소득이 불의를 겸한 것보다 나으니라 사람이 마음으로 자기의 길을 계획할지라도 그의 걸음을 인도하시는 이는 여호와시니라

'위로'라는 낱말의 뜻이 여러 가지인 것처럼 '믿음'이라는 낱말의 뜻도 여러 가지입니다. 그 가운데 우리 피부와 삶에 가장 가까이 닿는 뜻은 "믿고 맡긴다", "신용하고 맡긴다" 입니다. 내가 누구에게 무엇을 맡기지 못하는 것은 신뢰할 수 없기 때문입니다.

한 가지 예를 들겠습니다. 어느 날 어떤 사람이 007가방 안에 5만

원 신권으로 1억 원을 넣어 가져왔습니다. 뇌물도, 정치자금도 아니고 어려운 사업에 사용하고 사업이 성공하면 그때 갚으면 된다는 편지도 함께 들어 있었습니다. 평소 그는 이모저모로 격려와 지원을 해준 중견 실업인이었습니다. 고마움이 이루 헤아릴 길이 없었습니다. 그런데 돈을 받은 사람에게 고민이 생겼습니다. '이 돈을 은행에 맡기는 게 안전할까, 집에 두는 게 안전할까?' 물론 은행입니다.

그러나 집에는 평생 기도해 주신 노부모님이 계십니다. 은행이 안전할까요, 노부모님이 안전할까요? 결혼한 큰아들네가 2층에 살고 있습니다. 은행이 안전할까요, 큰아들네가 안전할까요? 결혼한 딸네가 바로 옆집에 살고 있습니다. 은행에 맡기는 게 안전할까요, 딸에게 맡기는 게 안전할까요? 남편이 40년간 함께 살고 있습니다. 은행에 맡기는 게 안전할까요, 남편이 안전할까요? 한 몸인 아내가 40년을 함께했고 지금도 함께하고 있습니다. 아내에게 맡기는 게 안전할까요, 은행에 맡기는 게 안전할까요?

우리네 공통된 대답은 은행이었습니다. 그렇다면 여기서 같은 질문을 새롭게 구성해서 던져 보겠습니다.

부모님이 소중합니까, 1억이 소중합니까?

아들이 큽니까, 1억이 큽니까?

남편이 귀합니까, 1억이 귀합니까?

아내가 소중합니까, 1억이 소중합니까?

바로 이 대목에서 우리는 자기 모순을 발견하게 됩니다.

남편, 아내, 부모, 자식이 더 크고 소중한 것은 삼척동자도 인정합니다. 그러나 막상 무엇인가 어떤 것을 맡기려고 하면 신뢰, 믿음이 가지 않는다는 것입니다. 그리고 불행하게도 남편이나 아내보다 돈이 더 귀하고, 부모나 자식보다 돈이 더 소중하다는 생각이 우리를 지배하고 있다면 이것이야말로 물량주의이며 맘몬이즘이 아닐 수 없습니다. 그리고 이 양면사고 속에 큰 문제가 있습니다. 그것은 "사람은 많은데 믿고 맡길 사람이 없다. 사람이 줄 서 있는데 모든 걸 믿고 맡기기엔 신뢰가 가지 않는다. 믿고 맡긴다 해도 안심하기가 어렵다" 이런 논리가 성립됩니다.

'믿음'이 무엇입니까? 믿고 맡기는 것, 신용하고 맡기는 것, 신뢰하고 맡기는 것이 믿음입니다.

우리나라 인구가 2012년 7월을 기점으로 5천만 명이 되었습니다. 무역 규모는 2011년 12월 5일을 기해 연간 1조 달러를 달성했습니다. 1974년 100억 달러, 2000년에 1천억 달러, 2011년에 1조 달러가 된 것입니다.

1977년 12월 22일 장충체육관에서 수출 100억 달러를 기념하는 경축 행사가 열렸습니다. 그날 박정희 대통령은 떨리는 소리로 "친애하는 국민 여러분! 드디어 우리는 수출 100억 달러를 돌파했습니다"라고 연설을 시작했습니다. 그런데 34년 만에 1조 달러 수출을 달성한 것입니다.

그에 비해 신뢰와 신용지수는 훨씬 낮아졌습니다. 서민들이 믿고 돈을 맡긴 제2금융권은 맡은 돈을 제멋대로 쓰다가 사고가 일어났습니다. 믿고 맡긴 사람들은 통곡하고 있습니다.

돈은 인격과 신앙의 시험품입니다. 그 사람에게 돈을 맡겨 보면 그 사람의 인격과 신앙을 짐작할 수 있고, 측정할 수 있고, 가늠할 수 있습니다. 위에서 말씀을 드렸습니다만 우리 주변에는 온통 믿고 맡길 만한 대상을 찾기가 어렵습니다. 이건 비극이고 불행입니다. 그 많은 사람 가운데 내 돈, 내 재산, 내 마음, 내 건강, 내 삶을 통전적으로 맡길 만한 사람이 있습니까, 없습니까? 있습니다. 내 아버지 하나님, 구주 예수 그리스도 그분이라면 다 믿고 신뢰하고 신용하고 맡길 수 있습니다.

본문 16장 3절을 보겠습니다.

> "너의 행사를 여호와께 맡기라 그리하면 네가 경영하는 것이 이루어지리라"

여기서 말하는 행사란 내가 가진 것, 계획하는 것, 행동하는 모든 것을 의미합니다. '다 맡겨라, 빠트리지 말고 맡겨라, 낱낱이 맡겨라'는 뜻입니다.

1. 무엇을 맡겨야 합니까?

무거운 죄의 짐을 맡겨야 합니다. 마태복음 11장 28절에서 주님은 "수고하고 무거운 짐 진 자들아 다 내게로 오라 내가 너희를 쉬게 하리라"고 하셨습니다.

무거운 짐은 여러 가지입니다. 먹고사는 생활고의 짐, 사업의 짐, 회사의 짐, 가족부양 책임의 짐, 자녀교육의 짐, 건강의 짐 등 다양합니다. 그러나 당장 벗어던지지 않으면 큰일 나는 짐이 있습니다. 그것은 죄의 짐입니다. 죄의 짐은 나를 파괴하고 가정을 파괴하고 크고 작은 공동체를 파괴합니다. 그래서 늦기 전에 해결해야 합니다. 모든 짐을 주님께 맡겨야 합니다.

베드로전서 5장 7절을 보면 "너희 염려를 다 주께 맡기라 이는 그가 너희를 돌보심이라"고 했습니다. 걱정, 염려, 근심이 쌓이면 우울증이 되고 정서불안 요인이 됩니다. 그런 것들을 주님께 맡겨 버리라는 것입니다.

주님, 믿고 맡깁니다. 다 맡아 주십시오.

2. 맡긴 뒤에는 어떻게 해야 합니까?

일단 맡겼으면 맡긴 것은 걱정하거나, 염려하거나, 뒤돌아보면 안 됩니다. 1억을 A은행에 맡겼습니다. 걱정하면 안 됩니다. 은행은 그 돈을 예금법에 따라 지키고 보호해 줄 것이기 때문입니다. 그런데 매일같이 전화를 걸어 "내 돈 잘 있죠? 별탈 없는 거죠? 걱정 안 해도 되죠?"라며 보챌 필요가 없습니다. 매일같이 은행 찾아가 통장 확인하고 예금 잔액 확인하고 그럴 필요가 없는 것입니다.

주님께 일단 믿고 맡겼으면 안심하고 다른 일을 열심히 해야 합니다. 맡겼다면서 불안해서 되짚고, 맡겼다면서 걱정하느라 다른 아무일도 못한다면 어떻게 그것이 믿음이 될 수 있겠습니까? 맡기면 어떻게 됩니까? 편합니다. 안심입니다.

다이아몬드 반지를 가진 집사가 있었습니다. 문제는 보관 장소였습니다. 장롱 속도 불안하고, 겹겹이 쌓은 옷 속도 불안하고, 집에 있는 금고도 불안했습니다. 이 모습을 본 남편이 말합니다.

"여보, 대단치도 않은 걸 뭘 그리 불안해해요? 은행에 맡기면 되지. 거기가 편할 텐데."

그 말대로 은행 대여금고를 빌려 맡겼습니다. 그런데 일주일 지난 뒤부터 반지 꿈을 꾸기 시작했습니다. 반지가 날개를 달고 날아가 버리는 꿈, 은행 직원이 금고열쇠를 열고 반지를 꺼내가는 꿈, 남편이 꺼내다 팔아서 사업자금에 쓰는 꿈, 견딜 수 없는 꿈들이 계속되던 어느 날 밤 하나님의 음성이 들렸습니다.

"김 집사야, 반지 때문에 걱정이 크구나. 걱정 안 해도 되는 안전한 곳이 있다."

"주님, 거기가 어딘데요?"

"하늘나라 보물창고니라."

"어디 있어요?"

"그건 네가 생각해 보거라."

그는 사흘 뒤 목사님을 찾아와 전후 사정을 얘기한 후 반지를 내놓았습니다. 그리고 그날 밤부터 발뻗고 편히 쉴 수 있었다고 간증했습니다.

그러나 우리의 일반적 생각이나 발상은 '무슨 소리! 매일 밤 다이아몬드 반지 벼락을 맞아도 가졌으면 좋겠다. 5캐럿, 10캐럿 손가락에

맡긴 사람들　49

끼고 살면 좋겠다'입니다. 그리고 '죽을 때도 귀에 걸고 목에 걸고 손가락에 끼고 갈 것이다'라고 생각할 것입니다. 그러나 모든 사람은 죽을 때 금반지 하나 손가락에 못 낀 채 관 속에 들어갑니다. 이유는 딸이나 며느리가 내버려두지 않을 것이기 때문입니다.

"너희를 위하여 보물을 땅에 쌓아두지 말라 거기는 좀과 동록이 해하며 도둑이 구멍을 뚫고 도둑질하느니라"(마 6:19)고 하셨고, 마태복음 6장 20절을 보면 "오직 너희를 위하여 보물을 하늘에 쌓아두라 거기는 좀이나 동록이 해하지 못하며 도둑이 구멍을 뚫지도 못하고 도둑질도 못하느니라"고 했습니다. 그리고 6장 21절에서는 "네 보물 있는 그곳에는 네 마음도 있느니라"고 했습니다.

맡기면 편합니다. 안 맡기면 불안합니다.

맡기면 내가 책임질 필요가 없습니다. 안 맡기면 내가 다 책임을 져야 합니다.

3. 본문이 주는 결론이 있습니다

"마음의 경영은 사람에게 있어도 말의 응답은 여호와께로부터 나오느니라"(1절).

"너의 행사를 여호와께 맡기라 그리하면 네가 경영하는 것이 이루어지리라"(3절).

"사람이 마음으로 자기의 길을 계획할지라도 그의 걸음을 인도하시는 이는 여호와시니라"(9절).

맡기면 하나님이 책임지시고 이룰 것은 이루어 주시고 막을 것은 막아 주시고 인도해 주신다는 것입니다. 그런데 우리는 연약한 믿음 때문에 맡겼다면서 걱정하고 염려를 반복합니다. "기도할 수 있는데 왜 걱정하십니까? 기도하면서 왜 염려하십니까?"라는 복음성가가 생각납니다.

사람의 몸은 100조 개가 넘는 세포로 구성되어 있다고 합니다. 그런데 그보다 열 배가 넘는 1,000조 개의 세균(박테리아)이 구석구석 붙어 살고 있습니다. 사람 몸속에 사는 장내 세균만 해도 1,000여 종이 넘고 개인별로는 평균 160여 종류에 100조 마리가 된다고 합니다. 장내 세균은 소화를 도와 주고 병원균의 침입을 막아 주는 역할도 한다고 합니다. 중요한 것은 스트레스나 항생제 사용 등 사람과 세균 사이의 미묘한 균형이 깨지는 순간 병원균이 삽시간에 수십억 마리로 증가해 병을 일으킬 수 있다는 것입니다.

사는 것, 죽는 것, 다 맡깁시다. 성공하는 것, 실패하는 것도 맡깁시다. 내 재산, 내 건강, 내 가정도 맡깁시다. 맡기지 않는 사람은 불안합니다. 평안이 없습니다.

왜 못 맡깁니까? '주님께 맡기면 주님이 다 챙기고 나는 빈손이 된다'고 생각하기 때문입니다. '맡기지 않아도 내 능력과 내 지식과 내 경험으로 넉넉히 지키고 보존하고 갈무리할 수 있다'고 믿기 때문입니다.

그러나 걱정하지 마십시오. 주님께 맡기는 순간부터 나는 자유인이 됩니다. 걸음이 가벼워집니다. 생각과 마음이 편해집니다.

우리 몸 속에 1000조가 넘는 세균이 살고 있습니다. 걱정 근심하기로 말하면 편히 쉴 수도 잠을 청할 수도 없습니다. 그러나 믿음으로 맡기면 걱정할 것이 없습니다. 나쁜 세균은 좋은 세균에게 쫓겨 밀려날 것이고 좋은 세균은 나의 건강과 생명을 지켜줄 것입니다. 이것은 인체의 신비이며 창조의 신비입니다.

러시아에는 10억 달러 넘는 부자가 200명이고 매달 그 수가 불어난다고 합니다. 그런데 그들은 불안합니다. 그래서 마피아 조직을 고용하기도 하고 조직 폭력을 경호팀으로 고용한다고 합니다. 왜 돈 많은 부자가 불안할까요? 자신과 삶을 믿고 맡길 곳이 없기 때문입니다.

그러나 우리에게는 믿고 맡길 곳도 있고 맡길 분도 있습니다. 그리고 "맡기라 내가 맡아 주겠다"고 하셨습니다. "수고의 무거운 짐 내게로 가져와라. 내가 편히 쉬게 해 주겠다"고 하셨습니다. "염려 말고 맡겨라. 내가 돌보고 문제를 풀어주겠다"고 하셨습니다.

"주여, 맡깁니다. 믿고 맡깁니다. 맡아 주시고 책임져 주옵소서."

아멘!

친구

요한복음 15장 13-17절

사람이 친구를 위하여 자기 목숨을 버리면 이보다 더 큰 사랑이 없나니 너희는 내가 명하는 대로 행하면 곧 나의 친구라 이제부터는 너희를 종이라 하지 아니하리니 종은 주인이 하는 것을 알지 못함이라 너희를 친구라 하였노니 내가 내 아버지께 들은 것을 다 너희에게 알게 하였음이라 너희가 나를 택한 것이 아니요 내가 너희를 택하여 세웠나니 이는 너희로 가서 열매를 맺게 하고 또 너희 열매가 항상 있게 하여 내 이름으로 아버지께 무엇을 구하든지 다 받게 하려 함이라 내가 이것을 너희에게 명함은 너희로 서로 사랑하게 하려 함이라

모 중학교 1학년 반에서 '친구'를 주제로 한 공부가 진행되고 있었습니다. 선생님은 아이들 노트에 두 가지를 쓰게 했습니다. 첫째는 친구 이름을 쓰게 했습니다. 스무 명을 쓴 아이도 있고, 열 명을 쓴 아이도 있고, 셋을 쓴 아이도 있었습니다. 둘째는 그네들이 왜 친구인가를 쓰게 했습니다. 그 이유가 다양하고 재미있었습니다.

"왜 그가 친구인가?"

여러 가지 답이 쏟아졌습니다.

① 초등학교 동창이어서.
② 같은 아파트에 살고 있어서.
③ 같은 반 옆자리에 앉아서.
④ 같은 교회를 다니니까.
⑤ 부모님끼리 친하니까.
⑥ 숙제를 같이 하니까.
⑦ 과외를 같이 하니까.
⑧ 함께 피자를 좋아하니까.
⑨ 매일 만나니까.
⑩ 내가 아파서 입원해 있을 때 매일 찾아와 줬으니까.

그 아이가 내 친구 되는 이유가 열 가지 정도로 정리되었다고 합니다. 선생님은 다시 10가지 가운데 가장 좋은 친구의 조건 한 가지를 고르도록 했습니다. 그랬더니 그 반 아이들이 고른 친구 조건은 "내가 아파서 입원해 있을 때 매일 찾아와 준 친구"였다고 합니다.
중학교 1학년 아이들 머릿속에 각인된 친구는 어떤 친구입니까?
내가 힘들고, 외롭고, 괴롭고, 아플 때 나를 찾아와 준 그 사람이 친구라는 것입니다. 따져보면 '친구'의 범위가 넓습니다. 아는 사람, 함께 여행하는 사람, 함께 식사할 수 있는 사람, 직장 동료, 학교나 교회에서 만난 사람, 고향이 같고 출신 학교가 같은 사람 등 모두가 친구일 수 있습니다.
그러나 진실한 친구, 참 친구, 언제 어디서나 '이 사람은 내 친구'라고 망설이지 않고 내세울 만한 그런 친구는 결코 흔하지 않습니다. 없을 수도 있습니다.

국어사전은 친구를 "가깝게 오래 사귄 사람"이라고 정의하고 있습니다.

미국이 낳은 세계적인 부자 빌 게이츠는 친구 때문에 성공했다고 합니다. 빌 게이츠는 시애틀의 명문 사립학교를 다녔는데 그곳에서 컴퓨터광인 폴 앨런을 만나 컴퓨터에 눈을 뜨게 되었고, 1975년 빌 게이츠와 폴 앨런은 마이크로소프트사를 창업했습니다. 그후 하버드대학에서는 스티브 발머를 만나 마이크로소프트사를 세계 최고의 회사로 만들 수 있었습니다. 빌 게이츠가 학교에서 만난 사람들이 술 마시고 마약에 빠지고 놀고 방탕한 친구들이었다면 결코 그는 성공할 수 없었을 것입니다.

논어는 유익한 친구가 있고, 해가 되는 친구가 있다고 말합니다. 유익한 친구란 성실한 사람, 견문이 많은 사람, 정직한 사람이고 해가 되는 친구는 편벽된 사람, 남의 비위만을 맞추어 주는 사람, 말만 잘 둘러대고 실속이 없는 사람이라는 것입니다.

성경이 말하는 친구는 어떤 사람입니까?

이사야 41장 8절을 보면 "그러나 나의 종 너 이스라엘아 내가 택한 야곱아 나의 벗 아브라함의 자손아"라고 했고, 9절에서는 "내가 땅 끝에서부터 너를 붙들며 땅 모퉁이에서부터 너를 부르고 네게 이르기를 너는 나의 종이라 내가 너를 택하고 싫어하여 버리지 아니하였다 하였노라"고 했습니다. 그리고 10절에서는 "두려워하지 말라 내가 너와 함께 함이라 놀라지 말라 나는 네 하나님이 됨이라 내가 너를 굳세게 하리라 참으로 너를 도와 주리라 참으로 나의 의로운 오른손으로 너를 붙들리라"고 했습니다.

왜 아브라함을 친구라고 했을까요? 그의 순종 때문이었습니다.

어느 날 하나님은 아브라함에게 "고향을 떠나라, 친척을 떠나라, 아비 집을 떠나라"고 명령하셨습니다. 기반 잡고, 농사 짓고, 짐승 키우고 잘 살고 있었습니다. 갑자기 짐을 꾸려 그곳을 떠나야 할 이유가 없었습니다. 그러나 아브라함은 "예, 알겠습니다"라며 그곳을 떠났습니다. 왜? 어째서? 어디로? 가야 하는지 묻지도 따지지도 않았습니다. 그것은 전적으로 하나님이 하시는 일을 믿고 신뢰했기 때문입니다.

아브라함에겐 100살에 낳은 외아들이 있었습니다. 어느 날 하나님이 아브라함에게 외아들 이삭을 제물(번제)로 바치라고 말씀하셨습니다. 금을 바쳐라, 땅을 바쳐라, 짐승을 바쳐라, 살고 있는 집을 바쳐라 그것은 가능합니다. 그러나 독자 이삭을, 그것도 제물로 바치라는 것은 상식에도 맞지 않고 현실적으로도 불가능합니다. 어떻게 자식을 제물로 바칠 수 있습니까? 그런데 아브라함은 그대로 했습니다. 순종하고 실천한 것입니다.

하나님은 절대로 해를 끼치거나 손해를 주실 분이 아니라는 것을 믿었기 때문입니다. 하나에서 열까지 하나님의 일이라면 주저하거나 서슴지 않고 그대로 실천했습니다. 하나님의 명령이라면 길이 막히고, 기가 막히고, 처참한 상황이 닥친다 해도 회피하지 않았습니다.

아무나 하나님의 친구가 되는 것이 아닙니다. 믿고, 신뢰하고, 따르고, 실천하는 사람이 하나님의 친구가 되는 것입니다. 요한복음 15장은 우리에게 전혀 차원이 다른 친구 이야기를 들려 주고 있습니다.

예수님은 당시 제자들을 친구라고 불러 주셨습니다. 요한복음 15장이 강조하는 교훈은 크게 두 가지입니다.

1. 예수님을 떠나면 되는 일이 없습니다

> "가지가 포도나무에 붙어 있지 아니하면 스스로 열매를 맺을 수 없음같이 너희도 내 안에 있지 아니하면 그러하리라"(4절).
>
> "나를 떠나서는 너희가 아무것도 할 수 없음이라"(5절).
>
> "사람이 내 안에 거하지 아니하면 가지처럼 밖에 버려져 마르나니 사람들이 그것을 모아다가 불에 던져 사르느니라"(6절).

여기서 말하는 포도나무는 예수님을 의미하고, 가지는 당시에는 제자들이고 지금은 우리 모두를 의미합니다.

지난 겨울 중국에 선교사로 가 있던 둘째 딸 내외가 두 아이와 함께 저희 집에 와있었습니다. 대학교 기숙사에 살고 있는데 방학이 되면 난방을 주지 않기 때문에 추위를 피해 한국에 나와 있었습니다.

어느 날 둘째 딸 내외가 중요한 모임 때문에 외출을 하게 됐습니다. 그동안 할머니가 아이를 보기로 했습니다. 10분쯤 지나자 아이가 엄마를 찾기 시작합니다. "엄마 금방 올 거야. 맛있는 거 사가지고 올 거야"라고 타이르지만 아이는 악을 쓰고 울면서 엄마를 찾습니다. 집에는 할아버지도 있고, 할머니도 있고, 언니도 있고, 빵도 있고, 떡도 있고, 바나나도 있고, 껌도 있고, 사탕도 있고, 주스도 있고, 장난감도 있고, 돈도 있습니다. 그런데 아이는 '엄마'를 찾고 울어댑니다. 울다 울다 지쳤을 무렵 엄마가 돌아왔습니다. 언제 울었는가 싶을 정도로 아이는 웃고, 떠들고 뛰어다녔습니다.

저는 여기서 현대인의 모습을 돌이켜 살펴보았습니다. 집도 있고, 남편도 있고, 아내도, 자녀도 있습니다. 돈도 있고, 직장도 있고, 만나는 이웃도 있고, 소일거리도 있습니다. 그러나 예수님을 떠나면 예수님과 거리가 멀어지면 인생 사는 재미가 없습니다. 모든 것을 다 가졌어도 예수님을 모시지 못하면 삶의 의미가 없습니다.

OECD 국가들 가운데 우리나라가 자살률 제1위라고 합니다. 그런데 생활고로 자살하는 사람은 셋이라고 하면, 먹고 살 것이 있고 할 일이 있지만 자살하는 사람은 일곱이라고 합니다.

왜 지식인이, 부자들이, 힘 가진 사람들이 자살할까요? 그것은 반드시 가져야 할 것을 갖지 못했기 때문입니다. 그것이 무엇입니까? 예수 그리스도! 그분입니다.

"나를 떠나서는 너희가 아무것도 할 수 없다."

그렇습니다. 물을 떠난 물고기가 사는 길이 있고, 흙을 떠난 나무가 사는 법이 있을 수 있겠지만 예수님 떠난 인생은 사는 법도 없고, 성공하는 길도 없고, 잘 되는 법도 있을 수 없습니다.

2. 친구를 위하여 자기 목숨을 내어 놓고 버릴 수 있는 사람이 참 친구입니다

"사람이 친구를 위하여 자기 목숨을 버리면 이보다 더 큰 사랑이 없나니"(13절).

"너희는 내가 명하는 대로 행하면 곧 나의 친구라"(14절).

"너희를 친구라 하였노니 내가 내 아버지께 들은 것을 다 너희에게 알게 하였음이라"(15절).

참 친구의 정의를 명확하게 내려주고 있습니다.

친구! 누가 친구입니까? 그 친구는 어떤 친구입니까? 얼마 동안 어떻게 사귄 친구입니까?

저는 개인적으로 70 평생을 살면서 이곳저곳에서 많은 사람들을 만났고 친구로 사귈 수 있었습니다. 그러나 나를 위해 목숨을 버릴 수 있는 친구를 꼽아 보라면 선뜻 아무개라고 말할 사람이 떠오르지 않습니다. 저만 그럴까요?

미국 오바마 대통령이 4월 25일 한국을 방문하고 26일 1박 2일 일정을 끝내고 돌아갔습니다. 그는 한국을 동맹국이자 친구라고 표현했습니다. 동북아에서 그리고 동남아에서 한국만큼 미국과 돈독한 우의를 지키고 우정을 지속해 온 나라는 없습니다. 그러니까 오바마 대통령 말대로 좋은 친구임에 틀림이 없습니다.

그러나 미국도 자기네 국가 이익에 손해가 된다든지 국가 정책에

어긋나는 일이 벌어지면 결코 한국 편이 될 수 없습니다. 군사적으로, 경제적으로 미국은 미국 편이지 한국 편이 아니라는 것입니다. 국가든 개인이든 나를 위해 목숨을 버릴 친구를 찾는 것은 결코 쉽지 않을 것입니다.

그런데 나를 위해 목숨을 버린 친구가 있습니다. 그는 바로 예수 그리스도입니다. 본래 나는 예수님의 친구이기는커녕 죄의 종이었고 세상의 종이었고 마귀의 하수인이었습니다. 죄에 빠져 허우적거렸고 죄를 음료수 마시듯 마셨고 죄가 죄인 줄도 모른 채 살았습니다. 죄 값은 사망입니다. 죄를 범하면 결국 심판을 받고 죽게 됩니다. 그런데 예수님이 나를 대신해 십자가에 죽으시고 내 죄를 용서해 주셨습니다. 그것만도 감사한데 나를 친구 삼아 주셨습니다.

"너는 내 친구다. 나는 너를 위해 목숨을 버렸다."

얼마나 놀라운 은혜입니까?

교통사고로 죽어가는 아들이 "아빠, 저 좀 살려주세요"라고 했지만 아버지는 아들을 살릴 수가 없었습니다. 암으로 투병하던 남편이 숨을 거두며 "여보, 나 좀 어떻게 해줘"라고 했지만 아내는 남편을 살릴 수도 대신 죽을 수도 없었습니다.

누가 나를 대신해 죽을 수 있습니까? 누가 내 죄를 대신할 수 있습니까? 있습니다. 그분이 바로 내가 믿고 의지하고 사랑하는 주님, 예수 그리스도입니다.

유교 삼강오륜 가운데 하나가 붕우유신(朋友有信)입니다. 친구의 도리는 믿음이 있어야 된다는 것입니다. 믿지 못하면 친구가 아닙니다.

믿을 수 있는 사람이 친구입니다. 저에겐 영원한 친구가 있습니다. 내가 믿고 의지하고 사랑하는 예수님입니다. 참 친구는 친구를 악평하지 않습니다. 참 친구는 친구를 비난하거나 비판하지 않습니다. 내가 어려울 때 도와주고 곤경에 처했을 때 변호해 줍니다. 참 친구는 다 나를 떠나고 버려도 내 곁을 떠나지 않습니다. 온 세상 사람이 손가락질해도 내 손을 잡아줍니다. 나에게도 친구가 있다면 나도 그렇게 해줘야 합니다.

내 죄를 대신 져주신 친구, 예수 그리스도! 내 대신 십자가를 지고 죽임 당하신 친구 예수 그리스도! 오늘도 내 곁을 떠나지 않고 지키시고, 이끄시고, 사랑하시는 친구 예수 그리스도!

우리에겐 친구가 있습니다.

그 친구를 나의 구주, 나의 친구라고 고백합시다.

주님은 나의 친구입니다. 나는 주님의 친구입니다.

주님 때문에 우리도 친구가 되었습니다.

"친구야! 사랑해!"

제2부

오직 믿음

하나님의 훈련소

🌿 **시편 66편 10-15절**

하나님이여 주께서 우리를 시험하시되 우리를 단련하시기를 은을 단련함 같이 하셨으며 우리를 끌어 그물에 걸리게 하시며 어려운 짐을 우리 허리에 매어 두셨으며 사람들이 우리 머리를 타고 가게 하셨나이다 우리가 불과 물을 통과하였더니 주께서 우리를 끌어내사 풍부한 곳에 들이셨나이다 내가 번제물을 가지고 주의 집에 들어가서 나의 서원을 주께 갚으리니 이는 내 입술이 낸 것이요 내 환난 때에 내 입이 말한 것이니이다 내가 숫양의 향기와 함께 살진 것으로 주께 번제를 드리며 수소와 염소를 드리리이다(셀라)

훈련 없이 되는 일은 없습니다. 스포츠의 경우 국가대표 선수가 되면 피나는 훈련을 반복합니다. 영하 12도의 혹한에도 팬티만 입고 바닷물에 뛰어들기, 매일 새벽 4km 뛰고 달리기 등 체력 단련, 극기 훈련, 적응 훈련 등 혹독한 훈련을 계속합니다.

군인은 어떻습니까? 일정기간 훈련소 훈련이 끝나면 부대 배치를 받습니다. 그러나 훈련은 계속됩니다. 기상 훈련, 구보 훈련, 사격 훈련, 체력 단련 훈련, 격파 훈련 등 군인이 할 수 있는 훈련은 다 합니다.

신앙생활도 훈련이 필요합니다. 바울은 젊은 목회자인 디모데에게 "경건에 이르도록 네 자신을 연단하라"고 했습니다(딤전 4:7). 연단하라는 말은 훈련하라는 뜻입니다.

선교도 훈련이 필요합니다. 현재 한국 선교사는 전세계 169개국에 26,000명 정도가 파송되어 있습니다. 교회나 노회가 별도로 파송한 선교사를 11,000명 정도로 봅니다. 합하면 3만 7천 명에 달합니다.

3만 7천여 명에 달하는 선교사를 크게 둘로 나눌 수 있습니다. 훈련을 받고 파송된 선교사와 훈련받지 않고 파송된 선교사입니다. 교단이나 선교훈련 기관에서 정식으로 훈련을 받고 떠난 선교사들은 선교사의 자세, 접근법, 현지문화와 종교 등 다양한 훈련을 받고 떠났기 때문에 현지 적응이나 접근이 편합니다. 그러나 훈련받지 않고 떠난 사람들은 여러 면에서 서툴 수밖에 없습니다.

교회 생활도 예외가 아닙니다. 어려서부터 제대로 교회생활 훈련을 받은 사람은 교회를 섬기는 기본자세가 다릅니다. 훈련이 그 사람의 신앙태도를 결정하기 때문입니다. 행동과 말을 보면 어떤 훈련을 받았나를 짐작할 수 있습니다.

오늘 우리가 주목해야 할 관점은 하나님은 하나님의 사람들, 하나님의 백성들을 호되게 훈련하신다는 것입니다.

시편 66편은 이스라엘 백성이 지휘자의 지휘를 따라 부른 노래 중 하나입니다. 66편 9절은 하나님은 택한 백성을 버리시거나 포기하지 않으신다고 노래합니다. "그는 우리 영혼을 살려 두시고 우리의 실족함을 허락하지 아니하시는 주시로다"라는 시 구절이 그 사실을 입증

해 줍니다. 그러나 10절은 시험하려고 단련하시고 훈련하신다고 노래합니다. "하나님이여 주께서 우리를 시험하시되 우리를 단련하시기를 은을 단련함 같이 하셨으며"라고 했습니다.

광산에서 금과 은을 캡니다. 그러나 그것이 바로 고가의 금이나 은이 되는 것이 아닙니다. 2천도를 웃도는 용광로 속에 집어넣고 불순물을 제거한 후 금과 은이 되는 것입니다. 제련소의 용광로를 거쳐야 값비싼 금이 되고 은이 되는 것입니다.

시인은 하나님이 이스라엘 백성을 훈련하기 위해 금과 은처럼 연단하셨다고 고백했습니다. 10절을 보면 은을 단련하는 것처럼 훈련하셨다고 노래합니다. 금이나 은은 불순물이 제거되어야 순금이 되고 순은이 됩니다. 인생도 신앙도 불순물이 끼면 순수한 신앙인이 되기 어렵습니다. 고집, 편견, 교만, 시기, 질투, 증오 이런 불순물들이 내 생각 속에 끼고, 정신 속에 끼고, 사상 속에 끼고, 가치관 속에 끼고, 신앙생활 속에 끼면 좋은 사람, 좋은 신앙인이 되기 어렵습니다. 그런 불순물을 성령의 용광로에 집어넣고 제거해야 합니다.

11절을 보면 "그물에 걸리게 하셨다"고 했습니다. 두 종류의 그물이 있습니다. 그것은 사탄의 그물과 하나님의 그물입니다. 사탄의 그물은 우리를 파멸시키고 멸망시키고 지옥에 굴러 떨어지게 합니다. 그래서 디모데전서 3장 7절을 보면 "마귀의 올무에 빠질까 염려하라"고 했습니다. 그러나 하나님의 그물은 결과가 선합니다. 일단 그물에 걸리면 내 뜻대로 내 맘대로 못합니다. 안 됩니다. 내가 세운 계획대로 안 됩니다. 내가 바라는 뜻대로 안 됩니다. 내가 원하는 대로 안 됩니다.

어부가 던진 그물에 물고기가 걸렸습니다. 그물에서 벗어나기 위해 몸부림을 칩니다. 그러나 벗어날 수 없습니다. 하나님은 우리를 그물 속에 가둬두고 훈련하십니다.

1. 왜 훈련하십니까?

1) 더 좋은 곳으로 인도하기 위해서입니다.

시편 66편 12절을 보면 "우리가 불과 물을 통과하였더니 주께서 우리를 끌어내사 풍부한 곳에 들이셨나이다"라고 했습니다. 하나님은 모세를 통해 이스라엘을 애굽 노예생활 속에서 끌어내셨습니다. 그리고 40년 동안 광야훈련소에서 훈련하셨습니다.

지금도 중동이나 유대 광야는 척박하지만 그 당시는 물도 없고, 그늘도 없고, 과일도 없고, 먹을거리가 없는 지옥 같은 곳이었습니다. 거기서 하나님은 이스라엘 민족을 40년간 훈련하셨습니다. 그 이유를 본문 12절은 더 좋은 곳으로 인도하기 위해서였다고 밝힙니다. 이 이야기는 우리들의 이야기입니다. 왜 하나님은 우리에게 고난을 주시고 실패와 절망을 모른 척하시고 질병과 고통, 아픔과 슬픔을 간과하십니까? 그것은 더 좋은 것을 주시기 위해서입니다.

아르헨티나 축구 국가대표 선수 가운데 리오넬 메시 선수가 있습니다. 어릴 때 성장판 장애로 두 다리 길이가 맞지 않아 축구가 어려웠습니다. 11세 되던 해 성장호르몬이 분비되지 않는다는 날벼락 같은 진단을 받았습니다. 그러나 그는 뼈를 깎는 훈련을 거듭했고 자신의 신체적 한계를 극복하고 세계적인 축구스타가 되었습니다. 그는 시합을 할 때 공이 발에서 1미터 이상 떨어지지 않는 볼 컨트롤의 귀재라고 합니다. 상대편 선수가 반칙을 해도 메시의 드리블을 저지하지 못한다고 합니다.

우리의 경우도 예외가 아닙니다. 지금 겪고 있는 고통이나 아픔, 질병과 실패, 절망과 좌절이 깊고 크다고 하더라도 훈련을 통과하기만 하면 더 좋은 곳으로 옮겨갈 수 있다는 소망과 믿음을 잃지 맙시다.

애굽에서 나온 이스라엘 백성의 최종 목적지는 젖과 꿀이 흐르는 가나안 땅이었습니다. 훈련 없이 가나안 땅에 입성하면 "우리가 잘나서 들어갔다", "우리 능력이 탁월해서 들어갔다", "우리는 위대하다"라며 교만에 빠져 하나님을 멀리할 것이 뻔하기 때문에 하나님은 40년 동안 광야 훈련소에 입소시키고 강훈련으로 그들을 단련하신 것입니다.

33세의 청년 김준형이 쓴 《칠전팔기 내 인생》이라는 책이 있습니다. 김준형은 22세 때 교통사고로 대동맥 박리증, 심장이상, 오른쪽 다리뼈가 7조각으로 바스러짐, 하지기능장애 5급, 심장장애 3급 판정으로 만신창이가 되었습니다. 그런 그가 11개월간 50개국을 순례하는가 하면, 미국 보스턴 벙커힐 커뮤니티 칼리지에서 공부하고, 매사추세츠 대학에 편입 1년 반 만에 최우등으로 졸업, 현재 국내 대기업에서 기획 담당 업무를 맡고 있습니다.

그는 "사고는 축복이었다"라고 말했습니다. 더 놀라운 것은 승마, 골프, 스키, 사이클, 요가, 스쿠버, 테니스, 배드민턴, 웨이크보드, 야구, 수영을 즐긴다고 합니다. 최근에는 마라톤과 철인3종 경기에 도전하는가 하면 킬리만자로 등반에 도전하겠다고 기염을 토하고 있습니다. 그는 말합니다. "또다시 도전해 더 큰 사람이 되고 싶다"고.

개인의 의지와 불굴의 용기도 위대합니다. 그러나 우리에겐 하나님이 주시는 힘과 용기, 의지와 도전이 있습니다. 하나님이 나를 인도하시고 동행해 주십니다. 하나님의 훈련소 입소를 기뻐하고 감사합시다. 원망하고 불평하고 투정부리지 맙시다. 더 좋은 곳으로 인도하심을 찬양합시다.

2) 순금을 만들기 위해서입니다.

욥기 23장 10절을 보겠습니다.

> "내가 가는 길을 그가 아시나니 그가 나를 단련하신 후에는 내가 순금같이 되어 나오리라"

왜 풀무 불에 집어넣습니까? 왜 용광로에 집어넣습니까? 왜 단련하시고 훈련하십니까? 욥은 호된 훈련을 받았습니다. 하루아침에 욥을 돕던 종들이 침략자들의 칼에 학살당했습니다. 남은 종들과 짐승 떼는 벼락을 맞고 다 죽었습니다. 욥의 자녀 10남매는 집이 무너져 몰사했습니다. 고난은 그것으로 끝나지 않았습니다.

욥은 불치의 피부병에 걸려 질그릇 조각으로 진물이 흐르는 피부를 긁어도 시원치 않는 고통을 겪게 되었습니다. 평생을 해로하기로 한 욥의 아내는 이 참상을 보다 못해 남편에게 하나님을 저주하고 죽으라는 막말을 남기고는 욥을 떠나 버렸습니다. 이토록 슬픈 소식을 접한 친구들이 위로한다며 찾아와 "죄 값이다. 지은 죄 때문이다. 죄를 회개하라"며 말로 상처를 주었습니다. 얼마나 힘들고 고달프고 고통스러웠겠습니까?

그런데 욥은 이 모든 시련과 훈련과 연단을 하나님이 자신을 순금, 정금으로 만드시려는 훈련이었다고 고백한 것입니다. 우리도 시련이 있고 연단이 있습니다. 그러나 욥보다는 낫습니다. 욥의 시련에 비할 수는 없습니다. 참고 견디고 훈련받읍시다. 그 훈련을 통과하면 정금이 될 것이기 때문입니다.

2. 훈련받는 우리는 어떻게 해야 합니까?

1) 서로 격려합시다.

'전우애' 하면 월남참전 전우회, 해병전우회 회원들의 전우애를 뺄 수 없습니다. 함께 사선을 넘었기 때문에 전우애가 단단한 것입니다. 우리는 하나님의 훈련소에서 함께 훈련받는 훈련병들입니다. 서로 격려하고 위로하고 감싸줍시다.

2014년 5월 23일~24일 아이토벤 소속인 박지성 선수의 은퇴 고별 경기가 수원과 창원에서 열렸습니다. 평소 박지성을 사랑하던 팬들은 다음과 같은 글이 새긴 플래카드를 내걸고 박지성 선수를 격려했습니다.

"당신은 우리들의 영웅이었습니다. 고맙습니다. 사랑합니다. 당신을 볼 수 있어 우리는 행복했습니다."

생각을 새롭게 하는 멋진 플래카드였습니다.

"수고하셨습니다, 고맙습니다, 사랑합니다"라고 서로 격려합시다.

2) 찬양하고 감사합시다.

시편 66편 16절을 보면 "하나님이 나의 영혼을 위하여 행하신 일을 내가 선포하리로다"라고 했고, 17절에서는 "나의 혀로 높이 찬송하였도다"라고 했으며, 20절 역시 "하나님을 찬송하리로다"라고 했습니다.

모든 운동은 기쁨으로 하면 운동이 되지만, 억지로 하면 중노동이 되고 강제노동이 된다고 합니다. 하나님이 행하시는 훈련을 기뻐하고 감사하고 찬양하면 복이 되지만, 원망하고 불평하고 저항하면 훈련이 지루하고 지겹고 짜증스러워집니다.

2014년 6월 29일 조선일보 일요판에 올린 우종민 교수의 글을 읽었습니다.

"옆 사람의 행동을 보고 듣는 것만으로도 그 사람의 감정 상태가 나에게 전파된다. 이런 현상을 정신의학에서는 '감정전염'(emotional contagion)이라고 부른다. 내가 걸린 독감이 남에게 전염되듯 나의 감정도 주변 사람들에게 순식간에 퍼져나간다. 부정적인 감정이 전염되는 속도는 긍정적인 감정보다 15배나 빠르다."

하나님의 훈련소에서 받고 있는 훈련 과정은 힘겹고 어렵지만 그 결과는 선하고 위대합니다. 그렇다면 그 결과를 믿고 착한 마음으로 수용합시다. 그리고 나 때문에 나쁜 분위기나 감정이 교회 안에 전염되지 않게 합시다. 하나님의 훈련소에서 하나님의 희망을 바라봅시다. 훈련소 훈련을 올바로 거치면 주님과 함께 영원한 축제를 벌이게 될 것입니다.

세계적인 미국의 부자 워렌 버핏과 함께 점심식사를 하는 이벤트 프로그램이 있습니다. 버핏과 한 끼 점심식사를 하려면 3억5천만 원을 지불해야 합니다. 버핏은 그 돈을 모아 노숙자 재활기금으로 적립하고 있다고 합니다. 지금까지 모은 돈은 164억 원이라고 합니다.

미국 부자 버핏과 나누는 한 끼 점심 값이 3억 5천만 원이라면 고난을 이긴 승리자들, 훈련을 끝낸 훈련병들, 영적 전쟁에 승리한 역전의 용사들이 우리 주님과 함께 나누는 축제의 비용은 얼마나 지불해야 되겠습니까?

감사합시다.

힘들 땐 힘들다고 말씀드립시다.

"아버지, 저 힘들어요."

"아버지, 저 아파요."

"아버지, 저 길이 막혔어요."

"아버지, 저 훈련 잘 견디게 해주세요."

찬송하고 선포합시다.

하나님의 위대하심을, 하나님의 사랑과 구원을!

위대한 훈련을 찬송합시다. 아멘.

오직 믿음
(종교개혁기념주일)

✝ 로마서 5장 1-2절

그러므로 우리가 믿음으로 의롭다 하심을 받았으니 우리 주 예수 그리스도로 말미암아 하나님과 화평을 누리자 또한 그로 말미암아 우리가 믿음으로 서 있는 이 은혜에 들어감을 얻었으며 하나님의 영광을 바라고 즐거워하느니라

    오늘은 마틴 루터가 그 당시 부패하고 타락한 로마 천주교의 교권에 반기를 들고 종교개혁을 시작한 지 497주년이 되는 기념 주일입니다.

    루터는 1483년 11월 10일 독일의 아이슬레벤이라는 마을에서 태어났습니다. 그는 만스펠트에 있는 라틴어 학교에서 라틴어를 공부했고 명문인 에르푸르트 대학을 졸업했습니다. 그후 그는 수도원에 들어가 신부가 되었고 1507년 4월 사제로 서품되었습니다.

    신부가 된 그는 가까이서 당시 천주교의 내면과 실상을 볼 수 있었습니다. 그리고 교회 밖에서 본 교회 모습과 안에서 보는 교회 모습이 같지 않다는 것을 발견했습니다. 달라도 너무 다르다는 것을 본 것입니다. 가장 중요한 요점은 당시 천주교가 성경적인 교회가 아니라는 것이었습니다.

그는 고민하고 갈등하기 시작했습니다. '이건 아니다. 이러면 안 된다. 이건 고쳐야 된다'라는 생각이 치밀었지만 실행에 옮기는 것은 쉽지 않았습니다. 이유는 그 당시 로마 천주교의 권세는 하늘을 찌르고 있었기 때문입니다. 그 당시 교황은 신이었습니다(교황무오설).

교황은 천주교의 지배를 받는 국가들과 황제를 통치했습니다. 황제가 교황을 찾아와 무릎 꿇고 사죄를 비는 진풍경도 벌어졌습니다. 이런 분위기에서 일개 신부에 불과한 루터가 천주교의 잘못을 지적하고 부정을 공격하는 행위는 자살행위나 다름이 없었습니다.

그런 루터에게 힘과 용기를 준 것은 성경이었습니다. 그 당시 천주교는 그 어느 것 하나도 성경에 맞는 것이 없었습니다. 루터는 성경을 읽고 공부하면서 천주교가 가르치고 주장하는 것과 전혀 다른 진리를 발견했습니다. 그것은 믿음으로 의로워지고 죄 사함 받고 구원받는다는 것이었습니다.

천주교는 바로 살고 좋은 일, 착한 일 많이 하고 선하게 살면 구원받는다고 가르쳤습니다. 지금도 다를 게 없습니다.

한국을 다녀간 교황 프란치스코가 이탈리아 일간지 〈라 레푸불리카〉에 쓴 글이 있습니다.

"무신론자라 할지라도 선을 행한다면 천국에서 함께 만나게 될 것이다. 신앙이 없으면 양심에 따라 살면 된다."

공병호 연구소장의 글을 인용했습니다. 이 사상은 천주교가 처음부터 주장해온 그들의 구원관입니다. "예수 안 믿어도 선한 일 하면 구원받고 천국에 들어간다"는 것은 복음이 아닙니다. 기독교가 강조하는 것은 예수 믿어야 죄 사함 받고 구원받는다는 것입니다. 다시 말하면 예수를 믿어야 의로워진다는 것입니다.

예수님이 친히 말씀하셨습니다. "나를 믿어야 영생 얻는다", "나로 말미암지 않고는 아버지께로 올 자가 없다", "내가 길이요 진리요 생명이다"라고.

바울은 자신이 쓴 서신들을 통해 믿음으로 구원받고 의로워지고 영생을 얻고 천국에 들어간다고 강조했습니다. 사도행전 4장 12절은 다른 그 어떤 이름으로도 방법으로도 구원 얻는 길이 없다고 했습니다. 그 어떤 종교도 복음을 떠나고 성경을 외면하는 것은 기독교가 아닙니다. 다시 말하면 복음 종교가 아닌 것입니다.

거대한 권력집단인 교황과 싸워야 하는 루터의 처지가 어떠했겠습니까? 목숨을 걸었지만 외롭고 고독하고 힘겨운 싸움이었습니다. 그가 어떻게 이길 수 있었을까요? 함께하시는 하나님, 홀로 있을 때 곁에, 가까이, 함께하시는 하나님을 믿었습니다. 협박과 위협이 몰려오던 어느 날 그는 외쳤습니다.

"나는 믿습니다. 하나님이 나와 함께하심을 믿습니다. 원수 마귀가 저 지붕 위의 기왓장처럼 많다고 해도 나는 하나님을 믿습니다."

그리고 그 무렵에 이 찬송을 지었습니다.

> 1. 내 주는 강한 성이요 방패와 병기 되시니
>   큰 환난에서 우리를 구하여 내시리로다
>   옛 원수 마귀는 이때도 힘을 써 모략과 권세로

무기를 삼으니 천하에 누가 당하랴

2. 내 힘만 의지할 때는 패할 수밖에 없도다
　　힘 있는 장수 나와서 날 대신하여 싸우네
　　이 장수 누군가 주 예수 그리스도 만군의 주로다
　　당할 자 누구랴 반드시 이기리로다

3. 이 땅에 마귀 들끓어 우리를 삼키려 하나
　　겁내지 말고 섰거라 진리로 이기리로다
　　친척과 재물과 명예와 생명을 다 빼앗긴대도
　　진리는 살아서 그 나라 영원하리라

　루터가 생명을 내걸고 불의와 싸울 수 있었던 것은 오직 믿음 때문이었습니다.

　성경에 나오는 몇 사람을 예로 들어 보겠습니다. 이사야 51장 2절을 보면 "아브라함이 혼자 있을 때에 내가 그를 부르고 그에게 복을 주어 창성하게 하였느니라"고 했습니다. 아브라함이 살던 그 시대는 우상숭배가 만연해 있었습니다. 여기를 가도 저기를 가도 우상 천지였습니다. 그런 환경 가운데서 아브라함은 하나님을 섬기는 유일 신앙을 갖게 되었습니다. 전설에 의하면 아브라함의 아버지 데라도 우상 판매업자였다고 합니다.

　그런 여건과 환경 속에서 하나님만이 유일신이라는 신앙을 지키는 것이 결코 쉬운 일이 아니었습니다. 친구도 없고, 동지도 없고, 믿음의 가족도 없었습니다. 그는 혼자였습니다. 혈혈단신이었습니다. 그러나 혼자 있는 아브라함을 하나님은 내팽개쳐 두지 않고 수시로 위로하시고 힘 주시고 복을 주셨습니다. 겉으로는 혼자였지만 내용으론 하나님이 함께해 주셨습니다.

다윗도 외로울 때가 있었습니다. 사울 왕이 다윗을 정적으로 여기고 죽이겠다며 추격했습니다. 왕과 친위부대가 뒤를 쫓고 목을 조일 때 얼마나 힘들고 외로웠겠습니까?

다윗이 왕이 된 뒤 아들 압살롬이 아버지를 죽이고 왕위를 계승하겠다며 반란을 일으켰습니다. 압살롬과 반란군을 피해 도망칠 때 배신감과 울분, 외로움과 고통이 얼마나 컸겠습니까? 그러나 그 모든 것을 이길 수 있었던 것은 하나님을 향한 믿음 때문이었습니다.

다윗은 노래했습니다. "주는 나의 힘, 나의 방패, 나의 산성, 나의 요새, 나의 피난처, 나의 구원"이라고. 홀로 있을 때 하나님을 바라보고 불렀습니다. 홀로 있을 때, 외로울 때, 괴로울 때, 넘어졌을 때 그때가 영적 기회입니다.

바울도 억울하고 누명쓰고 매 맞고 옥에 갇히고 아프고 힘들고 풍랑 만나 죽게 될 때가 있었습니다. 그때 하나님을 바라보았습니다. 그리고 그 음성에 귀를 기울였습니다. 해법을 하나님에게서 찾은 것입니다.

"바울아, 내가 네 곁에 있다. 나는 너의 하나님이다, 내가 너를 지키리라, 함께하리라."

아브라함의 하나님은 나의 하나님이십니다.

다윗의 하나님은 나의 하나님이십니다.

바울의 하나님은 나의 하나님이십니다.

루터의 하나님은 나의 하나님이십니다.

하나님은 절대로 결단코 나를 홀로 두시지 않습니다.

나는 혼자가 아닙니다.

우리에겐 함께 사는 가족이 있고 이웃이 있고 친구가 있습니다. 그 가운데 가장 오랫동안 함께 살 수 있는 것은 가족입니다. 가족 가운데서도 가장 긴 시간을 함께 사는 것은 부부입니다. 그런데 부부도 천년만년 함께 살 수는 없습니다. 언젠가는 떠나야 하고 헤어져야 합니다. 함께 사는 날이 그리 길지 않습니다. 그래서 부부는 서로 사랑하며 살아야 합니다.

한국 사람은 죽을 때 '껄껄껄' 하고 죽는답니다.

"열심히 살껄, 잘 믿을껄, 사랑하고 살껄."

후회하지 말고 짧은 인생 서로 사랑하며 살아야 합니다.

얼마 전 제 아내에게 휴대폰 문자를 보냈습니다.

"여보, 나 때문에 고생 많았소. 늘 곁에 있어줘 고맙소. 참말로 고마워요. 사랑해요"라고. 곧바로 답하는 문자가 왔습니다.

"여보, 나도 나도 나도!"

문자도 잘 찍어 보내야 합니다. 어떤 사람이 아내에게 사랑한다는 문자를 보냈습니다. 보내고 싶은 문자는 "여보 사랑해"였는데 잘못 찍어 보냈습니다.

"여보 사망해."

곧이어 아내가 답신을 보냈습니다.

"여보, 당신도 사망해."

하나님은 아담 홀로 사는 것이 좋지 않다고 여기시고 하와를 창조하셨습니다. 그리고 서로 돕고 사랑하며 살라고 명령하셨습니다.

삐걱거리는 부부가 있습니까? 빨리 관계를 회복하십시오. 그 누구와 담을 쌓고 사는 사람이 있습니까? 빨리 화해하고 담을 허십시오. 나 홀로 사는 사람, 도도하고 고고하고 고상한 척 살지만 그 사람처럼 고독한 사람은 없습니다.

하나님과의 관계로 다시 돌아가 보겠습니다. 제아무리 건강하고 깨가 쏟아지는 부부라고 해도 헤어지고 떠날 때가 있습니다. 어느 날 자식들도 곁을 떠나고 함께 살던 사람도 곁을 떠나고 나면 '아! 나만 홀로 남았다'는 고독이 밀려와 앞을 가립니다.

그때 어떻게 해야 합니까? 부부가 함께 사는데도 혼자인 것처럼 사는 사람들, 대가족이 한 집에 엉켜 사는데도 나 홀로라는 고독에 빠진 사람들, 명예, 권력, 돈 속에 묻혀 사는데도 인생이 외롭고 괴롭다며 자살하는 사람들, 군중 속에 파묻혀 사는데도 군중 속에서 '나는 혼자다'라며 외로워하는 사람들, 그것은 지평선, 즉 땅만을 바라보기 때문입니다.

홀로 있을 때 나 혼자 있을 때 내 곁에 머무시는 하나님, 나를 떠나지 않으시는 아버지, 영원한 임마누엘!

그 하나님을 바라보고 손을 내밀어야 합니다.

2014년 9월 8일 〈워싱턴 포스트〉지 인터넷 판에 미국의 치킨 패스

오직 믿음

트푸드 회사인 칙 필레(Chick fil-A)를 창업한 트루엣 캐시(Truett Cathy)가 세상을 떠난 기사를 실었습니다. 그의 회사는 2013년 기준 47년 동안 워싱턴DC를 비롯한 40개 주에 1,800개의 지점을 두고 연간 50억 달러의 매출을 올렸습니다. 맥도널드를 제친 유일한 회사라고 합니다.

주목할 것은 주일마다 전 가게 문을 닫았다는 것입니다. 연간 매출액의 14%가 주일 장사에서 나오는데도 그는 문을 닫았습니다. 이런 그의 행동을 비아냥거리는 사람, 의아하게 보는 사람, 얼마 못 가 회사 문을 닫을 것이라며 비꼬는 사람들이 많았습니다. 그러는 그는 "일요일에 문을 닫는 것은 하나님을 믿는 우리의 방법이고 사업보다 더 중요한 것은 믿음이기 때문이다"라고 말했습니다.

그는 직원 자녀 장학금으로 3200만 달러를 기부했고, 윈 세이프(Win Shape)재단을 설립해 18,000여 명의 청소년을 교육 훈련시켰습니다. 그는 "기독교와 좋은 사업이 충돌하는 것을 보지 못했다"고 말했습니다. 그가 죽고 난 후 그를 아는 사람들과 언론들은 "성경의 원칙을 용기 있게 지킨 모범적인 기독교인을 잃었다"며 애도했습니다. 누가 조롱해도 비웃어도 회사가 망한다고 협박해도 그는 오직 믿음으로 하나님을 바라보았습니다. 그 역시 홀로, 혼자가 아니었습니다.

여러분이 아시는 대로 저는 상당 기간 병치레를 해야 했습니다. 여러분의 기도가 저를 살렸고 제 가족들의 기도 그리고 제 아내의 눈물과 사랑과 정성과 돌봄이 저를 살렸습니다. 저는 투병 중에 저를 혼자 버려두지 않으시는 아버지 하나님의 사랑과 능력을 믿고 간절히 기도했습니다. 저는 이런 기도를 드렸습니다.

"아버지! 저 아파요. 저 힘들어요. 저 살려 주세요. 고쳐 주세요. 회복해 주세요. 온 세상 두루 다니며 아버지 하나님의 사랑과 주님의 십자가의 피를 전할게요. 저 살려 주세요. 저 회복시켜 주세요."

지금도 그 기도를 계속하고 있습니다.

어차피 우리는 홀로입니다. 실존 철학자들은 이것을 '단독자'라고 말합니다. 절망 앞에 선 단독자, 실패 앞에 선 단독자, 죽음 앞에 선 단독자, 그는 아무 힘도 없고 아무것도 할 수 없습니다. 그러나 하나님 앞에 서있는 단독자, 그는 결코 혼자도 아니고 홀로도 아닙니다.

2013년 7월 미국 인디애나 폴리스에 살고 있던 의사 캔트 브렌틀리가 아프리카 라이베리아로 2년간 의료선교를 떠났습니다. 그는 아프리카로 들어가 현지인들을 치료하며 복음을 전했습니다. 그런데 에볼라 전염병이 아프리카에 퍼지면서 라이베리아에서는 치사율 90%가 넘는 바이러스에 감염돼 사람들이 죽어갔습니다. 그 병은 치료약도 없습니다. 열, 구토, 설사, 장출혈 증상으로 죽어갑니다. 그들을 돌보다 의사 캔트가 발열 증세를 일으키며 감염되었습니다. 미국으로 돌아왔습니다. 비난이 빗발쳤습니다.

"왜 아프리카로 갔느냐? 뭐하러 갔느냐?"

그러나 그의 대답은 "하나님의 부르심 때문에 갔다. 하나님이 가라고 하시는 곳이면 어디든지 갈 것이다"였습니다.

하나님과 함께합시다. 하나님을 바라봅시다. 그 말씀을 따릅시다. 나는 혼자가 아닙니다. 우리는 홀로가 아닙니다. 하나님과 함께입니다. 그 안에서 평안합니다.

그것은 오직 믿음으로만 가능합니다. 바울 신학과 신앙의 핵심은 '오직 믿음'입니다. 믿음으로 구원받고 믿음으로 악한 영을 물리치고 믿음으로 영원한 나라에 들어갑니다. 오직 믿음은 개혁자 루터의 신앙이었고 개혁자들의 고백이었습니다.

오직 믿음! 우리의 신앙과 고백이 되어야 합니다.

어떻게 살아야 할까요?

✝ 에베소서 4장 17-24절

그러므로 내가 이것을 말하며 주 안에서 증언하노니 이제부터 너희는 이방인이 그 마음의 허망한 것으로 행함 같이 행하지 말라 그들의 총명이 어두워지고 그들 가운데 있는 무지함과 그들의 마음이 굳어짐으로 말미암아 하나님의 생명에서 떠나 있도다 그들이 감각 없는 자가 되어 자신을 방탕에 방임하여 모든 더러운 것을 욕심으로 행하되 오직 너희는 그리스도를 그같이 배우지 아니하였느니라 진리가 예수 안에 있는 것 같이 너희가 참으로 그에게서 듣고 또한 그 안에서 가르침을 받았을진대 너희는 유혹의 욕심을 따라 썩어져 가는 구습을 따르는 옛 사람을 벗어 버리고 오직 너희의 심령이 새롭게 되어 하나님을 따라 의와 진리의 거룩함으로 지으심을 받은 새 사람을 입으라

우리는 오늘 이 질문에 대한 답을 함께 찾아야 합니다. 자기 자신에게 묻고 그 답을 성경에서 찾아야 합니다.

"어떻게 살아야 할까요?"라는 질문은 "뭘 먹고, 입고 살 것인가? 회사는 어떻게 할 것인가? 어떻게 부자가 되고 성공하고 잘 살 수 있을 것인가?"를 찾는 질문이 아닙니다. 어떻게 살아야 가치 있고, 뜻 있고, 보람 있고 자랑스런 삶을 살 수 있을 것인가 그 길을 찾고 방법을

찾자는 질문인 것입니다.

　오늘 읽은 성경 본문은 새 사람은 어떻게 살아야 할 것인가를 밝혀 주고 있습니다. 우리는 본문에서 두 가지 명령사를 발견하게 됩니다. 그것은 '옛 사람을 벗으라'와 '새 사람을 입으라'입니다. 성경 전체의 구조를 크게 두 줄기로 나눌 수 있습니다. '어떻게 믿을 것인가'와 '어떻게 살 것인가'입니다. 그리고 '하라'와 '하지 말라'는 두 명령으로 구성되어 있습니다.

　이스라엘 민족에게 주신 모든 계명과 명령을 집약해 주신 것이 십계명입니다. 그 십계명의 구조 역시 '…하라'와 '…하지 말라'로 되어 있습니다. 여기서 우리는 대답을 찾을 수 있습니다. 어떻게 살아야 합니까? 성경이 하라는 것은 그대로 하면 됩니다. 하지 말라는 것은 안 하면 됩니다. 설명도 해석도 필요없습니다. 구실도 변명도 필요하지 않습니다. 이유를 대고 토를 달고 구실을 찾을 필요가 없습니다. 하라면 하고, 하지 말라면 하지 않는 것이 예수 믿는 그리스도인의 삶의 원리가 되어야 합니다. 그런 관점에서 본문을 살펴보아야 합니다.

1. 옛사람을 벗어 버리라

　"너희는 유혹의 욕심을 따라 썩어져 가는 구습을 따르는 옛 사람을 벗어 버리고"(22절).

　'벗어 버리고'라는 말의 뜻을 주목해야 합니다. 그것은 영적으로 죽는다는 것입니다. 옛 사람, 욕심, 악한 생각과 습관, 감추고 사는 죄 그런 것들이 죽어야 한다는 것입니다. 썩어져 가는 것들, 반드시 벗어 던져야 할 것들, 죽어야 할 것들이 무엇인가를 본문은 밝히고 있습니다.

1) 방탕입니다(19절).

도덕적 방종, 제멋대로 사는 것, 타락을 방탕이라고 봅니다. 문제는 그런 것들은 수치심이나 부끄러움을 느끼지 않는다는 것입니다. 창세기에 나오는 소돔 성은 성적 방탕 때문에 유황불 심판을 받았습니다. 그 도시는 동성애가 만연해 있었습니다.

지난해 12월 미국에 머물면서 들은 얘기들이 떠오릅니다. 학교 기숙사에 남녀 구분이 없어지고 화장실도 남녀 구분을 없앤 학교들이 늘어나고 있다는 것입니다. 이유는 간단합니다. 성차별을 없앤다는 이유 때문입니다. 동성애자 결혼 주례를 거부했다는 이유로 구속된 목사님도 있다고 합니다.

기독교 국가라는 미국이 어디로 가고 있는지 걱정하는 이들이 많습니다. 더 큰 문제는 이 풍조가 전 세계로 악성 바이러스처럼 번져나가고 있다는 것입니다. 방탕은 가정을 파괴하고 국가를 파괴합니다.

2) 유혹과 욕심입니다(22절).

아담과 하와는 뱀의 유혹에 넘어가 영생을 빼앗기고 에덴동산에서 쫓겨 났습니다. 왜 사람들이 유혹에 넘어갑니까? 아담과 하와의 경우를 예로 들어 보겠습니다.

뱀이 유혹했습니다.

"선악과 먹지 말랬지? 먹어도 돼, 눈이 밝아져 하나님처럼 될까봐, 그래서 먹지 말라고 한거야."

창세기 3장 6절에 반응이 나타납니다.

> "여자가 그 나무를 본즉 믹음직도 하고 보암직도 하고 지혜롭게 할 만큼 탐스럽기도 한 나무인지라 여자가 그 열매를 따 믹고 자기와 함께 있는 남편에게도 주매 그도 믹은지라"

유혹은 누구에게나 있습니다. 유혹은 언제나 있습니다. 유혹은 어느 곳에나 있습니다. 예수님도 유혹과 시험을 받으셨습니다. 그러나 물리치셨습니다. 이겨냈습니다. 유혹을 물리치고 욕심을 벗어 버립시다. 유혹에 넘어가거나 빠지지 맙시다.

3) 구습입니다(22절).

구습이란 옛 습관, 낡은 습관, 나쁜 습관, 버려야 할 습관, 나를 망치고 가정과 교회를 망치는 버릇을 말합니다. 본문은 방탕, 유혹과 욕심, 구습을 벗어 버리지 못하면 '썩어져 간다'고 했습니다. 썩어져 간다는 것은 현재분사형으로 현재도 계속 썩어져 가고 있다는 것입니다.

내가 버리지 못한 습관은 어떤 것들입니까? 나쁜 습관, 버려야 할 습관, 악한 습관 그것들을 벗어 던지지 않으면 내 영혼과 삶이 썩어져 간다는 경고를 주목해야 합니다. 나만 아는 습관, 감추고 있는 습관,

남이 알년 부끄러운 습관, 신앙생활에 독이 되는 습관, 그것들을 벗어 던집시다. 옛 사람을 벗어 버려야 새 사람이 될 수 있기 때문입니다.

2. 새 사람을 입으라

23-24절을 주목합시다.

> "오직 너희의 심령이 새롭게 되어 하나님을 따라 의와 진리의 거룩함으로 지으심을 받은 새 사람을 입으라"

인간 창조는 두 가지 특성이 있습니다. 하나는 하나님의 형상대로 창조하셨고(창 1:27), 두 번째는 생기를 그 코에 불어넣으셨습니다(창 2:7). 짐승은 흙으로 창조하시고 공기를 호흡하게 하셨지만 사람은 하나님의 영적 형상을 닮은 존재로 지으시고 그 코에 생기를 불어넣어 주셨습니다(루아흐: 생기, 성령, 바람, 숨). 바울은 이것을 '하나님을 따라 지으셨다'고 말했습니다. 그러니까 인간은 절대로 제멋대로, 제 뜻대로, 제 마음 내키는 대로 살면 안 됩니다. 하나님의 뜻대로 그 뜻을 따라 살아야 합니다. 그것이 새 사람의 삶의 방정식입니다.

예수님도 "나의 원대로 마옵시고 아버지의 원대로 하옵소서"라고 기도했습니다.

금년 한 해 어떻게 살아야 할까요?

1. 깨끗하게 삽시다

23절을 보면 "새롭게 되어"라고 했습니다. 새것은 깨끗합니다. 옷도 새것은 깨끗하고 그릇도 새것은 깨끗하고 집도 새집은 깨끗합니다.

2003년 5월 로또 복권에 당첨되어 189억을 받은 사람이 있었습니다. 그 돈으로 그는 고급아파트 2채를 사고, 2억은 무상으로 증여를 하고, 35억은 건물 짓는 데 쓰고, 남은 돈은 주식과 부동산 투자에 쏟아 부었습니다. 그런데 2008년 재산이 바닥나고 5년 만에 사기 혐의로 구속되었다는 보도가 있었습니다. 사람이 욕심으로 눈이 어두워지면 추해집니다. 그리고 망합니다.

말기 암환자들을 돌보는 호스피스의 경험담이 떠오릅니다. "우리 시대는 참 좋은 사람도 있고, 참 나쁜 사람도 있다. 그런데 참 좋은 사람이 더 많다"라고 했습니다. 그가 70대 말기 암환자를 돌보고 있었습니다. 반항하고, 소리 지르고, 거부하고, 대들고, '왜 나만 암으로 죽어야 하느냐? 왜 나만 불행해야 하느냐? 나도 행복하고 싶다'라며 보살핌을 거부했습니다. 그러나 죽을 날이 가까워지자 그의 마음이 누그러지기 시작했습니다. 어느 날 암환자가 이런 말을 했다고 합니다.

"이제야 비로소 나는 행복해지는 비결을 깨달았다. 그것은 행복에서 작대기 하나 빼버리면 된다. 항복하면 행복해진다."

그렇습니다. 신앙생활이란 나를 내려놓고 하나님께 항복하는 것입니다. 욕심으로 채우고, 고집으로 채우고, 세상 것들로 채우면 행복할 것 같지만 아닙니다. 버릴 건 버리고, 벗을 건 벗고 하나님을 향해 두 손 들고 항복해야 행복한 삶이 성립되는 것입니다.

지금 내 마음을 점령하고 있는 것들은 무엇입니까? 어떤 것들로 가득 차 있습니까? 대청소가 필요하지 않습니까? 쓸모없는 지식, 낡아빠진 경험, 남이 알아주지도 않는 고집, 선입견, 욕심 이런 것들이 가득 차 있진 않습니까?

깨끗하게 합시다. 대청소합시다.

그리고 거룩하고 깨끗한 빈 그릇을 만듭시다.

2. 서로 사랑합시다

에베소서 4장 25-32절은 새 사람이 어떻게 살아야 할 것인가를 구체적으로 밝히고 있습니다. 다 살필 수는 없고 32절을 보겠습니다.

> "서로 친절하게 하며 불쌍히 여기며 서로 용서하기를 하나님이 그리스도 안에서 너희를 용서하심과 같이 하라"

친절해라, 불쌍히 여겨라, 용서하라는 것은 서로 사랑하라는 것입니다. 자칫 잘못하면 우리는 사랑의 대상을 멀리서 찾거나 잘못 찾을 수가 있습니다. 사랑의 대상은 바로 내 곁에 있습니다.

TV 대담 프로에 나온 대담자가 한 말이 생각납니다(2014. 11. 24 MBN 황금알 프로). 부부에게 주는 당부였습니다.

서로 살아 있을 때,

① 눈을 마주쳐라. 어느 한쪽이 눈을 감으면 "여보 눈 좀 떠봐"라고 해도 뜨지 못한다. 살아 있을 때 눈을 마주쳐라.

② 서로 손을 잡아라. 어느 날 어느 한쪽이 숨을 거두면 그 손을 잡을 수 없다. 누가 먼저 손을 놓을지 모른다.

③ 서로 어루만져라. 따뜻할 때 체온이 식기 전에 서로 어루만져라. 언제, 누가, 먼저 체온이 식을지 모른다. 싸늘하게 식은 몸을 누가 만질 수 있겠는가?

실감나는 당부였습니다.

부부가 남입니까? 가족이 남입니까? 교인이 남입니까? 원수입니까? 서로 사랑합시다. 용서합시다. 불쌍히 여깁시다. 이해합시다. 도와줍시다.

시카고에 살고 있는 친구 목사님이 가끔 카카오톡으로 좋은 정보와 유머를 보내줍니다. 얼마 전 보내준 유머입니다.

남편이 아내에게 사람이 살아가는 데 꼭 필요한 것들이 있는데 '금'자 들어가는 것 세 가지라며 문자를 보냈습니다. "황금, 현금, 지금"이라고. 아내가 답글을 이어 보냈습니다. "현금, 지금, 송금"이라고. 남편이 바로 문자를 보냈습니다. "송금, 지금, 쬐금."

사랑하는 사람들이 주고받아야 하는 것은 황금덩어리도 현금도 아닙니다. 그보다 더 소중하고 귀한 것, 그것은 사랑, 용서, 너그러움, 이해입니다.

어떻게 살아야 할까요? 사랑하며 삽시다. 에베소서 5장 2절을 보면 "그리스도께서 너희를 사랑하신 것같이 너희도 사랑 가운데서 행하라 그는 우리를 위하여 자신을 버리사 향기로운 제물과 희생제물로 하나님께 드리셨느니라"고 했습니다.

3. 믿고 삽시다

바로 믿고 바로 살아야 합니다. 잘 믿기보다는 바로 믿어야 하고 잘 살기보다는 바로 살아야 합니다. 사노라면 필요한 것, 꼭 있어야 할 것들이 많습니다. 그러나 가장 중요한 것은 믿고사는 믿음입니다.

여자가 늙으면 필요한 것들이 있답니다. ① 건강 ② 돈 ③ 친구 ④ 찜질방 ⑤ 딸이랍니다. 그러나 그런 것들이 다 없더라도 믿음은 반드시 있어야 합니다.

신명기 34장 7절을 보면 "모세가 죽을 때 나이 백이십 세였으나 그의 눈이 흐리지 아니하였고 기력이 쇠하지 아니하였더라"고 했습니다. 믿음으로 살았기 때문입니다.

여호수아 14장 10-12절을 보면 "오늘 내가 팔십오 세로되 모세가 나를 보내던 날과 같이 오늘도 내가 여전히 강건하니 내 힘이 그때나 지금이나 같아서 싸움에나 출입에 감당할 수 있으니 그날에 여호와께서 말씀하신 이 산지를 지금 내게 주소서"라고 했습니다. 40세 때 건강이나 85세 된 지금 건강이 똑같다는 것입니다. 믿음으로 살았기 때문입니다.

어떻게 살아야 할까요? 헌옷, 낡은 옷, 추한 옷은 벗어 버립시다. 옛 습관, 악한 생각, 떳떳지 못한 옛것을 벗어 던집시다. 그리고 새 사람으로 갈아 입읍시다. 삶의 방향을 바꿉시다.

깨끗하게 삽시다.

사랑하며 삽시다.

믿고 삽시다.

나를 위해 십자가에 달려 돌아가신 예수 그리스도!

그를 믿으면 죄사함 받고, 구원 받고 새 사람이 됩니다.

어떻게 살아야 할까요? 예수 믿고 삽시다. 아멘.

요나 청문회

📖 요나 1장 1-10절

여호와의 말씀이 아밋대의 아들 요나에게 임하니라 이르시되 너는 일어나 저 큰 성읍 니느웨로 가서 그것을 향하여 외치라 그 악독이 내 앞에 상달되었음이니라 하시니라 그러나 요나가 여호와의 얼굴을 피하려고 일어나 다시스로 도망하려 하여 욥바로 내려갔더니 마침 다시스로 가는 배를 만난지라 여호와의 얼굴을 피하여 그들과 함께 다시스로 가려고 배삯을 주고 배에 올랐더라 여호와께서 큰 바람을 바다 위에 내리시매 바다 가운데에 큰 폭풍이 일어나 배가 거의 깨지게 된지라 사공들이 두려워하여 각각 자기의 신을 부르고 또 배를 가볍게 하려고 그 가운데 물건들을 바다에 던지니라 그러나 요나는 배 밑층에 내려가서 누워 깊이 잠이 든지라 선장이 그에게 가서 이르되 자는 자여 어찌함이냐 일어나서 네 하나님께 구하라 혹시 하나님이 우리를 생각하사 망하지 아니하게 하시리라 하니라 그들이 서로 이르되, 자 우리가 제비를 뽑아 이 재앙이 누구로 말미암아 우리에게 임하였나 알아 보자 하고 곧 제비를 뽑으니 제비가 요나에게 뽑힌지라 무리가 그에게 이르되 청하건대 이 재앙이 누구 때문에 우리에게 임하였는가 말하라 네 생업이 무엇이며 네가 어디서 왔으며 네 나라가 어디며 어느 민족에 속하였느냐 하니 그가 대답하되 나는 히브리 사람이요 바다와 육지를 지으신 하늘의 하나님 여호와를 경외하는 자로라 하고 자기가 여호와의 얼굴을 피함인 줄을 그들에게 말하였으므로 무리가 알고 심히 두려워하여 이르되 네가 어찌하여 그렇게 행하였느냐 하니라 청문회란 공직자가 될 사람의 자질, 도덕성, 인격, 리더십 등을 사전에 공적으로 묻고 따지고 밝히는 절차와 과정을 말합니다. 미국도 청문회가 있고 한국도 청문회 제도가 있습니다만, 한국 청문회는 그 수위가 높아서 통과하지 못하고 낙마한 사람이 많다고 합니다. 국무총리 후보자나 장관 후보자들이 여러 명 청문회를 통과하지 못했습니다. 청문회를 통과하지 못한 모 후보자의 말이 생각납니다.

"제가 다 부족하고 부덕한 탓으로 낙마했습니다. 그러나 똑같은 잣대로 모든 공직자와 정치인을 청문한다면 통과할 수 있는 사람이 몇 퍼센트나 될지 궁금합니다."

북왕국 이스라엘 제13대 왕 여로보암 2세가 통치하던 시절 예언 활동을 벌였던 요나 선지자의 청문회 사건을 살펴보겠습니다(BC 801-760). 선지자 요나의 활약은 미미했습니다. 열왕기하 14장 25절에 단 한 차례 그의 예언이 기록되어 있을 뿐이고 자신의 경험담을 기록한 요나서가 전부입니다. 그런데 주목할 것은 요나 자신이 청문당한 사건을 요나서를 통해 낱낱이 밝히고 있다는 것입니다.

어느 날 요나에게 하나님의 말씀이 임했습니다. 앗수르 왕국의 가장 큰 도시 니느웨로 가서 하나님의 말씀을 전하라는 명령이 떨어진 것입니다. 그 당시 앗수르는 이스라엘의 주변 국가이면서 이스라엘을 괴롭히는 적대 국가였습니다. 그 도시를 하나님께서 심판하신다는 메시지를 전하라는 명령이었습니다. 요나도 그렇고 이스라엘 사람들의 생각은 앗수르가 망하는 것이었습니다. 이유는 적대 국가, 호시탐탐 침략할 기회를 노리는 나라였기 때문입니다.

요나는 니느웨로 갈 마음이 없었습니다. 그래서 다시스로 가는 배를 타고 전혀 다른 곳으로 가고 있었습니다. 다시스는 니느웨와는 전혀 방향이 다른 무역항이었습니다. 스페인 남부에 있는 무역의 중심 도시였다고 합니다. 요나의 잘못이 1장 3절에 드러납니다.

"여호와의 얼굴을 피하려고……"

선지자는 하나님의 낯을 바라보아야 합니다. 귀는 하나님의 말씀을 듣기 위해 기울여야 합니다. 그리고 하라는 대로 해야 합니다. 그런데 그는 하나님의 얼굴을 피할 수 있다고 생각했습니다. 그리고 자신의 신분을 철저히 숨긴 채 잠을 청하고 있었습니다. 그러나 누구라도 하나님의 얼굴을 피할 수 있는 사람은 없습니다. 시인의 고백을 들어 보겠습니다.

"내가 주의 영을 떠나 어디로 가며 주의 앞에서 어디로 피하리이까 내가 하늘에 올라갈지라도 거기 계시며 스올에 내 자리를 펼지라도 거기 계시니이다 내가 새벽 날개를 치며 바다 끝에 가서 거주할지라도 거기서도 주의 손이 나를 인도하시며 주의 오른손이 나를 붙드시리이다"(시 139:7~10).

"주께서 내 내장을 지으시며 나의 모태에서 나를 만드셨나이다"(시 139:13).

요나는 이 사실을 외면한 것입니다. 전국적으로 CCTV 400만 대가 요소마다 설치되어 있고 매년 20%씩 설치가 늘어난다고 합니다. 교회, 길거리, 공공시설, 비행기, 기차, 자동차, 엘리베이터, 어린이집까지 감시 카메라가 설치돼 나의 동선과 일거일동이 낱낱이 찍히고 있습니다. 요한계시록 1장 14절을 보면 "그의 눈은 불꽃 같다"고 했습니다. 감시 카메라의 눈도 피할 수 없는 세상인데 하나님의 얼굴과 눈을 누가 무슨 재주로 피할 수 있습니까?

요나의 잘못은 여기서 시작되었습니다. 풍랑으로 배가 흔들리기 시작했습니다. "내가 너를 지켜보고 있다. 너는 내 얼굴을 벗어날 수 없다. 너는 잘못 가고 있다"라는 하나님의 간섭이 시작된 것입니다.

배가 뒤집힐 만큼 풍랑이 거세지자 선원들은 이 배 안에 죄를 지은 사람이 있기 때문이라며 제비를 뽑아 범인을 색출하기 시작했습니다. 요나가 뽑혔습니다. 이것도 하나님이 간섭하신 것입니다. 드디어 흔들리는 배 안에서 청문회가 시작되었습니다.

"너는 누구냐? 뭐하는 사람이냐? 정체를 밝혀라."

선지자 요나가 당시 타락한 세상을 청문해야 할 텐데 요나가 세상 사람들의 청문을 당하고 있습니다.

기독교인이 비기독교인을 걱정하고 교회가 세상을 염려해야 하는데 세상이 교회를 걱정하고 교회 다니지 않는 사람들이 교회 드나드는 사람들을 걱정하고 있는 우리네 형편과 다를 바가 없습니다. 청문회에서 밝힌 요나의 정체는 다음과 같습니다. 1장 9절에 정체가 드러납니다.

> "그가 대답하되 나는 히브리 사람이요 바다와 육지를 지으신 하늘의 하나님 여호와를 경외하는 자로라 하고"

히브리 사람이란 이방인과 구별할 때 사용하는 고유명사입니다. 그러니까 '나는 너희와 다른 사람'이라는 것입니다. 그리고 하늘과 땅과 바다를 지으신 창조주 하나님을 섬기는 사람이라고 자신을 밝혔습니다. 그에게 선원들이 다시 묻습니다.

"네가 어찌하여 그렇게 행하였느냐?"

"히브리 사람, 하나님을 섬기는 네가 왜 여기 있느냐? 왜 하나님을 피해 도망치느냐?"라는 질문입니다.

우리 이야기로 바꿔 보겠습니다.

"너 교회 다니지? 찬송 부르고 기도하고 직분도 맡고 있지? 충신교회 다니지? 그런데 너 왜 거기 있느냐? 지금 거기서 뭐하고 있느냐?"라고. 나 자신을 다그쳐야 합니다. 요나가 제시한 해법이 1장 12절에 나옵니다.

> "나를 들어 바다에 던지라 그리하면 바다가 너희를 위하여 잔잔하리라"

나를 바다에 던지라는 것은 내가 죽어야 너희가 산다는 뜻입니다. 우린 여기서 죽으면 살고, 살면 죽는다는 역설적 진리와 교훈을 발견하게 됩니다. 요나가 살기 위해 계속 거짓말을 하고 꼼수를 부리면 선객과 선원이 다함께 죽게 됩니다. 그러나 요나가 죽으면 요나도 살고 선원과 선객도 함께 삽니다. 십자가가 무엇입니까? 예수님이 죽으심으로 우리가 살게 된 사건입니다. "너희가 알아서 해라. 너희가 살길을 찾아라. 너희가 책임져라"고 하셨다면 우리는 모두 죽고 지옥불에 들어갔을 것입니다.

외아들이 대학 입학시험에 세 번째 떨어졌습니다. 당사자의 절망은 말할 것도 없고 부부의 실망과 좌절도 컸습니다. 남편은 아내 탓, 아내는 남편 탓으로 부부싸움이 잦아졌습니다. 6개월 부부 싸움이 계속되던 어느 날, 치고 패는 전쟁이 벌어졌고 서로 "이혼하자", "좋다, 하자"라며 갈라서기로 했습니다. 이 모습을 지켜보던 아들이 소리쳤습니다.

"내 탓인데 왜 엄마 아빠가 싸워? 둘이 그러면 대학이고 나발이고 다 때려칠 거야! 오늘 당장 집을 나갈 거야. 나 죽어 버릴 거야. 나 죽는 꼴 보고 싶어?"

부부가 깜짝 놀라 정신을 차렸습니다. 이러다 자식 버리겠다 싶어 손을 잡았습니다. 떠밀고, 따지고, 싸우면 함께 무너집니다. "나를 바다에 던지시오", "내가 죽겠소" 하면 살길이 열립니다.

요나서를 다시 살펴보겠습니다. 선원들은 요나를 바다에 던졌고, 요나는 하나님이 예비하신 큰 물고기 뱃속에 들어가 3일 동안을 보냈습니다. 3일 후 육지로 나온 요나는 니느웨로 들어가 하나님이 지시하신 대로 외치기 시작했습니다.

"40일이 지나면 하나님이 이 성을 심판하시고 이 성이 무너진다"라고(욘 3:4). 그 다음이 중요합니다. 왕이 왕복을 벗고 굵은 베옷을 입고 잿더미 위에 앉아 명령을 내렸습니다.

"사람, 짐승, 소떼, 양떼 금식하라. 물도 마시지 말라. 하나님께 소리쳐 회개하고 회개하라. 하나님이 뜻을 돌이키시도록 기도하라." (욘 3:5~9)

놀라운 사선이 벌어진 것입니다. 3장 10절에 의하면 하나님은 니느웨 백성의 회개와 기도를 들으시고 뜻을 돌이켜 재앙을 내리지 않으셨습니다.

주목할 것은 이 사건 이후에 일어난 요나의 태도입니다. 싫어하고 성냈습니다(욘 4:1). 그리고 "왜 이 성을 멸망하지 않습니까? 차라리 제 생명을 거두어 가십시오. 이런 꼴을 보며 사는 것보다는 죽는 게 낫겠습니다"라고 대들었습니다. 억지로 떠밀려 니느웨로 가긴 했지만 요나의 본심은 니느웨가 멸망하고 백성들이 몰사하는 것이었습니다.

그러나 하나님의 응답은 전혀 달랐습니다. 4장 11절을 보면 "이 큰 성읍 니느웨에는 좌우를 분변하지 못하는 자가 십이만여 명이요 가축도 많이 있나니 내가 어찌 아끼지 아니하겠느냐"라고 하셨습니다. 그 이후 요나는 어떻게 살았는지 뭘 했는지 기록이 없습니다.

요나 사건을 통해 우리가 캐내야 할 교훈이 있습니다.

1. 내 안에도 요나가 자리 잡고 있습니다

내 속에도 요나의 DNA가 있고 두 얼굴, 두 마음이 있습니다. 입으로는 복음을 전하지만 속으로는 니느웨가 망하기를 바라는 이중성, 그뿐입니까? 하나님이 하시는 일을 못마땅하게 여기고 대들고 화내고 분노하는 또 다른 내가 있습니다.

이유야 어떻든 분노하는 것은 옳지 않습니다. 세상일이나 사람의 일로 분노하는 것도 나쁘지만 하나님이 하시는 일 때문에 성내고 화내고 소리 지르고 대드는 것은 백해무익합니다. 제자가 스승한테 대드는 것, 자식이 부모한테 대드는 것을 패륜이라고 합니다. 피조물인 인간이 창조주 하나님께 대들고 따지는 것을 불신앙이라고 합니다.

지난 3월 14일자 국민일보가 현대인의 분노를 특집기사로 실었습니다. 신상목 기자의 글을 인용하겠습니다.

> 헤어진 애인이 밉다며 자동차로 들이받고, 재산 문제로 불화를 겪다 엽총을 발사하는가 하면 연인과 다투고 홧김에 불을 질렀다. 자신의 차에 경적을 울렸다고 그 차 앞에 끼어들어 10여 차례 급정차로 위협했다. 주차를 잘못했다고 따지는 행인에게 야구방망이를 휘둘러 중상을 입혔다. 최근 연이어 발생한 분노 범죄들이다.
> 이러한 분노의 치유자로 서야 할 교회마저 분노의 회오리바람이 불고 있다. 일부 목회자의 전횡과 상식 밖의 설교, 신자 사이의 갈등으로 이 사회 도덕성의 최후 보루마저 손상되고 있다. 분노하는 대한민국, 기독교인들은 어떻게 살아야 할까.

그리고는 하나님의 분노와 인간의 분노를 비교했습니다.

하나님의 분노 VS 인간의 분노

(자료: '아름다운 분노' 제공)

하나님의 분노	인간의 분노
통제되고 뚜렷한 목적이 있다.	통제되지 않고 참을성이 없다.
증오나 악의, 원한이 없다.	증오나 악의, 원한이 있다.
비이기적이다.	이기적이다.
인간에 대한 사랑의 표시다.	자신의 분노 자체를 표시한다.
파괴적인 행동을 바로 잡는다.	분노의 대상을 파괴한다.
관계를 깨뜨리지 않는다.	관계를 깨뜨리고 상처를 준다.
불의를 향해 있다.	자기 자신이 무시받았을 때 분노한다.

"분노하라. 그러나 죄는 짓지 마라." "죄악에 대해 분노하라." "화를 내라. 그러나 해지기 전에 풀어라." 마음 깊이 새겨둘 말들입니다.

요나처럼 시기, 질투, 오기로 찌든 마음을 털어냅시다. 내 안에 예수님의 마음을 품고 나를 다스립시다.

2. 하나님의 마음을 헤아려야 합니다

요나의 마음은 니느웨가 망하는 것입니다. 그러나 하나님의 마음은 니느웨를 구원하시려는 것입니다. 대형 건물이 대형화재로 화염에 휩싸인 채 불타고 있습니다. 그 건물 안에는 수를 셀 수 없는 사람들이 구조를 기다리고 있습니다. 이때 소방관들이 직업 따지고, 지위 따지고, 신분 따지고, 재산 따진 후 구조할 사람을 선별해야 합니까? 아닙니다. 모든 방법을 총동원해 화염에 휩싸인 사람들을 가리지 않고 구조합니다.

하나님의 구원도 같은 이치입니다. 주경학자들은 당시 니느웨에는 3~4세 이하 어린이들이 12만 명이었고, 전체 인구는 60만 정도였다고 해석했습니다. 원수의 나라, 우상 숭배하는 나라, 죄악의 도시 니느웨. 그러나 회개하고 돌아오면 용서하시고 구원하신다는 것이 요나서의 핵심 교훈입니다.

오늘 내가 가야 할 니느웨는 어디입니까? 죽어가는 영혼, 꼭 구원해야 할 대상은 누구입니까? 내가 가야 하고 만나야 할 니느웨는 내 곁에 가까이, 아주 가까이 있습니다. 남편일 수도 있고, 아내일 수도 있고, 부모일 수도, 자식일 수도 있습니다. 북한도, 불교권도, 회교권도, 공산권 나라들도 니느웨입니다. 예외 없이 저와 여러분은 그날 하나님의 심판대에 서서 청문받을 것입니다. 요나가 당했던 것처럼 질문을 받게 될 것입니다.

"너는 왜 그 사람에게 복음을 전하지 않았느냐?" "너는 왜 그때 거기서 침묵했느냐?" "너는 왜 그 사람을 교회 밖으로 나가게 했느냐?" "너는 왜 20년, 30년 교회 다니고 직분까지 맡았으면서 단 한 번도 예수 믿으라는 말을 못했느냐?" "너 때문에 예수 믿고 구원받은 사람이 있느냐? 없느냐? 누구누구냐?"

이 물음에 뭐라고 대답할 수 있습니까?

"니느웨로 가겠습니다." "말씀대로 따르겠습니다." "입을 열고 예수 구원을 전하겠습니다." "오늘 하겠습니다." 아멘.

내가 믿나이다

요한복음 20장 24-29절

열두 제자 중의 하나로서 디두모라 불리는 도마는 예수께서 오셨을 때에 함께 있지 아니한지라 다른 제자들이 그에게 이르되 우리가 주를 보았노라 하니 도마가 이르되 내가 그의 손의 못 자국을 보며 내 손가락을 그 못 자국에 넣으며 내 손을 그 옆구리에 넣어 보지 않고는 믿지 아니하겠노라 하니라 여드레를 지나서 제자들이 다시 집 안에 있을 때에 도마도 함께 있고 문들이 닫혔는데 예수께서 오사 가운데 서서 이르시되 너희에게 평강이 있을지어다 하시고 도마에게 이르시되 네 손가락을 이리 내밀어 내 손을 보고 네 손을 내밀어 내 옆구리에 넣어 보라 그리하여 믿음 없는 자가 되지 말고 믿는 자가 되라 도마가 대답하여 이르되 나의 주님이시요 나의 하나님이시니이다 예수께서 이르시되 너는 나를 본 고로 믿느냐 보지 못하고 믿는 자들은 복되도다 하시니라

종교마다 특성이 있습니다. 그 종교를 시작한 교주가 있고 경전이 있습니다. 그리고 그 경전을 기반으로 한 교리가 있습니다. 기독교는 교회의 머리가 예수 그리스도이시고 경전은 성경인데 구약 39권과 신약 27권, 66권으로 구성되어 있습니다.

성경은 1600여 년 동안 40여 명의 사람들이 기록한 방대한 경전입

니다. 66권에 달하는 방대한 성경의 내용을 한마디로 설명하기란 어렵습니다. 그러나 성경이 강조하는 하나의 주제가 있습니다. 그것은 곧 예수 그리스도입니다. 구약 성경은 장차 구원자로 오실 메시아이신 예수 그리스도를 설명하고, 신약 성경은 이 땅에 구주로 오신 예수 그리스도를 설명하고 그의 생애, 고난, 십자가 죽음과 부활 승천을 설명합니다. 그리고 장차 심판주로 재림하실 것을 예언하고 있습니다. 성경에서 예수 그리스도를 빼버리면 성경은 한낱 교양서적이나 역사책이 되고 말 것입니다.

그리고 만일 기독교가 예수 그리스도를 제외하고 정치, 경제, 문화, 교육, 복지, 과학만을 강조하고 가르친다면 기독교는 보통 종교의 틀을 벗어나지 못할 것입니다. 예수 없는 기독교는 참 기독교가 아니고, 예수 믿지 않고 다른 것을 믿는 기독교인은 형식적인 기독교인일 뿐 구원받은 기독교인은 될 수 없습니다.

2천 년 전이나 오늘 그리고 수만 년이 지난 다음세대에도 기독교는 예수를 믿는 종교이며 믿어야 하는 종교이며 믿지 않으면 기독교인이 될 수 없습니다.

그렇다면 우리가 믿는 예수는 어떤 분입니까? 내 죄를 대신해 십자가에 죽으셨습니다. 이 사실을 믿는 사람만 죄사함 받고 구원 받습니다.

성경은 말합니다. '믿으면 영생을 얻고 믿지 않으면 심판 받고 지옥에 들어가게 된다'고. 그런데 더 중요한 진리가 있습니다. 그것은 십자가에 못박혀 돌아가신 예수님이 삼 일 만에 부활하셨다는 것입니다.

기독교는 부활을 믿는 종교입니다. 기독교인은 예수 그리스도의 부활을 믿는 사람들입니다. 20년이나 30년 교회를 드나들었더라도, 교회 안에서 여러 가지 직분을 맡고 봉사를 했더라도 3대, 4대 기독교 가정에서 성장했더라도 예수 그리스도를 나의 구주로 영접하지 않는다면 그 사람은 예수와는 아무런 상관도 없는 사람입니다. 그리고 예수 그리스도가 다시 살아나신 부활을 믿지 않는다면 그는 기독교인도 아니고 예수님과는 아무런 상관도 없는 사람입니다.

예수님이 부활하셨던 그 당시에도 부활을 믿지 않는 사람들이 있었습니다. 예수님이 진짜로 죽은 것이 아니라 가사 상태에 있다가 깨어났다고 말하는 사람들이 있었습니다(가사설). 예수님의 제자들이 예수님의 시체를 몰래 훔쳤다가 감춘 후 살아났다고 거짓말했다는 사람들도 있었습니다(유기설). 그런가 하면 예수님을 따르던 광신도들이 환상을 보고 예수가 살아났다는 헛소문을 퍼뜨렸다고 말하는 사람들도 있었습니다.

그러나 우리가 믿는 성경이 증언합니다. 고린도전서 15장을 살펴보겠습니다.

"장사 지낸 바 되셨다가 성경대로 사흘 만에 다시 살아나사"(고전 15:4)라고 하였고, "게바(베드로)에게 보이시고 열두 제자에게와 5백여 형제에게, 야고보에게, 모든 사도에게 만삭되지 못하여 난 자 같은 내게도 보이셨다"고 했습니다(고전 15:5-8).

그리고 "그리스도께서 다시 살아나신 일이 없으면 너희의 믿음도 헛되고 너희가 여전히 죄 가운데 있을 것이요"(고전 15:17)라고 했고, "나팔 소리가 나매 죽은 자들이 썩지 아니할 것으로 다시 살아나고 우리도 변화되리라"(고전 15:52)고 했습니다.

왜 부활신앙이 중요합니까?

1. 소망을 주기 때문입니다

'죽으면 끝이다'라는 생각으로 하루하루를 사는 사람이 있습니다. 그런 사람은 꿈도 없고 희망도 없고 비전도 없습니다. 왜냐하면 죽으면 모든 것이 끝나기 때문입니다. 내일 죽으면 인생이 끝나는 사람에게 무슨 희망이 있고 꿈이 있고 비전이 있겠습니까? 그런 사람들은 절망하거나 포기하거나 좌절할 것입니다.

그러나 "죽음은 끝이 아니다. 죽음은 인생의 종점이 아니라 새로운 출발점이고 순간과 찰나에 종지부를 찍고 영원한 세계를 향해 거보를 내딛는 시작이다. 죽음은 죽음으로 끝나는 것이 아니다. 죽음 뒤엔 영원한 부활이 있다. 예수님의 부활이 그것을 증명한다"라고 믿고 고백하는 사람들이 있습니다. 그들은 절망하지 않습니다. 그들은 뒤로 물러서지 않습니다. 실패 때문에 주저앉지 않습니다. 죽음도 겁내지 않습니다. 죽어도 다시 산다는 부활 소망을 소유하고 있기 때문입니다.

고대 로마 황제 가운데 기독교인들을 가장 간악하게 박해한 사람은 네로였습니다. 원형극장에서 훈련된 검투사와 기독교인이 검투로 겨루게 해 살해했습니다. 굶주린 맹수에게 찢겨 죽게 했습니다. 타오르는 불더미에 태워 죽였습니다. 그런데 놀라운 것은 칼에 찔려 죽고 맹수에 찢겨 죽고 장작불에 타죽는 기독교인들이 절규하거나 발악하지 않고 하나님을 향해 손들고 기도하고 찬송을 불렀습니다.

네로가 보고 싶었던 장면은 그것이 아니었습니다. 죽어가는 기독교도들이 살려달라고 소리치고 죽지 않기 위해 발악하는 그런 모습을 보고 싶었습니다. 그런데 기독교인들이 기도하고 찬송하는 모습을 보는 네로는 정신을 차릴 수가 없었습니다. 결국 정신병자가 될 수밖에 없었습니다.

기독교인들은 하나님이 함께하신다는 믿음이 있었습니다. 죽어도 다시 산다는 부활 소망이 그들을 그렇게 만든 것입니다.

종합병원 응급실에서 근무하는 의사의 얘기를 들었습니다. 시도 때도 없이 응급환자가 들어오는 응급실은 야전 병원과 같답니다. 어느 날 저녁 교통사고를 당한 대학생이 구급차에 실려 병원 응급실로 들어왔습니다. 부상이 심해 의식을 잃고 있었습니다. 연락을 받은 가족들이 쫓아왔습니다. 어머니가 대성통곡을 합니다. 가족들도 오열합니다.

"아들아, 눈 떠봐라, 엄마다. 너 죽으면 안 돼. 너 죽으면 엄마도 죽어."

7시간 긴 수술이 끝나고 중환자실로 옮겼습니다. 잠깐 의식이 돌아온 아들이 실낱 같은 눈을 뜨고 어머니에게 한 말은 "엄마, 나 살려줘"였답니다. 이틀 동안 사경을 헤매다 젊은이는 숨을 거뒀습니다. 당직 의사의 말이 기억에 남아 있습니다.

"저희 병원은 서울에서 최고를 자랑하는 대학병원입니다. 그런데 병원은 그 젊은이를 살릴 수가 없었습니다. 그것은 그의 가족도 부모도 매한가지였습니다."

사람은 낳고 키울 수는 있지만 생명의 주인은 아닙니다. 생명의 주인은 하나님이십니다. 창세기 2장 7절을 보면 "여호와 하나님이 땅의 흙으로 사람을 지으시고 생기를 그 코에 불어넣으시니 사람이 생령이 된지라"고 했습니다. 생기는 히브리어로 '루아흐'입니다. 그 뜻은 바람, 기운, 생기, 호흡, 성령 등 넓은 뜻을 내포하고 있습니다. 흙으로 만들고 생명을 불어 넣어 주신 분이 창조주 하나님입니다. 그래서 생명은 내 맘대로 못 합니다. 내 것이 아니기 때문입니다. 내가 나를 구원하지 못합니다. 내가 나를 살리지 못합니다. 현대 과학이나 의학이 생명을 연장하는 데는 기여하고 있지만 죽은 사람을 살리는 일은 못합니다.

부활신앙은 우리에게 소망을 줍니다. 강력한 영적 에너지를 공급해 줍니다. 우리를 살립니다.

2. 부활신앙이 민족 정신사의 댐이 되기 때문입니다

우리 시대는 희망이 실종되고 절망 바이러스가 독버섯처럼 퍼지고 있습니다. '안 된다, 못 한다, 할 수 없다, 끝장이다, 출구가 없다, 추락한다'라는 용어들이 춤을 추고 패배주의가 도처에서 기승을 부리고 있습니다. 희망이 보이지 않기 때문입니다. 그러나 여기서 한국교회는 부활신앙을 회복해야 합니다. '할 수 있다, 된다, 가능하다'라는 용어들이 키워드가 되어야 합니다.

여러분! 내가 안 믿는 예수를 누구에게 믿으라고 말할 수 있습니까? 내가 바로 살지 못하면서 어떻게 누구에게 바로 살라고 말할 수 있습니까? 내가 입도 열지 못하는 예수님의 부활을 어떻게 전할 수 있습니까?

"교회가 가는 곳에 국가가 간다"라는 말이 있습니다. 저는 전적으로 동의합니다. 우리 시대는 상처 받은 사람들, 아파하는 사람들, 고통 받는 사람들, 서럽고 슬프고 괴롭고 외로운 사람들이 너무나 많습니다.

누가 그들을 위로해야 합니까?

누가 그들에게 희망을 줄 수 있습니까?

미국 초대 대통령 조지 워싱턴은 "하나님과 성경 없이 이 세상을 바르게 통치한다는 것은 불가능하다"라고 했고, 3대 대통령 토머스 제퍼슨은 "기독교가 정부의 가장 좋은 친구가 될 수 있는 이유는 기독교가 사람의 마음을 바꿀 수 있는 종교이기 때문이다"라고 했습니다. 그리고 22대 클리블랜드 대통령은 "예수 그리스도의 가르침을 받아들일 때 가장 순수한 애국심과 최고의 국민정신을 갖게 될 것이다"라고 말했습니다.

교회 때문에 나라가 바로 되고 기독교인 때문에 우리 시대가 행복하고 살기 좋은 사회가 되어야 합니다. 그 반대가 되면 절대로 안 됩니다. 예수님의 부활을 확신합시다. 예수님의 부활을 고백하고 선포합시다. 그 부활신앙 위에 가정을 세우고 교회를 세우고 나라를 세워 나갑시다.

본문 요한복음 20장 24-29절 말씀으로 결론을 찾겠습니다.

예수님의 제자였던 도마는 의심이 많은 사람이었습니다. 예수님이 다시 살아나셨고 그 예수님을 직접 만났다는 다른 제자들의 말을 그는 믿지 못했습니다. "내가 내 눈으로 직접 보기 전에는 믿을 수 없다. 내 손으로 직접 만져보기 전엔 믿을 수 없다"며 믿지 않았습니다. 그에게 부활하신 예수님이 직접 찾아 오셨습니다. "도마야, 네 눈으로 보아라. 네 손으로 만져보아라. 그리고 의심하지 말고 믿어라"고 말씀하셨습니다.

도마는 즉시 고백했습니다.

"주여! 내가 믿나이다. 나의 주님, 나의 하나님이십니다."

"너는 나를 보았기 때문에 믿느냐. 나를 직접 보지 못하고 믿는 사람들이 더 복이 있도다."

중요한 것은 나의 고백입니다. 우리 이 시간 여기서 함께 고백합시다.

"주여, 내가 믿나이다. 주님의 부활을 믿습니다. 성도의 부활도 믿습니다. 나의 부활도 믿습니다."

"주님의 부활을 전하겠습니다. 오늘 내가 하겠습니다." 아멘!

새로운 삶을 결단한 사람들

🏛 **누가복음 19장 1-10절**

예수께서 여리고로 들어가 지나가시더라 삭개오라 이름하는 자가 있으니 세리장이요 또한 부자라 그가 예수께서 어떠한 사람인가 하여 보고자 하되 키가 작고 사람이 많아 할 수 없어 앞으로 달려가서 보기 위하여 돌무화과나무에 올라가니 이는 예수께서 그리로 지나가시게 됨이러라 예수께서 그곳에 이르사 쳐다보시고 이르시되 삭개오야 속히 내려오라 내가 오늘 네 집에 유하여야 하겠다 하시니 급히 내려와 즐거워하며 영접하거늘 뭇 사람이 보고 수군거려 이르되 저가 죄인의 집에 유하러 들어갔도다 하더라 삭개오가 서서 주께 여짜오되 주여 보시옵소서 내 소유의 절반을 가난한 자들에게 주겠사오며 만일 누구의 것을 속여 빼앗은 일이 있으면 네 갑절이나 갚겠나이다 예수께서 이르시되 오늘 구원이 이 집에 이르렀으니 이 사람도 아브라함의 자손임이로다 인자가 온 것은 잃어버린 자를 찾아 구원하려 함이니라

예수님 당시 여리고 지방에 삭개오라는 사람이 살고 있었습니다. 그의 직업은 세리(세무공무원)였습니다. 그는 두 가지 약점을 가지고 있었습니다.

첫째는 키가 작은 신체적 약점입니다. 예수님이 지나가신다는 소문

을 듣고 보고 싶어 나왔지만 사람 울타리에 가려진 예수님을 볼 수 없었습니다. 본문은 그가 뽕나무 위로 올라가 지나가시는 예수님을 보았다고 했습니다. 이것은 그가 키가 작았다는 것과 예수님을 에워싼 사람들이 엄청 많았다는 것을 말해 줍니다.

신체 조건은 선천적으로 타고납니다. 체형, 골격, 생김새 등 그런 것들은 후천적 처치나 노력으로 고치거나 바꿀 수 있는 것도 있고 할 수 없는 것도 있습니다. 부모로부터 물려받은 몸을 건강하고 아름답고 깨끗하게 관리하는 것은 바람직한 일입니다. 그러나 도를 넘는 것은 삼가야 합니다. 성형 중독에 빠진다든지 큰돈을 성형에 쏟는다든지 사치하는 것은 옳지 않습니다.

삭개오의 문제는 신체적인 약점보다 따돌림에 있었습니다. 그 당시 유대 나라는 로마의 지배를 받고 있었습니다. 로마는 국가 운영을 위해 과도한 세금을 거둬들이기 위해, 지방마다 세무서를 만들고 책임자를 임명했습니다. 세리들은 최대한 많은 세금을 걷고 착복하는 불의를 저질렀습니다. 그래서 대부분의 세리들은 부정축재로 부자가 됐고 서민들의 원성의 대상이었습니다. 그 누구도 세리를 좋아하지 않았고 상대하지 않았습니다.

세리는 부정의 대명사, 부패의 대명사였고 집단 따돌림을 받았습니다. 그 중 한 사람이 삭개오였습니다. 가족도 있고, 집도 있고, 돈도 있었지만 그 누구에게도 사람 대접을 받지 못했습니다.

우리네는 어떻습니까? 결혼도 했고, 대기업에 취업도 했습니다. 그런데 40~50대 직장인의 87.2%가 은퇴에 두려움을 느끼고 있다고 합니다. 남편도 있고, 자식도 있고, 집도 있고, 차도 있고, 먹을 것도 있는 중산층 사람들이 불안에 사로잡히고 허무에 빠져 사는 빈둥지증후군과 우울증은 앞으로 지구를 괴롭힐 세계 2위의 질병이 될 것이라고 세계보건기구가 밝혔습니다.

삭개오는 예수님 당시에만 있는 것이 아닙니다. 오늘도 제2, 제3의 삭개오가 존재하고 있다는 것을 주복해야 합니다.

은퇴한 대학 교수가 있었습니다. 자녀들은 다 출가했고 부부가 먹고사는 것은 걱정이 없는 교수였습니다. 그러나 하루하루가 지루하고 고역이었습니다. 매일 집안에 있는 것이 고통 그 자체였습니다. 그러던 어느 날 친구가 총장으로 있는 다른 대학에서 한 주일에 한 시간씩 강의를 해달라는 요청이 왔습니다. 너무 기뻐 이 소식을 아내에게 알렸습니다.

"여보, 나 일주일에 한 시간씩 강의하기로 했어."

그러자 아내가 "여보, 돈은 안 가져와도 좋으니까 매일 출근하는 데 없을까요?"라고 답했다고 합니다. 젊은이는 젊어서, 노인은 노인이어서, 기업인은 기업 운영 때문에 불안합니다.

어느 날 택시를 탔습니다. 그날 만난 기사는 재미있는 기사였습니다. 이런저런 대화 끝에 그 기사가 한 말이 떠오릅니다. "늘 건강하십시오. 많이 웃으세요. 여자가 편해야 집안이 편합니다. 사모님한테 잘하세요" 하며 이런 얘기도 했습니다. 어느 날 부부가 말다툼을 하고 있었습니다. 아내가 말대꾸를 하며 대들자 "이봐요, 남편은 하늘이고 아내는 땅이야. 하늘한테 대들다니?"라고 말하자 아내의 대꾸 한 마디에 남편은 끽 소리도 못했다며 저더러 아내가 뭐라고 했겠느냐고 물었습니다. 제가 모르겠다고 했더니 아내가 한 말은 "요즘 땅 값이 하늘로 치솟는 거 몰라요?"였답니다. 이런저런 사정이 얽혀 부부도, 형제도, 자식도 편치 않습니다.

최근 청소년 전문기관에서 초중고 학생을 대상으로 자살 충동에 관한 조사를 실시했습니다. 놀라운 것은 청소년 5명 중 1명이 자살 충동을 경험했다고 합니다. 그 원인은 부모와의 갈등, 학교 성적, 무관심이었다고 합니다.

삭개오, 그는 마음 둘 곳이 없었습니다. 그는 예수가 궁금했습니다. 꼭 한번 보고 싶었습니다. 그래서 뽕나무 위로 올라갔습니다. 키가 작아 안 보이면 나무 위로 올라가면 됩니다. 키가 작다고, 길이 막혔다고, 끝장났다고, 죽게 되었다고, 실패했다고 한숨 쉬고, 주저앉고, 탄식하고, 넋두리할 필요가 없습니다.

고 정주영 회장은 "길을 찾아라. 길이 없으면 만들어라"는 말을 했다고 합니다. 임원들이 "일이 어렵다, 힘들다"고 말하면 "해 봤어?"라고 질책했다고 합니다.

삭개오! 그는 예수를 꼭 한번 보고 싶었습니다. 이유는 예수를 보기만 해도 길이 열리고 막힌 가슴이 뚫릴 것 같았기 때문입니다. 이런 현상을 '영적 갈망', '구도자의 열정'이라고 합니다. 왕따 인생, 따돌림 받는 그에게 영적 갈망이 있었던 것입니다. 그는 영적으로 배가 고팠습니다. 예수를 만나고 보기만 해도 문제가 풀릴 것 같았습니다. 그래서 나무 위로 올라간 것입니다.

그날 거기서 위대한 만남과 결단이 이루어졌습니다.

"삭개오야, 내려오너라. 내가 오늘 네 집에서 쉬고 싶다."

그 뜻은 "오늘 너를 만나고 싶다. 너와 함께 얘기를 나누고 싶다. 네 인생 문제, 영혼의 깊은 고독과 아픔을 풀어주고 싶다. 함께 네 집에 가자꾸나"라는 것입니다. 예수님이 세리의 집에 가신다는 것, 그 집에서 하룻밤을 지내신다는 것, 세리와 진지한 대화를 나누신다는 것은 정통 유대인의 입장에서는 파행이고 파격입니다. 삭개오도 놀랐고 여리고 주민들도 놀라고 제자들도 놀랐습니다.

여러분! 예수님을 만나면 놀랄 일이 한두 가지가 아닙니다. 날마다 놀라운 일이 벌어지고 놀랄 일을 경험하게 됩니다. 그것을 기적이라 부릅니다.

삭개오는 급히 내려와 예수님을 자기 집에 모셨습니다. 얼마나 길고 진지한 이야기를 주고받았는지에 대해선 자상한 설명이 없습니다. 그러나 두 가지 사건을 주목해야 합니다.

1. 오늘 이 집에 구원이 임했다는 말씀입니다

유대인들은 자기들만 하나님의 백성이고 자기네만 아브라함의 후손이고 자기네만 구원받는다고 믿었습니다. 그러나 그날 예수님은 "삭개오, 너도 구원받았다. 너도 하나님의 자녀다"라고 선포하셨습니다. 구원은 특정 집단이나 개인만의 전유물이 아닙니다. 사도행전 16장 31절을 보면 "주 예수를 믿으라 그리하면 너와 네 집이 구원을 얻으리라"고 했고, 요한복음 3장 16절에서 예수님은 "하나님이 세상을 이처럼 사랑하사 독생자를 주셨으니 이는 그를 믿는 자마다 멸망하지 않고 영생을 얻게 하려 하심이라"고 말씀하셨습니다.

누구나 과거가 있습니다. 그러나 예수님은 과거를 따지고, 규명하고, 캐고, 문제 삼지 않습니다. 음탕한 사마리아 여인도 구원받았고, 살인강도도 구원받았고, 삭개오도 구원받았습니다. 단 한 가지 조건이 있습니다. 그것은 지난 죄를 회개하고 하나님께로 돌아오는 것입니다. 다시 말하면 예수를 믿고 영접하는 것입니다. 그것이 구원의 조건입니다. 우리에게는 하나님께로 돌아올 자유가 있고 하나님으로부터 떠날 자유가 있습니다. 하나님께로 돌아오면 구원받고 떠나면 멸망합니다. 선택은 내 몫입니다.

2. 소유의 절반은 가난한 자에게 주고 부정하게 모은 돈, 부정축재한 재산은 처분해 4배로 갚겠다고 결단하였습니다

돈 주머니가 회개해야 진정한 회개가 됩니다. 부당하게 착취한 돈, 여리고 주민을 괴롭히고 모은 돈, 남을 억울하게 만들고 모은 재산을 4배로 갚겠다는 것입니다.

레위기 6장 1-5절을 보면 "속이거나 도둑질했거나 착취한 물건이 있을 때, 그 물건을 주인에게 돌려보내라 그리고 5분의 1을 더하여 보내라"고 했습니다. 그런데 삭개오는 4배로 갚겠다고 선언했습니다. 파산선고를 한 셈입니다. 삭개오가 바보입니까? 어떻게 모은 재산입니까? 그 돈으로 먹고, 살고, 노후를 내비해야 합니다. 자식들에게 상속도 해줘야 합니다. 그러나 그는 그것이 중요하지 않았습니다.

새로운 삶, 구원받은 삶, 사람답게 사는 것, 인정받고 사는 것, 새 사람으로 사는 것이 더 소중했습니다.

어느 잡지사에서 사회조사를 실시했습니다.

- 인생에서 추구하고 싶은 것은 무엇인가?

  돈 - 52.5%, 명예 - 19.6%, 기타 - 27.9%

- 존경할 만한 부자가 있는가?

  많지 않다 - 66%, 많다 - 19%, 무응답 - 15%

- 한국 부자들의 부 축적 방법은?

  부정한 방법 - 63%, 노력과 능력 - 23%

- 복권에 당첨되면 직장을 그만두겠는가?

  그만둔다 - 69.4%, 기타 - 30.6%

우리는 여기서 예수님을 만난 삭개오가 현대판 삭개오들보다 천배, 만배 위대한 사람이었음을 발견하게 됩니다. 그리고 그의 결단이 얼마나 위대한가를 깨닫게 됩니다. 그는 인생을 바꾸는 결단을 내린 그리스도인이 된 것입니다.

교회 다니는 사람들은 별명이 많습니다. 기독교인, 크리스천, 거듭난 사람들, 은혜 받은 사람들, 새로운 존재 등. 그러나 한마디로 말하면 예수 믿는 사람들입니다.

예수를 믿는다는 것은 어떤 의미입니까? 삭개오가 예수님을 만난 후 생각이 변하고, 언어가 변하고, 생활이 변한 것처럼 예수를 믿는 사람들은 좋은 쪽으로 변해야 하고 좋은 사람이 되어야 합니다. 예수를 믿는다는 것은 예수님처럼 생각하고 예수님처럼 말하고 예수님처럼 행동하는 것을 의미합니다.

며칠 전 교회에 가기 위해 집을 나서고 있는데 아내가 입을 열었습니다.

"여보, 길 건널 때 차 조심하고 큰길로 가지 말고 아파트 사잇길로 가요. 울퉁불퉁한 데로 걸어가지 말고 평평한 길로 가세요."

이런 말은 초등학교 1학년 아들이 학교 갈 때 엄마가 해주는 말입니다. 할머니가 손주한테 해줄 수 있는 말입니다.

"얘야, 길 건널 때 차 조심해. 한눈팔지 말고 걸어가야 돼."

학교 가는 철부지를 타이를 때 하는 말인데 70 지난 남편, 박종순 목사를 애 취급하고 던진 말이었습니다. 이때 제가 "이봐요, 누굴 애 취급하는 거야? 내가 유치원생이야? 말을 골라서 해요"라고 받아쳤다면 어떻게 됐을까요? 그때 제가 뭐라고 했을까요? "여보, 잘 다녀올게. 잘할게"라고 대답하고 함께 웃었습니다.

성경을 보면 '하라', '하지 말라' 간섭이 많습니다. 예수 믿고 나면 '……하라', '……하지 말라' 간섭이 많아집니다. 그것은 하나님의 자녀가 됐기 때문이고 새 사람이 됐기 때문입니다. 사랑은 간섭과 관심으로 드러납니다. 옆집 남자가 외출하는데 건너편집 여자가 "길 건널 때 차 조심해요. 한눈팔지 말아요. 조심해서 걸어요"라고 한다면 어떻게 생각하겠습니까? 사랑하니까, 자녀이니까, 남이 아니니까 '하라, 하지 말라'고 간섭하고 명령하시는 것입니다.

노자(老子)는 삼쾌(三快)가 필요하다고 했습니다. 그것은 '쾌식 - 즐겁게 먹는 것, 쾌변 - 시원하게 배변하는 것, 쾌면 - 편히 잠자는 것'입니다.

우리에겐 쾌활이 필요합니다. 예수님 때문에 기쁘고, 즐겁고, 평안해야 합니다. 신앙생활은 즐겁게, 교회생활은 시원하게, 맡은 일은 웃으면서……이것이 새로운 삶을 선택한 그리스도인의 자세이기 때문입니다.

예수 믿고 새 사람 되게 하신 주님을 찬양합시다.

"주님, 감사합니다. 찬양합니다." 아멘!

삶의 우선순위

> **로마서 11장 33-36절**
> 깊도다 하나님의 지혜와 지식의 풍성함이여, 그의 판단은 헤아리지 못할 것이며 그의 길은 찾지 못할 것이로다 누가 주의 마음을 알았느냐 누가 그의 모사가 되었느냐 누가 주께 먼저 드려서 갚으심을 받겠느냐 이는 만물이 주에게서 나오고 주로 말미암고 주에게로 돌아감이라 그에게 영광이 세세에 있을지어다 아멘

우리가 흔히 사용하는 '감사'라는 말의 사전적 의미는 "고마움을 느끼는 것", "고마움에 대한 인사"입니다. 즉 받은 사랑이나 후의에 대해 고맙게 여기는 것, 그리고 그 고마움을 말이나 행동이나 물질로 보답하는 것을 '감사'라고 합니다. 그러니까 감사는 고마운 일에 대한 후속 조치인 것입니다.

일반적으로 감사는 그 대상이 셋입니다.

첫째는 사람입니다. 나에게 감사한 일을 했거나 고마운 일을 해준 사람에게 감사를 표합니다.

둘째는 환경입니다. 가정 환경, 직장 환경, 자연 환경 등 사람이 살

아가는 네 도움을 주었거나 주고 있는 환경이나 여건에 대해 감사합니다.

셋째는 하나님입니다. 성경이 말하는 감사는 모두가 그 대상이 하나님입니다. 특히 시편이 말하는 감사는 100퍼센트 그 대상이 하나님입니다. "여호와께 감사하라"가 거듭 반복되고 있습니다.

우리가 감사하는 태도는 크게 두 가지가 있습니다. 하나는 뭔가를 받았거나 누리고 있기 때문에 감사합니다. 건강하니까, 성공했으니까, 목표를 이뤘으니까 그래서 감사합니다. 이 경우는 사후 감사, 후불 감사라고 볼 수 있습니다.

다른 하나는 받기 전에, 누리기 전에, 성공하기 전에 먼저 감사합니다. 하박국 선지자의 경우를 예로 들 수 있습니다.

> "내가 들었으므로 내 창자가 흔들렸고 그 목소리로 말미암아 내 입술이 떨렸도다 무리가 우리를 치러 올라오는 환난 날을 내가 기다리므로 썩이는 것이 내 뼈에 들어왔으며 내 몸은 내 처소에서 떨리는도다"(합 3:16).

당시 강대국이었던 바벨론이 이스라엘을 침략하기 위해 군대를 동원하고 쳐들어온다는 소문이 퍼지기 시작했습니다. 나라가 적국의 침략으로 위기와 공포에 휘말리고 있었습니다. 하박국은 그 현상을 "창자가 흔들리고 입술이 떨리고, 온몸이 떨린다"고 표현했습니다.

거기다 무화과 농사, 포도 농사, 감람나무 농사가 다 망가졌습니다.

무화과, 포도, 감람나무 열매는 이스라엘의 중심 농산물입니다. 무화과는 식용이고 포도는 포도주 원료이고 감람열매는 기름의 원료입니다. 그런데 흉년이 들어 열매가 없습니다. 내우외환의 위기를 맞게 된 것입니다. 민심은 흉흉하고 경기는 바닥을 치고 먹고 살기는 힘들어지고 위기, 위기 또 위기였습니다.

그뿐입니까? "우리에 양이 없으며 외양간에 소가 없을지라도"라고 했습니다. 농사가 안 되니까 목축도 안 됩니다. 키우던 양이 떼죽음을 당하고 소가 쓰러져 외양간이 텅 비게 되었습니다. 되는 일이 하나도 없습니다. 그러나 하박국은 "나는 여호와로 말미암아 즐거워하며 나의 구원의 하나님으로 말미암아 기뻐하리로다"라고 기도했습니다.

그가 찾은 출구는 포도, 무화과, 올리브 농장이 아닙니다. 양 떼나 소 떼도 아닙니다. 하나님의 구원을 바라보며 출구를 찾은 것입니다(3:18). 그의 기도는 더 심오해집니다. "주 여호와는 나의 힘이시라 나의 발을 사슴과 같게 하사 나를 나의 높은 곳으로 다니게 하시리로다"(3:19)라고 했습니다. 그는 국가적 위기 속에서 하나님의 구원을 바라보았습니다. 절망 속에서 소망을 보았습니다. 새로운 희망과 출구를 찾은 것입니다.

일본 아오모리는 사과 주산지라고 합니다. 주민들이 사과를 재배해 팔아서 생활하는 곳입니다. 그런데 어느 해 사과를 수확할 가을에 태풍이 불어 사과가 다 떨어졌습니다. 나무에 달려 있는 사과는 겨우 10퍼센트 정도였습니다. 그해 사과 농사가 완전히 끝나 버렸습니다. 그런데 한 농부가 기발한 아이디어를 발휘했습니다. 나무에 달려 있는 10퍼센트 사과를 다 따서 최고급 포장을 했습니다. 그리고 홍보를 시작했습니다.

"떨어지지 않는 사과를 판매합니다."

"이 사과는 태풍에도 떨어지지 않았습니다. 이 사과를 먹으면 절대로 떨어지지 않습니다."

사과 값도 평소보다 열 배, 스무 배를 더 받았습니다. 수험생, 직장 취업자, 회사 입사 지원자, 진급 시험자 등 떨어지면 안 되는 사람들이 앞다투어 사과를 샀습니다. 10퍼센트 떨어지지 않는 사과를 팔아 평소보다 배가 넘는 수익을 올렸답니다. 발상의 전환으로 실패를 극복한 사례입니다.

로마서의 교훈을 살펴보겠습니다. 바울은 본문에서 세 가지 질문을 던집니다.

1. 누가 주의 마음을 알았느냐?(34절)

사람은 사람의 마음도 모릅니다. 남편의 마음, 아내의 생각도 모릅니다. 무엇을 생각하는지, 왜 저러는지, 왜 우는지, 왜 화가 났는지, 왜 토라졌는지 잘 모릅니다. 아니 내가 내 마음도 잘 모릅니다. 아침 저녁이 다르고 변덕스러워 나도 나를 모릅니다. 그런데 어떻게 하나님의 마음, 하나님의 생각을 알 수 있겠습니까?

이사야 55장 8-9절을 보면 "내 생각이 너희 생각과 다르며 내 길은 너희의 길과 다름이니라", "내 길은 너희의 길보다 높으며 내 생각은 너희의 생각보다 높음이니라"고 했습니다. 그런가 하면 마태복음 9장 4절을 보면 "예수께서 그 생각을 아시고"라고 했고, 마태복음 12장 25절을 보면 "예수께서 저희 생각을 아시고"라고 했습니다. 사람의 생각을 다 아신다는 것입니다. 시편 139편에서 다윗은 "주께서 나를 아시나이다. 내가 앉고 일어섬을 아시고 멀리서도 나의 생각을 밝히 아시오며, 내 혀의 말도 다 아시나이다"라고 했습니다(시 139:1-4).

나는 모르지만 하나님은 다 아십니다.

숨기려 들지 맙시다. 감추려 하지 맙시다. '모르겠거니, 알지 못 하겠거니'라고 생각하지 맙시다. 다 아십니다. 알고 계십니다. 꿰뚫고 계십니다.

시인은 "내 형질이 이루어지기 전에 주의 눈이 보셨다"고 했습니다(시 139:16). 내가 아는 것이 있습니다. 그것은 "나는 아무것도 모른다는 것, 하나님은 다 아신다는 것"입니다.

2. 누가 그의 모사가 되었느냐?(34절)

모사란 지혜를 말합니다. 그 누구도 하나님의 지혜를 넘어설 수 없습니다. 현대 인간이 쌓아올리고 있는 과학 문명은 측량이 어려운 속도로 발전하고 있습니다. 과학, 의학, 정보, 통신은 예측이 어렵습니다. 저는 이러한 현상들을 보면서 창세기에 나오는 바벨탑 사건이 떠오릅니다.

"더 넓게, 더 높게 탑을 쌓자."

고고학자들의 연구에 따르면 그 당시 바벨탑은 넓이가 90미터, 높이가 1층 33미터, 2층 18미터, 3층 6미터, 4층 6미터, 5층 6미터, 6층 6미터, 7층 15미터로 총 90미터였다고 합니다. 당시로서는 대단한 위엄이었습니다. 그들의 목표는 "하늘에 닿게 쌓아 올리자, 이름을 내자"였습니다. 그러나 하나님은 그 높은 탑을 무너뜨리셨습니다.

문명, 과학, 의학, 통신, 정보, 학문 그 어떤 것도 하나님을 대적하는 것이 되면 무너집니다. 정권도 무너지고, 재벌도 무너지고, 과학도 무너집니다.

하나님의 천지 창조와 인간 창조를 누가 흉내 낼 수 있습니까? 어떤 설계 전문가가 설계할 수 있습니까? 못합니다. 안 됩니다. 수천 년 동안 과학자들이 인간의 인체 구조를 연구하고 그 신비를 풀기 위해 노력했지만 아직도 그리고 앞으로도 인체의 신비와 비밀을 다 밝히지 못할 것입니다. 하물며 인간의 정신, 심리, 영혼을 무슨 재주로 풀고 설명할 수 있겠습니까? 하나님의 지혜, 모사는 흉내 낼 수도 없고 따를 수도 없습니다.

이사야 선지자는 장차 태어날 아기 예수를 이렇게 묘사했습니다.

> "그의 이름은 기묘자라, 모사라, 전능하신 하나님이라, 영존하시는 아버지라, 평강의 왕이라 할 것임이라"(사 9:6).

3. 누가 주께 먼저 드려서 갚으심을 받겠느냐?(35절)

우리는 여기서 드림의 우선순위를 발견하게 됩니다. 그것은 '받고 드리고'가 아닙니다. '드리고 받고'입니다. 받았기 때문에 감사하고 드리는 것은 누구나 할 수 있습니다. 이교도들도 가능합니다. 그러나 먼저 드리고 받는 것은 아무나 할 수 있는 일이 아닙니다.

예를 들겠습니다. 창세기 22장을 보면 아브라함이 외아들 이삭을 번제로 드린 기사가 있습니다. 어느 날 하나님께서 외아들 이삭을 번제로 바치라고 말씀하셨습니다. 그것은 전혀 불가능한 일, 순종하기 어려운 일이었습니다. 아무리 하나님의 명령이라고 해도 외아들, 사랑하는 아들, 대를 이어나갈 아들을 제물로 바칠 수 있습니까?

번제에 쓰인 제물은 짐승입니다. 가죽을 벗기고 고기는 각을 뜨고 내장은 물로 씻고 피는 그릇에 담습니다. 불로 달군 제단 위에서 각을 뜬 고기를 태우고 내장도 태우고 피를 뿌리고 전부 불태워 드리는 제사가 번제입니다. 그런데 아브라함은 그 일을 했습니다. 100세에 얻은 외아들을 번제로 바쳤습니다. 하나님은 아브라함의 그 드림을 받으셨습니다. 그리고 천 배, 만 배로 보상해 주셨습니다.

이삭 대신 양을 준비해 주셨습니다. 그리고 그 후손이 하늘의 별처럼 땅의 모래처럼 되게 해주겠다는 약속을 주셨습니다. 그리고 아브라함의 후손 가운데 메시아이신 예수 그리스도가 태어날 것을 예고해 주셨습니다. 먼저 드리고, 그 후에 받은 것입니다.

하나님이 이삭 대신 양을 준비해 주신 사건을 어거스틴, 터툴리안, 크리소스톰, 오리겐 같은 초기 기독교 학자들은 인간을 죄에서 구원하기 위해 십자가에 죽으실 예수 그리스도의 그림자였으며 예표였다고 해석했습니다. 하나님께 드리고 최선을 다하면 손해도 없고 후회도 없습니다. 그러나 사람에게 최선을 다하고 정성을 쏟으면 실망하고 후회할 경우가 많습니다.

젊은 나이에 남편과 사별하고 아들 형제를 키운 어머니가 있었습니다. 동대문 시장에서 가게 하나를 운영하면서 두 아들을 공부시키고 결혼까지 시켰습니다. 70세가 지나면서 힘도 들고 몸도 아프기 시작했습니다. 두 아들의 권유로 가게를 팔고 집을 팔아 각각 12억씩 나눠 주었습니다.

어머니는 큰아들이 모시기로 하고 매달 용돈으로 두 아들이 100만 원씩 200만 원을 내놓기로 하고 큰아들 집으로 이사를 했습니다. 그런데 2~3년이 지나면서 상황이 달라지기 시작했습니다. 두 아들이 운영하는 회사와 가게가 어렵다며 200만 원을 주지 않습니다. 아들 며느리가 출근하면 집안 청소, 식사 준비 거기다 두 살 된 손주까지 도맡아 키우게 되었습니다.

집안 살림에 묶여 밖에도 못 나가고 친구도 못 만나고 교회도 못 나가고 덩치 큰 손주 안다가 허리를 다쳐 통증이 이만저만이 아니지만 하던 일을 멈출 수도 없습니다. 시집살이보다 더 힘듭니다. 하루하루가 지옥 같습니다. 배신감, 고독, 우울이 겹쳐 세상 살기가 귀찮아졌습니다. 그러던 어느 날 아들 며느리가 퇴근하고 집에 와 보니 어머니가 안 보입니다. 어머니 방의 화장대 위에 쪽지 하나가 놓여 있었습니다. 그 쪽지에는 이런 글이 적혀 있었습니다.

"나 갈란다. 너네 아빠 곁으로 갈란다."

그 이후 이야기는 여러분의 상상에 맡기겠습니다.

자식도 소중합니다. 남편도, 아내도, 회사도, 직장도 소중합니다. 그러나 우선순위는 바로 정해야 합니다.

세 종류의 우선순위가 있습니다.

⑴ 우선순위를 첫째도 나, 둘째도 나, 셋째도 나에게 두는 사람이 있습니다. 내가 우상이고 주인이고 최고라고 믿는 사람입니다.

⑵ 우선순위를 첫째 나, 둘째 이웃, 셋째 하나님께 두는 사람입니다.

⑶ 우선순위를 첫째 하나님, 둘째 이웃, 셋째 나에게 두는 사람입니다. 가장 바람직한 우선순위를 정한 사람들입니다.

내 경우는 어느 쪽입니까?

하나님과 하나님의 일에 우선순위를 둡시다.

본문 36절이 그래야 할 이유를 설명하고 있습니다.

"만물이 주에게서 나오고 주로 말미암고 주에게로 돌아감이라"고 했습니다. "만물이 주에게서 나오고"라는 말씀의 뜻은 하나님이 창조하셨다는 것입니다. "주로 말미암고"란 하나님이 다스리시고 섭리하신다는 것입니다.

"주에게로 돌아간다"는 것은 마침표를 찍고 심판하시는 분이 하나님이라는 뜻입니다. 창조, 섭리, 심판의 전권이 하나님께 있다면 누구에게 우선순위를 두어야 하겠습니까?

누구를 높이고 누구에게 감사하고 누구를 찬양해야 하겠습니까? 우선순위를 나에게서 하나님으로 바꿉시다.

우선순위를 사람, 직장, 사업에서 하나님으로 바꿉시다.

나 자신을 소홀히 하고 가정을 소홀히 하자는 것이 아닙니다. 직장과 사업을 소홀히 하자는 것도 아닙니다. 우선순위를 바꾸자는 것입니다. 암에 걸린 사람의 우선순위는 먼저 병을 고치는 것입니다. 그게 우선입니다.

우리가 우선순위를 하나님께 두면 그 다음 인생사는 하나님이 맡아 주시고 풀어 주십니다.

생각을 바꾸고 믿음을 바꿉시다.

가치관을 바꾸고 목표를 바꿉시다.

삶의 우선순위, 인생의 우선순위, 신앙의 우선순위를 하나님으로 바꿉시다.

그렇게 하면 하나님이 내 인생을 바꿔 주실 것입니다.

믿습니다! 아멘.

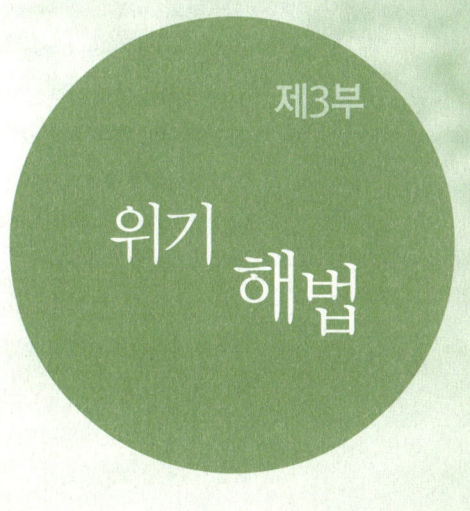

제3부

위기 해법

주님은 내 안에, 나는 주님 안에

🌿 요한복음 15장 1-8절

나는 참포도나무요 내 아버지는 농부라 무릇 내게 붙어 있어 열매를 맺지 아니하는 가지는 아버지께서 그것을 제거해 버리시고 무릇 열매를 맺는 가지는 더 열매를 맺게 하려 하여 그것을 깨끗하게 하시느니라 너희는 내가 일러 준 말로 이미 깨끗하여졌으니 내 안에 거하라 나도 너희 안에 거하리라 가지가 포도나무에 붙어 있지 아니하면 스스로 열매를 맺을 수 없음 같이 너희도 내 안에 있지 아니하면 그러하리라 나는 포도나무요 너희는 가지라 그가 내 안에, 내가 그 안에 거하면 사람이 열매를 많이 맺나니 나를 떠나서는 너희가 아무 것도 할 수 없음이라 사람이 내 안에 거하지 아니하면 가지처럼 밖에 버려져 마르나니 사람들이 그것을 모아다가 불에 던져 사르느니라 너희가 내 안에 거하고 내 말이 너희 안에 거하면 무엇이든지 원하는 대로 구하라 그리하면 이루리라 너희가 열매를 많이 맺으면 내 아버지께서 영광을 받으실 것이요 너희는 내 제자가 되리라

이스라엘을 대표하는 나무 세 가지가 있습니다. 무화과나무, 감람나무(올리브), 포도나무입니다. 모든 나무는 뿌리, 줄기, 가지, 잎, 꽃 열매로 구성됩니다.

본문에서 주님은 포도나무의 비유를 들어 예수님과 제자, 예수님

과 우리의 관계를 설명하고 있습니다.

하나님 아버지는 농부라고 했습니다(1절). 여기서 말하는 농부는 단순 관리자가 아닌 지배자, 심판자입니다. 나무를 찍어버릴 수도 있고 보존할 수도 있는 권한을 가지고 있습니다. 다시 말하면 소유주, 농장 주인인 것입니다.

예수님은 참포도나무, 우리는 가지라고 하셨습니다.

구약은 이스라엘 민족을 포도나무로 비유했습니다.

예레미야 2장 21절을 보면 "내가 너를 순전한 참 종자 곧 귀한 포도나무로 심었다"고 했습니다. 가지는 오늘의 교회를 의미하고 그리스도인들을 의미합니다. 뿌리 없는 가지, 줄기 없는 가지는 살 수도 없고, 잎이 나고 꽃이 필 수도 없고 열매를 맺을 수도 없습니다. 가지는 나무를 떠나면 존재의미도 생존가치도 없다는 것입니다.

몇 가지 교훈을 찾겠습니다.

1. 가지는 열매를 맺어야 합니다

본문 2절을 보면 "열매를 맺지 아니하는 가지는 아버지(농부)께서 그것을 제거해 버리시고"라고 했습니다. 그리고 "열매를 맺는 가지는 더 열매를 맺게 하려 하여 그것을 깨끗하게 하시느니라"고 했습니다.

가지의 모세관에 불순물이 고이면 뿌리로부터 수분을 빨아들이지 못해 말라죽습니다. 그래서 필요없는 가지는 잘라내고 불순물은 제거해 버립니다.

이사야 5장에 포도원 이야기가 나옵니다. 심히 기름지고 아름다운 포도원이 있었습니다. 본래는 돌짝밭이고 경사가 심한 산비탈이었는데 돌을 걷어내고 땅을 갈아엎고 포도원을 만들었습니다. 그리고 최고로 좋은 극상품 포도나무를 심었습니다. 망대를 짓고 포도주 만드는 틀을 세웠습니다. 그리고 기다렸습니다. 그런데 5장 4절에 주인의 탄식이 나옵니다.

"내가 좋은 포도 맺기를 기다렸거늘 들포도를 맺었구나."

5장 5~6절도 주목해야 합니다.

"내가 그 울타리를 걷어내겠다. 그 담을 헐고 짓밟히게 하겠다. 그리고 그것을 황폐하게 해버리겠다. 그곳엔 가시와 찔레가 날 것이며 내가 구름에게 명하여 그 위에 비를 내리지 못하게 하리라."

한마디로 폐기처분하시겠다는 것입니다.

우린 여기서 실망한 포도원 주인의 성난 모습을 발견하게 됩니다.

문제는 5장 7절입니다. "포도원은 이스라엘 족속이요 그가 기뻐하시는 나무는 유다 사람이라 그들에게 정의를 바라셨더니 도리어 포학이요 그들에게 공의를 바라셨더니 도리어 부르짖음이었도다"라는 말씀입니다.

저는 두렵고 떨리는 마음으로 이 말씀을 읽었습니다. 이유는, 오늘 한국교회와 우리를 향해 주시는 추상 같은 경고이며 메시지이기 때문입니다.

예수 떠나면 교회가 아닙니다. 나무 떠나면 가지는 말라죽고 꽃도 열매도 없습니다. 예수 떠나면 그리스도인이 아닙니다. 예수 떠나면 되는 일이 없습니다. 몸부림 쳐도 안 되고 앙탈을 부려도 되는 게 없고 소리치고 방방 뛰어도 되는 게 없습니다.

그러나 죽어도 예수 안에서 죽으면 부활하고 실패해도 다시 일어섭니다. 살든지 죽든지, 성공하든지 실패하든지, 건강하든지 병들든지, 잘살든지 못살든지, 포도나무에 붙어 있어야 합니다. 어떤 경우에도 떨어지면 안 됩니다.

저는 요즘도 가끔씩 오래 전 청년들이 생일 선물로 만들어 준 영상을 보면서 자신을 담금질하곤 합니다. 그것은 두 가지 영상입니다. 하나는 교인들의 얼굴 사진을 모아 제 얼굴을 만든 것이고 하나는 제가 예수님의 손을 잡고 갈릴리 해변을 걷는 영상입니다. 코믹하게 만든 영상이지만 깊은 신학적 의미를 담고 있습니다.

얼굴 영상은 "힘을 한데 모아야 걸작이 된다", "교인이 목사를 만들고 교회를 만든다"라는 메시지를 줍니다. 예수님 손잡고 걷는 영상은 "예수보다 크면 안 된다", "한 순간이라도 예수님 손 놓치면 영적 고아가 되고 미아가 된다"는 깊은 뜻을 줍니다.

예수 떠나면 열매가 없습니다. 열매란 결과를 의미합니다. 남는 게 없고 되는 게 없고 보여줄 게 없다는 뜻입니다.

2. 주 안에 있으면 복을 누리게 됩니다

1) 기도를 이루어 주십니다.

7절을 보면 "너희가 내 안에 거하고 내 말이 너희 안에 거하면 무엇이든지 원하는 대로 구하라 그리하면 이루리라"고 했고, 16절을 보면 "너희 열매가 항상 있게 하여 내 이름으로 아버지께 무엇을 구하든지 다 받게 하려 함이라"고 했습니다. 두 구절은 기도 응답 받는 방법을 밝히고 있습니다.

유대인들은 구약 성경만 믿는 반쪽신앙 민족입니다. 그러나 그 조상들은 대대로 하나님을 섬겼고 말씀(율법)대로 살기 위해 노력했습니다. 그들의 족장들이 뿌린 씨가 자라서 오늘 이스라엘 공동체를 형성했습니다.

노벨상은 1901년에 시작된 세계적인 큰 상입니다. 지금까지 190여 명의 유대인들이 노벨상을 받았습니다. 상의 분야는 다양합니다. 물리, 화학, 의학, 문학, 평화 등 분야별로 수상자를 정해 시상을 합니다. 유대인들은 주로 화학상과 물리학상을 수상했습니다.

유대인들이 노벨상을 받게 된 여러 가지 이유가 있겠지만 그들의 조상인 아브라함이 하나님을 사랑하고 경외하고 순종했기 때문에 복을 받고 있는 것입니다.

창세기 22장 16~18절에서 그 답을 찾을 수 있습니다. 창세기 22장은 아브라함이 외아들 이삭을 하나님께 번제로 바친 기사입니다. "이삭을 번제로 바쳐라." 그대로 했습니다. 그 사건 후에 주신 복이 있습니다.

> "네가 이같이 행하여 네 아들 네 독자도 아끼지 아니하였은즉 내가 네게 큰 복을 주고 네 씨가 크게 번성하여 하늘의 별과 같고 바닷가의 모래와 같게 하리니 네 씨가 그 대적의 성문을 차지하리라

또 네 씨로 말미암아 천하 만민이 복을 받으리니……"

놀라운 복입니다. 땅의 모래는 창성, 융성, 번성을 뜻하고 하늘의 별은 영광과 정신적 번영을 의미합니다. 대적의 성문을 차지한다는 것은 강한 국력과 전쟁 승리를 뜻합니다.

히틀러 나치 정권은 유대인 600만 명을 학살했습니다. 씨를 말리겠다는 만행이었지만 유대인은 그 씨가 없어지지 않았습니다. 작은 나라 작은 민족인 그들이 노벨상을 휩쓸고 있습니다. 이라크, 이란, 요르단, 이집트, 레바논, 시리아, 아랍에미레이트, 팔레스타인 등이 이스라엘을 에워싸고 시도 때도 없이 공격하지만 이스라엘은 싸우면 이깁니다.

그뿐입니까? 아브라함과 다윗의 후손인 예수 그리스도가 태어났습니다. 인류의 구주가 이스라엘에서 탄생한 것입니다. 그 결정적 이유를 창세기 22장 18절이 밝혀줍니다. "이는 네가 나의 말을 준행하였음이니라"고 했습니다. 행위대로 복을 주신 것입니다.

〈월간 목회〉지에 실린 유머가 생각납니다.

사람 피를 빨아 먹다가 두들겨 맞고 피터져 죽은 모기가 천사를 만났습니다. 피터져 죽은 게 너무 억울하고 원통해 천사에게 하소연 했습니다.

"천사님, 사람들이 파리는 죽이지 않고 그냥 손으로 쫓기만 하는데 왜 우리는 피터져 죽게 합니까?"

천사 曰, "야, 이놈아! 파리는 항상 손으로 싹싹 빌고 있잖냐?"

웃어넘길 유머에 불과합니다. 하나님을 인정하고 기도하는 사람,

예수 이름으로 구하는 사람들을 외면하지 않고 들으시고 인정해 주시고 이루어 주신다는 말씀을 믿어야 합니다.

　기도하고 간구해도, 소리치고 금식하고 철야해도 왜 응답이 없습니까? 하나님을 인정하십시오. 믿고 기도하십시오. 우리의 믿음과 기도는 진정성이 있어야 하고 정직해야 합니다.

2) 제자가 되고 친구가 됩니다.

　8절을 보면 "너희가 열매를 많이 맺으면 내 아버지께서 영광을 받으실 것이요 너희는 내 제자가 되리라"고 했고, 14절을 보면 "너희는 내가 명하는 대로 행하면 곧 나의 친구라"고 했습니다.

　제자는 스승의 길을 따르고 가르침대로 사는 사람입니다. 친구는 아끼고 이해하고 사랑하고 울타리가 되어 주고 힘들고 어려울 때 곁에 있어 주는 사람입니다.

　가룟 유다는 예수님의 제자였지만 딴 마음을 품고 스승을 팔아 넘기는 죄를 범했습니다. 결과는 스스로 목매달아 죽는 파멸을 자초했습니다. 그는 제자도 친구도 아니었습니다.

　나는 어떤 제자입니까?

　어떤 친구입니까?

　이름만 제자입니까? 실제로 제자입니까?

　겉모양만 기독교인입니까? 사는 것도 기독교인입니까?

　"너는 내 친구다", "나는 친구를 위해 내 목숨을 버릴 수 있다."

　주님의 말씀입니다.

이사야 41장 8절에서 하나님은 아브라함을 "나의 벗"이라고 했고, 야고보서 2장 23절에서도 아브라함은 "하나님의 벗이었다"고 했습니다.

내 친구 되신 예수님은 나 때문에 이 세상에 오셨습니다. 십자가를 지셨습니다. 오늘도 나를 떠나지 않고 날마다 내 안에 계십니다.

나는 어떻습니까? 주님 안에 머물고 있습니까? 주님과 함께하고 있습니까? '어느 동네에 사느냐? 어떤 집에 사느냐? 직업이 무엇이냐? 연봉이 얼마나 되느냐? 어느 대학을 나왔느냐? 교회 직분이 무엇이냐? 몇 년이나 교회를 드나들었느냐? 얼마나 열심을 다했느냐?' 이런 것들은 이 세상에서는 문제가 될 수 있습니다.

그러나 천국에 들어가서 주님 만났을 때는 아무런 의미도 가치도 없습니다. 중요한 것은 '주님과 함께했는가? 주님을 위해 일하고 살았는가? 나는 주님 안에 있고 주님은 내 안에 계셨는가?' 그것이 중요합니다.

일본 요리 경력 35년 된 안효주 씨가 한 말이 떠오릅니다. 그는 조리 중 자주 손을 씻는다고 했습니다. 이유는 사람이 먹는 음식을 만드는 손이 깨끗해야 되기 때문이랍니다. 그는 "마음가짐이 깨끗해야 깨끗한 음식이 나온다. 마음가짐이 지저분하면 지저분한 음식이 나온다"라고 했습니다. 깊이 새겨 둘 말입니다.

자신은 믿음이 좋고 성경대로 산다고 생각하는 사람이 있었습니다. 그는 매일 아침마다 성경을 펴고 눈에 띄는 구절을 오늘 주시는 말씀으로 받고 그대로 실천하겠다는 사람이었습니다. 어느 날 아침 성경을 폈습니다. 마태복음 27장 5절이 눈에 확 들어왔습니다.

"가롯 유다가 스스로 목매달아 죽으니라."

그는 깜짝 놀랐습니다. 이건 아니다 싶어 다른 말씀을 찾아 폈습니다. 누가복음 10장 37절이 눈에 들어왔습니다.

"가서 너도 이와 같이하라."

그는 기가 막혔습니다. 이번엔 '구약에서 좋은 말씀을 찾아야지'라며 구약을 폈습니다.

열왕기상 18장 21절이 눈에 들어왔습니다.

"어느 때까지 머뭇머뭇하려느냐?"

이 유머는 강남 모교회 목사님이 설교에 인용한 것인데 제가 각색을 했습니다. 우리는 자칫 잘못하면 잘 믿는 척, 의로운 척, 깨끗한 척, 정당한 척 자신을 포장하고 과시할 때가 있습니다. 그러나 그것은 믿음도 열매도 아닙니다.

3. 주님이 내 안에, 내가 주님 안에 있으면 어떤 현상이 일어납니까?

1) 기쁨이 충만해집니다.

11절을 보면 "내 기쁨이 너희 안에 있어 너희 기쁨을 충만하게 하려 함이라"고 했습니다. "내 기쁨"이란 주님이 가지고 계시는 기쁨, 영원한 기쁨, 독특한 기쁨을 말합니다.

주경가 웨스트콧(Westcott)은 "그리스도의 기쁨은 절대적이다. 그러나 성도의 기쁨은 진행형이고 진보적이다"라고 했습니다.

사람은 눈물샘이 터지면 한없이 울고 웃음보가 터지면 시도 때도 장소도 가리지 않고 웃음을 터트립니다.

　주 내 안에, 나 주 안에 있으면 기쁩니다. 슬픔도 아픔도 고통도 실패도 이길 힘을 주시기 때문입니다.

　우리에겐 육체적 아픔도 있고 정신적 고통도 있고 영적 갈등도 있습니다. 그러나 주님 때문에 이기고 기뻐할 수 있게 됩니다. 주님이 함께하시기 때문입니다.

2) 사랑하게 됩니다.

17절을 보면 "내가 이것을 너희에게 명함은 너희로 서로 사랑하게 하려 함이라"고 했습니다.

　우리 시대는 증오, 분노, 시기, 질투, 다툼, 경쟁 대립으로 뒤엉켜 있습니다. 자동차 운전사도 싸우고 아파트 위 아래층도 싸우고 가족끼리도 싸우고 때리고 죽이고……세상이 무서워졌습니다. 교회도 거칠어졌습니다. 사랑은 사라지고 분쟁이 춤추고 있습니다.

　가수 장윤정이 "당신이 원하신다면"이라는 노래를 불렀다고 합니다. 사랑하는 남편이 아내에게 바치는 노래랍니다.

> 당신이 원하신다면 저 하늘의 별을 따다 바치오리다
> 저 하늘의 달을 따다 바치오리다

그런데 사랑이 식으면 "내가 미쳤냐? 목숨 걸고 별을 따게? 니가 알아서 따라"로 바뀐답니다. 그러나 하나님의 사랑은 변하지 않습니다.

영원합니다.

서로 용서합시다. 변하지 말고 서로서로 사랑합시다.

3) 주님의 뜻을 따르게 됩니다.

주님이 내 안에 계시면 내 맘대로 못합니다. 주님이 나의 주인이 되시기 때문에 주님 뜻을 따르지 않을 수 없습니다. 내 생각, 내 주견, 내 고집, 내 사상, 내 경험, 내 지위, 내 학벌이 무의미해집니다. 그런 것들은 예수보다 더 소중하지 않기 때문입니다.

내 맘대로 내 뜻대로 살다가 넘어지는 사람들이 많습니다. 그러나 주님 뜻을 깨닫고 따르면 새로운 인생의 지평이 열립니다. 주님이 내 안에 계시면, 주님이 내 인생을 운전하시고 통제하시고 길을 만들어 주십니다.

'내 맘대로 살 것인가? 내 뜻대로 살 것인가?' 아니면 '주님께 인생과 삶을 맡길 것인가?' 선택은 내 몫입니다.

주님과 함께!

주님을 위하여!

주님 때문에!

위기 해법

이사야 37장 1-7절

히스기야 왕이 듣고 자기의 옷을 찢고 굵은 베 옷을 입고 여호와의 전으로 갔고 왕궁 맡은 자 엘리아김과 서기관 셉나와 제사장 중 어른들도 굵은 베 옷을 입으니라 왕이 그들을 아모스의 아들 선지자 이사야에게로 보내매 그들이 이사야에게 이르되 히스기야의 말씀에 오늘은 환난과 책벌과 능욕의 날이라 아이를 낳으려 하나 해산할 힘이 없음 같도다 당신의 하나님 여호와께서 랍사게의 말을 들으셨을 것이라 그가 그의 상전 앗수르 왕의 보냄을 받고 살아 계시는 하나님을 훼방하였은즉 당신의 하나님 여호와께서 혹시 그 말로 말미암아 견책하실까 하노라 그런즉 바라건대 당신은 이 남아 있는 자를 위하여 기도하라 하시더이다 하니라 그리하여 히스기야 왕의 신하들이 이사야에게 나아가매 이사야가 그들에게 이르되 너희는 너희 주에게 이렇게 말하라 여호와께서 이같이 말씀하시되 너희가 들은 바 앗수르 왕의 종들이 나를 능욕한 말로 말미암아 두려워하지 말라 보라 내가 영을 그의 속에 두리니 그가 소문을 듣고 그의 고국으로 돌아갈 것이며 또 내가 그를 그의 고국에서 칼에 죽게 하리라 하셨느니라 하니라

히스기야 왕은 남왕국 유다의 제13대 왕이었습니다. 부왕의 뒤를 이어 25세에 왕이 되었고 29년간 나라를 다스렸습니다. 그는 다윗 왕

다음으로 백성들이 존경하고 사랑하는 왕이었습니다. 이유는 나라를 바르게 다스렸고 타락한 종교를 개혁하고 바로잡았기 때문입니다.

역대하 29장을 보면 그는 비가 새고 잡초가 우거진 성전을 수리했습니다. 365일 내내 닫혀 있던 성전 문을 열었습니다. 그리고 딴 짓만 하고 있는 제사장들과 레위인을 모이게 하고 제사 임무와 성전 봉사 일을 다시 시작하게 했습니다.

제사장과 레위인은 당시 백성을 이끄는 지도그룹이었습니다. 그들이 하는 일은 하나님께 때를 따라 제사를 드리고 성전을 지키고 보수하고 섬기는 일이었습니다. 그런데 그들은 하나님을 버리고 얼굴을 돌려 세상을 바라보고 성소를 등지고 성전 출입문을 닫고 매일 밝혀야 하는 등불을 끄고 성소에서 분향하지 않고 딴짓하는 데 정신을 쏟고 있었습니다. 백성도 따라서 그랬습니다. 이것은 절대로 있어선 안 될 타락이었고 퇴보였습니다.

역대하 29장 8절을 보면 "여호와께서 유다와 예루살렘에 진노하시고 내버리사 두려움과 놀람과 비웃음거리가 되게 하신 것을 너희가 똑똑히 보는 바라"고 했습니다. 지도자들의 타락과 방종을 내버려두지 않으시고 진노의 채찍을 들었다는 것입니다. 우리 경우는 어떻습니까? 세상 재미에 빠져 있진 않습니까? 교회를 등지고 있진 않습니까? 기도하던 그 자리에 먼지가 푹석거리진 않습니까? 성전 불을 끄진 않았습니까? 양심의 등불, 진리의 등불은 꺼지지 않았습니까? 기도의 문, 찬송의 문, 전도의 문을 걸어 잠그진 않았습니까?

여러분! 본연의 자리로 돌아갑시다. 빨리 회복합시다. 내가 할 일이 무엇인가를 되찾읍시다. 히스기야 왕에 관한 기사는 열왕기하 18~20장과 역대하 29~32장 그리고 이사야 36~39장에 기록되어 있습니다. 그의 업적과 중요성 때문에 세 군데 기록되어 있는 것입니다.

히스기야는 성공한 왕입니다. 25세에 왕이 되었습니다. 그는 신앙인으로서도 성공한 사람입니다. 백성의 존경받는 지도자로서도 성공자입니다. 그런 그에게 위기가 왔습니다.

위기는 누구에게나 있습니다. 위기는 어디나 있습니다. 위기는 언제나 있습니다. 누구나 성공할 수 있습니다. 그러나 누구나 그 자리를 지키는 것은 쉽지 않습니다. 누구나 성공하고 싶어합니다. 그러나 누구나 성공하는 것은 아닙니다. 누구나 성공할 수 있고 누구나 실패할 수 있습니다. 문제는 성공과 실패를 어떻게 다루느냐, 갈무리하느냐에 달려 있습니다.

히스기야는 두 가지 절체절명의 위기를 겪어야 했습니다. 그리고 해결했습니다.

1. 국가적 위기입니다

히스기야 왕이 나라를 다스린 지 14년 되는 해 앗수르국 산헤립 왕이 군사 18만 5천 명을 이끌고 유대 나라를 침공했습니다. 예루살렘 성을 포위하고 포위망을 좁히고 있었습니다. 예루살렘 출입통로를 차단하고 보급로를 막아버린 채 협박을 계속했습니다. 타락한 유대 민족은 하나님을 향한 통로를 차단하고 성전 문을 닫고 등불을 끄고

위기 해법 145

예배를 멀리했습니다. 그런데 이제는 산헤립이 통로를 막고 보급로를 차단하고 있습니다.

우린 여기서 어떤 교훈을 발견해야 합니까? 성전 불을 끄고 성전 문을 닫고 하나님을 떠나면 산헤립이 쳐들어옵니다. 이 길도 막히고 저 길도 막히고, 이 일도 안 되고 저 일도 안 되게 합니다. 국가도 교회도 가정도 회사도 직장도 기업도 위기가 옵니다. 산헤립이 쳐들어옵니다.

히스기야는 풍전등화와 같은 국가 멸망의 위기를 어떻게 극복했습니까?

산헤립은 랍사게라는 사신을 보내 히스기야를 협박하고 하나님을 훼방했습니다. "히스기야는 산 송장이다. 너는 국가를 지키거나 구할 능력이 없다. 너는 산헤립의 밥이다. 너희들이 믿는 신은 무용지물이다. 아무런 힘도 없다. 너희를 구해내지 못한다"라며 협박했습니다.

이때 히스기야는 성전으로 올라갔습니다. 그리고 기도의 무릎을 꿇었습니다.

"하나님, 랍사게가 던진 말 들으셨습니까? 살려 주십시오. 구원해 주십시오. 하나님이 세우신 이 나라를 구원해 주십시오"라고 소리치며 기도했습니다.

또다시 산헤립 왕은 랍사게를 시켜 협박편지를 보냈습니다. "최후 통첩을 보낸다. 헛수고하지 말고 항복해라. 네 운명은 끝났다. 네 나라도 끝났다. 내가 너를 죽이고 네 나라를 멸망시키기 전에 항복하라"는 내용의 편지였습니다. 히스기야는 다시 그 편지를 들고 성전으로 올라갔습니다. 그리고 그 편지를 하나님 앞에 펴놓고 통곡하며 기도했습니다. 그가 드린 기도의 골자는 "우리를 그의 손에서 구원하소서"(사 37:20)입니다.

그 결과가 중요합니다. 37장 36절을 보면 "여호와의 사자가 18만 5천을 쳤다"고 했습니다. 하룻밤 사이에 18만 5천 명이 송장이 된 것입니다. 사람은 하지 못합니다. 누가 무슨 힘으로 그 일을 합니까? 그 어떤 나라도 못합니다. 그런데 하나님은 하셨습니다. 산헤립은 귀국 후 신전에서 참배하다가 두 아들에게 암살당했습니다.

해법은 간단합니다. 그러나 아무나 하지 못합니다. 기도가 해법인데 사람들은 안 합니다. 하나님이 해법인데 사람들은 하나님을 찾지 않습니다. 다른 데서 해법을 찾고 있습니다. 국가도 한국교회도 가정도 바른 해법이 무엇인가를 찾아야 합니다. 다른 방법 찾아다니고 이곳저곳 헤매다 큰일 납니다. 해법이 있습니다.

2. 개인적 위기입니다

히스기야가 죽을병에 걸렸습니다. 병명은 나와 있지 않지만 이사야 38장 1절은 "히스기야가 병들어 죽게 되었다"고 했고 "유언하라, 너는 살지 못한다"고 했습니다. 우린 여기서 왕도 병들고, 기도하는 사람도 병들고, 좋은 일 많이 한 사람도 죽을병이 든다는 사실을 보게 됩니다. 다시 말하면 예외자가 없다는 것입니다.

히스기야는 어떻게 했습니까? 38장 2절을 보면 "히스기야가 얼굴을 벽으로 향하고 여호와께 기도했다"고 했습니다. 주경가들은 그 벽을 절망의 벽, 좌절의 벽, 죽음의 벽이었다고 해석합니다. 그는 그 벽 너머에 살아계시는 하나님을 바라본 것입니다.

여러분!

나의 절망이 하나님의 절망은 아닙니다.

나의 포기가 하나님의 포기는 아닙니다.

내 죽음이 하나님의 죽음은 아닙니다.

내 실패가 하나님의 실패는 아닙니다.

사람이 만든 벽이 하나님의 벽은 아닙니다.

의약용어 가운데 플라세보(placebo) 효과라는 것이 있습니다. 밀가루를 환자에게 특효약이라고 하며 줍니다. 환자는 그대로 믿고 밀가루를 복용합니다. 그런데 치료 효과가 나타난다는 것이 플라세보 효과입니다.

히스기야는 하나님을 절대적으로, 전폭적으로 믿었습니다. 하나님이 나를 고치시고 살려주신다는 것을 믿었습니다. 플라세보 효과는 심리적 기전이지만 믿음은 하나님을 향한 신뢰이며 고백입니다.

죽음을 앞에 놓고 히스기야가 선택한 해법은 하나님을 찾고 부르고 바라본 것입니다. 히스기야의 해법은 간단하고 명료하고 확실합니다. 우리는 내 힘으로 해결하지 못하는 문제들을 산더미처럼 가지고 있습니다. 우리는 히스기야의 해법을 내 것으로 선택해야 합니다. 그는 통곡했습니다. 왕, 최고 권력자, 최고 통치자라는 체면의 옷을 벗고 내려 놓았습니다.

그리고 살려달라고 소리치고 외쳤습니다. 울며 부르짖었습니다.

그 결과를 살펴보겠습니다. 이사야 38장 5절을 보면 "내가 네 기도를 들었다. 네 눈물을 보았다"고 했습니다. 그리고 "죽지 않고 15년을 더 살게 해주겠다. 네 나라를 보호해 주겠다"고 약속하셨습니다. 하나님은 소리쳐 부르고 통곡하는 눈물을 기뻐하십니다. 시편 50편 15절은 "환난 날에 나를 부르라 내가 너를 건지리니 네가 나를 영화롭게 하리로다"라고 했습니다.

히스기야의 해법이 내 해법이 되게 합시다. 우리를 살리시고 구원하시는 하나님의 방법이 있습니다.

이사야 53장 5절을 보면 "그가 찔림은 우리의 허물 때문이요 그가 상함은 우리의 죄악 때문이라 그가 징계를 받으므로 우리는 평화를 누리고 그가 채찍에 맞으므로 우리는 나음을 받았도다"라고 했습니다.

예수님이 우리의 죄와 허물과 잘못과 질병과 고통과 절망을 해결해 주시기 위해 채찍에 맞고 창에 찔리고 십자가에 못 박혀 죽으셨다는 것입니다. 이것이 하나님의 해법입니다.

예수님의 심장은 강심장이어서 억울하고 속상하고 분통터져도 맥박이 빨라지거나 숨이 차지도 않고 아프지 않았을까요? 예수님의 육체는 강철이어서 찢겨도 아프지 않고 못 박아도 감각이 없고 창으로 찔러도 피가 솟구치지 않았을까요? 아닙니다. 그렇지 않습니다. 예수님의 심장도 내 심장과 똑같습니다. 그래서 쓰리고 아프고 터질 것 같습니다. 예수님의 육체도 내 몸뚱이와 같습니다. 그래서 아팠습니다. 머리에 가시관 쓰셨을 때, 손과 발에 대못 박을 때, 창으로 옆구리 찌를 때 아팠습니다. 못 견디게 아팠습니다. 그런데 나 때문에 다 참으셨습니다. 십자가가 예수님의 해법입니다.

한 중년여성이 심장마비로 응급실에 실려 갔습니다. 죽음의 문턱에서 하나님께 물었습니다.

"하나님, 제가 죽을 때가 됐나요?"

하나님이 대답하셨습니다.

"아니다, 아직 40년은 더 산다. 걱정하지 말거라."

그녀는 남은 40년을 멋지게 살기로 결심하고 퇴원하기 전에 성형수술, 양악 수술, 가슴 수술, 쌍꺼풀 수술, 지방 흡입 수술 등 할 수 있는 수술을 다 받고 전혀 딴사람이 되어 퇴원했습니다. 아직 살아갈 날이 45년이나 남았으니까 젊게 살아야 된다며 큰돈을 쓰고 얼굴도 고치고 몸도 고쳤습니다. 그런데 퇴원하는 날 교통사고로 죽었습니다. 하나님을 만난 그녀가 따져 물었습니다.

"40년이나 남았다고 하셨잖아요? 왜 저를 살리지 않으셨나요?"

하나님이 대답하셨습니다.

"못 알아봤다. 돈 처들이고 성형을 해가지고……누가 성형하랬어?"

누군가 만든 유머입니다. 특별한 뜻을 둘 필요는 없는 이야기입니다. 그러나 "못 알아봤다"라는 그 대목이 목에 걸립니다. "왜 그렇게 살았니? 왜 그 짓을 했니? 왜 그렇게 믿었니? 내가 너를 모른다. 못 알아보겠다"라고 하는 음성을 듣게 된다면……어떻게 될까요?

해법은 있습니다. 예수님의 십자가는 죄를 해결하고 죽음을 해결하고 질병을 해결해 줍니다. 내가 할 일이 있습니다. 그 사실을 믿고 부르짖고 외쳐 기도하는 것입니다. "주님, 사랑합니다. 주님, 믿습니다. 고쳐 주십시오. 살려 주십시오. 해결해 주십시오. 풀어 주십시오. 열어 주십시오"라고 기도합시다. 내 눈물을 보여드립시다.

해법은 있습니다. 예수가 해법입니다. 아멘!

행복한 동행

창세기 5장 18-32절

야렛은 백육십이 세에 에녹을 낳았고 에녹을 낳은 후 팔백 년을 지내며 자녀들을 낳았으며 그는 구백육십이 세를 살고 죽었더라 에녹은 육십오 세에 므두셀라를 낳았고 므두셀라를 낳은 후 삼백 년을 하나님과 동행하며 자녀들을 낳았으며 그는 삼백육십오 세를 살았더라 에녹이 하나님과 동행하더니 하나님이 그를 데려가시므로 세상에 있지 아니하였더라 므두셀라는 백팔십칠 세에 라멕을 낳았고 라멕을 낳은 후 칠백팔십이 년을 지내며 자녀를 낳았으며 그는 구백육십구 세를 살고 죽었더라 라멕은 백팔십이 세에 아들을 낳고 이름을 노아라 하여 이르되 여호와께서 땅을 저주하시므로 수고롭게 일하는 우리를 이 아들이 안위하리라 하였더라 라멕은 노아를 낳은 후 오백구십오 년을 지내며 자녀들을 낳았으며 그는 칠백칠십칠 세를 살고 죽었더라 노아는 오백 세 된 후에 셈과 함과 야벳을 낳았더라

창세기 5장은 다른 장들에 비해 특이한 기사로 구성되어 있습니다. 그 내용은 아담의 후손들이 누구였으며 누구를 낳았으며 얼마 동안 살았는가를 밝히고 있습니다.

1. 5장의 특징을 살펴보겠습니다

1) 장수했습니다.

아담은 930세, 셋은 912세, 에노스는 905세, 게난은 910세, 마할랄렐은 895세, 야렛은 962세를 살았고 므두셀라는 969세로 최장수 기록을 세웠습니다. 라멕은 777세를 살았고, 노아는 950세를 살았습니다.

평균 수명이 900세를 넘고 있습니다. 어떻게 이런 일이 가능했을까요? 주경가들은 그 원인을 3가지로 해석합니다.

① 본래 영생하는 존재로 피조되었기 때문이다.
② 경건 생활을 했기 때문이다.
③ 먹는 것과 마시는 것의 환경 영향 때문이다.

일본의 장수 마을이 오키나와에 있습니다. 장수 원인은 공기, 물, 음식(생선채소) 환경 때문이라고 합니다.

현대인의 수명도 점점 늘어나 고령화되고 있지만 900세에는 미칠 수 없습니다.

2) 자녀를 낳았습니다.

아담은 130세에 셋을 낳고 셋은 105세에 에노스를, 에노스는 90세에 게난을, 야렛은 162세에 에녹을, 므두셀라는 187세에 라멕을 낳고, 노아는 500세 된 후에 셈, 함, 야벳을 낳았습니다. 이것도 놀라운 일입니다. 장수도 놀랍지만 187세, 500세에 자녀를 낳을 수 있다는 것도 놀랍고 특이합니다.

3) 죽었습니다.

오래 살고 자식 낳고 그러나 "죽었더라"로 끝납니다. 인간은 다 죽습니다. 믿음 좋은 모세도, 다윗도, 바울도 죽었습니다. 세상을 뒤흔든 칭기스칸도 나폴레옹도 알렉산더도 죽었습니다. 히틀러도 스탈린도 죽었습니다. 천재도, 부자도, 농부도 다 죽었습니다. 나도 가고 여러분도 갑니다. 예외자가 없습니다.

창세기 2장 7절을 보면 "여호와 하나님이 땅의 흙으로 사람을 지으시고 생기를 그 코에 불어 넣으시니 사람이 생령이 된지라"고 했습니다.

생기를 주시고 생명을 주시고 영혼을 주시는 분은 하나님입니다.

그러므로 하나님이 주인이십니다. 그 하나님이 "오너라" 부르시는데 "아니오, 안 가요, 못 가요" 할 사람이 누굽니까?

"못 간다고 전해라!" 어림도 없습니다.

이애란이 부른 100세 인생을 작곡한 사람은 김종완 씨랍니다.

그는 장례식장에서 슬프게 죽어간 사람의 죽음을 보고 그 곡을 만들었다고 합니다.

"못 간다고 전해라"라고 노래한다고 안 갑니까? 못 갑니까? 언제일지 모르지만 다 가는 인생입니다. 뜻있게, 가치있게, 보람되게 살아야 합니다.

4) 죽지 않고 승천한 사람이 있습니다.

창세기 5장 21-22절을 보면, 에녹은 65세에 므두셀라를 낳았고 므두셀라를 낳은 후 300년을 하나님과 동행하더니 하나님이 그를 데려가시므로 세상에 있지 아니하였다고 했습니다.

히브리서 11장 5절도 에녹을 언급하고 있습니다.

"믿음으로 에녹은 죽음을 보지 않고 옮겨졌으니 하나님이 그를 옮기심으로 다시 보이지 아니하였느니라 그는 옮겨지기 전에 하나님을 기쁘시게 하는 자라 하는 증거를 받았느니라"

창세기는 하나님이 그를 데려가셨다고 했고 히브리서는 하나님이 그를 옮기셨다고 했습니다. 두 구절을 묶으면 하나님이 에녹을 영원한 나라로 데려가기 위해 옮기셨다는 뜻이 됩니다.

주소도 집도 사람도 다 옮기신 것입니다.

900년을 살아도 세상을 떠났고 죽었는데 왜 에녹만 옮기시고 데려가셨을까요?

창세기 5장 24절을 보면 "에녹이 하나님과 동행하더니"라고 했고, 히브리서 11장 5절을 보면 "그는 옮겨지기 전에 하나님을 기쁘시게 하는 자라 하는 증거를 받았느니라"고 했습니다. 그러면서 11장 6절은 "믿음이 없이는 하나님을 기쁘시게 하지 못한다"고 했습니다.

에녹이 죽지 않고 들림 받은 것은 그만한 이유가 있었기 때문입니다. 그것은 300년 동안 하나님과 동행하면서 기쁘시게 해드렸기 때문입니다.

창세기 5장 22절을 보면 "므두셀라를 낳은 후 300년을 하나님과 동행하며 자녀들을 낳았으며"라고 했습니다.

억지로 동행하는 척할 수 있습니다. 잘 믿는 척, 경건한 척, 꾸밀 순 있습니다. 그러나 기쁘시게 해드리긴 어렵습니다. 잠깐 한두 시간 하루나 이틀 정도 주님과 함께하고 동행할 수 있습니다. 그리고 한두 차례 기쁘게, 기분 좋게 해드릴 수 있습니다. 그러나 300년을 하나님과 함께하면서 기쁘시게 해드린다는 것은 불가능합니다. 거기다 에녹은 아내와 자녀들이 함께 사는 가정을 이루고 있었습니다.

가족은 행복의 조건입니다. 그러나 때론 굴레가 되기도 합니다. 같은 집사인데 남편의 반대로 십일조를 드리지 못하는 아내도 있고, 아내의 반대로 십일조도 드리지 못하고 특별감사 헌금도 못하는 사람이 있습니다.

가족은 잘하면 함께하는 동행자가 될 수도 있고 길을 막고 신앙을 흔드는 걸림돌이 될 수도 있습니다.

가족 구성의 기본은 부부입니다. 하나님이 태초에 아담과 하와, 남편과 아내를 만드셨기 때문입니다.

가장 길게, 오래 함께 얼굴을 마주 바라보고 사는 관계는 부부입니다. 그래서 부부는 관계가 튼튼하고 건강해야 합니다. 금이 가고 틈이 벌어지고 상한 감정의 골이 깊어지면 서로가 불행해집니다.

80세 된 노부부가 함께 사는 집은 적막강산이랍니다. 자식들은 다 나가고 건강은 나빠지고 사는 것도 힘들고 그래서 집안이 적막강산이 된답니다.

그러다가 아내가 먼저 죽고 나면 막막강산이 된답니다. 마음도 몸도 집안 분위기도 텅 비고 허망하고 막막해져 막막강산이 된답니다. 반대로 할아버지(남편)가 죽고 할머니만 남게 되면 금수강산이 된답니다.

적막강산이든 막막강산이든 금수강산이든 부부도 헤어지고 먼저 가고 뒤따라 갑니다.

다시 말하면 영원한 반려자도 아니고 배필도 아니고 동행자도 아니라는 것입니다. 그런데 하루이틀도 아니고 300년간 하나님과 동행하고 즐겁고 기쁘고 기분 좋게 해드린 에녹의 삶은 너무나 큰 감동이 아닐 수 없습니다.

하나님과 동행하고 함께 산다는 것은 바람직하고 귀한 일입니다.

그러나 그 반대 상황도 있을 수 있습니다. 예를 들겠습니다.

어느 날 주님이 전화를 걸어오셨습니다.

"아무개야, 내가 2월 1일부터 10년간 네 집에 함께 살고 싶다."

"너무 좋지요. 그렇게 하시지요. 대환영입니다."

"그런데 조건이 있다. 네 집 안방도 화장실도 나 혼자 써야 된다. 침대는 킹 사이즈라야 되고 TV는 100인치 대형이라야 된다. 침대 시트는 매일 갈아줘야 되고 하루 세 끼 한식이라야 한다. 메뉴는 매 끼 달라야 하고 더운 밥과 국이 빠지면 안 된다. 매일 아침 저녁으로 나와 함께 가정예배를 드려야 하고 주일은 교회에 함께 가야 한다. 부부가 싸워도 안 되고 애들한테 소리 질러도 안 된다. 그대신 내가 복을 주고 지켜주겠다."

이 조건에 "할렐루야 아멘" 할 사람 손들어 보십시오! 결코 쉽지 않은 일을 에녹은 한 것입니다.

마태복음 26장 33절을 보면 베드로의 장담이 나옵니다.

"모두 주를 버릴지라도 나는 결코 버리지 않겠나이다."

35절에서는 "내가 주와 함께 죽을지언정 주를 부인하지 않겠나이다"라고 했습니다.

누가복음 22장 33절을 보면 "주여, 내가 주와 함께 옥에도, 죽는 데에도 가기를 각오하였나이다"라고 했습니다. 이것은 베드로의 진심이었고 소원이었을 것입니다. 그러나 그렇게 못하리라는 것을 주님은 이미 알고 계셨습니다.

그래서 누가복음 22장 34절을 보면 "베드로야 내가 네게 말하노니 오늘 닭 울기 전에 네가 세 번 나를 모른다고 부인하리라"고 말씀하셨습니다.

아니나다를까? 마가복음 14장 66~72절과 누가복음 22장 54~62절을 종합하면 "무슨 말 하는거야, 나는 예수 몰라", "나는 예수 제자가 아니야, 헛소리하지 마", "예수? 그런 이름 들어보지도 못했어, 내 손에 장을 지질게, 나는 그런 사람 얼굴도 이름도 몰라"라며 세 번씩이나 부인했습니다. 내 모습은 어떻습니까?

나는 시도때도 안 가리고 예수님을 부인하고 있습니다. 직장에서 일터에서 동네에서 사람 앞에서 주님을 말로 부인하고 행동으로 부인했습니다. 그 수를 셀 수가 없습니다.

주님을 세 번씩 부인했던 그 베드로는 바로 나입니다. 내가 박베드로이고 김베드로이고 이베드로입니다.

"주님, 잘못했습니다. 제아무리 어렵고 힘들어도 누가 나를 죽인다 해도 주님을 다시는 부인하지 않겠습니다"라고 회개하고 고백해야 합니다.

흔히 일본의 장수마을이 오키나와라고 알고 있습니다만 더 오래 사는 장수마을이 있다고 합니다. 그곳은 이키타라는 곳이랍니다. 오키나와와 비슷한 환경 조건을 갖추고 있지만 한 가지 다른 점은 가족들이 함께 사는 것이랍니다. 가족이 대가족을 이루고 함께 살고 있기 때문에 오키나와보다 더 오래 사는 곳으로 소문이 나 있다고 합니다.

사람과 사람이 만나 정을 나누고 친구를 사귀고 함께 살면 건강도 좋아지고 장수한다는 원리를 깊이 따져 보아야 합니다.

남자들은 친구 사귀기가 어렵다고 합니다. 은퇴 전 고위직이나 공직에 있던 사람들은 내가 누군데 하는 자존심 때문에 자기를 드러내려 하지도 않고 쉽게 말을 트고 사귀지 못합니다.

거기 비해 여자들은 쉽게 사귑니다. 찜질방에서 처음 만나도 금방 친해지고 말을 트고, 시장에서 만나도 슈퍼에서 만나도 쉽게 사귀고 친해집니다.

주님을 만납시다. 친해집시다. 멀리하지 맙시다.

베드로가 부인할 것을 주님은 미리 알고 계셨습니다. 약점, 허점, 결점 다 아십니다. 내가 누구인지 얼마나 허풍쟁이이며 나약한 존재인가를 다 알고 계십니다. 그래서 먼저 손 내미시고 함께해 주겠다고 약속하셨습니다.

이사야 43장 2절을 보면 "네가 물 가운데로 지날 때에 내가 너와 함께 할 것이라 강을 건널 때에 물이 너를 침몰하지 못할 것이며 네가 불 가운데로 지날 때에 타지도 아니할 것이요 불꽃이 너를 사르지도 못하리니"라고 했습니다.

마태복음 28장 20절도 주목해야 합니다. "내가 세상 끝날까지 너희와 항상 함께 있으리라"고 했습니다.

이것이 은혜입니다. 사랑입니다. 주님은 우리의 영원한 동행자이십니다. 주님과 함께 일하고 살고 걷는 사람은 행복한 사람입니다.

주 예수 그리스도는 영원한 동행자이시고 행복한 동행자이십니다.

2. 에녹 사건은 우리에게 두 가지 교훈을 줍니다

첫째, 장차 우리가 휴거(들림 받음)될 것을 그림자로 보여 준 것입니다. 에녹이 죽지 않고 승천한 것은 그리스도인들이 주님이 재림하실 때 다함께 신령한 몸으로 부활하고 들림 받게 될 것을 예표로 보여 주신 것입니다.

둘째, 영생을 그림자로 보여 주신 것입니다. 에녹은 300년을 하나님과 동행하고 가장 노릇 다하고 하나님 기분 좋게 해드리다가 죽지 않고 자리를 옮겨 하나님이 데려가셨습니다.

우리도 장차 영원한 천국에 들어가 에녹처럼 영원히 그리고 또 영원히 살게 됩니다.

우리는 이 두 가지 교훈을 에녹 사건을 통해 발견할 수 있습니다.

날마다 주님과 동행하는 것이 마냥 쉬운 일은 아닙니다. 내 감정을 누르고 손해도 보고 불이익도 당하고 자존심도 꺾고 참고 견뎌야 할 때도 있을 것입니다. 그러나 참고 견디고 주님과 동행하면 기쁨도 천 배, 은혜도 만 배, 행복도 억만 배가 된다는 진리를 내 것으로 붙잡읍시다.

1850년대 시크 왕이 영국 여왕에게 100캐럿짜리 다이아몬드를 전리품으로 진상했는데 시가가 1800억이랍니다. 그런데 인도와 파키스탄이 나서서 그 다이아몬드를 반환하라는 소송을 제기했다고 합니다. 그 다이아몬드는 영국 여왕 왕관에 박혀 있는데 '코이누르'라는 이름의 보석이랍니다.

1800억? 엄청납니다. 그러나 우리에겐 그런 것과는 비교할 수 없는 가장 크고 값진 보석이 있습니다. 그것은 하나님과의 행복한 동행! 영원한 동행입니다.

국가도 기업도 가정도 교회도 그리고 나도 너도 주님과 동행하면 평안하고 행복합니다. 믿고 따르고 순종하면 됩니다.

가는 길이 평탄하고 순탄합니다. 홀로 외롭게 가지 맙시다. 고독하고 거친 인생길 주님과 함께 갑시다.

그 이름! 행복한 동행자! 아멘.

하나님 품

🌿 **이사야 40장 6-11절**

말하는 자의 소리여 이르되 외치라 대답하되 내가 무엇이라 외치리이까 하니 이르되 모든 육체는 풀이요 그의 모든 아름다움은 들의 꽃과 같으니 풀은 마르고 꽃이 시듦은 여호와의 기운이 그 위에 붊이라 이 백성은 실로 풀이로다 풀은 마르고 꽃은 시드나 우리 하나님의 말씀은 영원히 서리라 하라 아름다운 소식을 시온에 전하는 자여 너는 높은 산에 오르라 아름다운 소식을 예루살렘에 전하는 자여 너는 힘써 소리를 높이라 두려워하지 말고 소리를 높여 유다의 성읍들에게 이르기를 너희의 하나님을 보라 하라 보라 주 여호와께서 장차 강한 자로 임하실 것이요 친히 그의 팔로 다스리실 것이라 보라 상급이 그에게 있고 보응이 그의 앞에 있으며 그는 목자 같이 양 떼를 먹이시며 어린 양을 그 팔로 모아 품에 안으시며 젖먹이는 암컷들을 온순히 인도하시리로다

이사야 40장은 두 가지 주제를 다루고 있습니다. 그것은 "인간은 어떤 존재인가?"와 "하나님은 어떤 분이신가?"입니다. "인간이 무엇인가?" 이것은 철학의 과제이고, "하나님이 누구신가?" 이것은 신학의 주제입니다.

1. 인간은 어떤 존재입니까?

　40장 6절은 들풀, 들꽃이라고 했고 풀이나 들꽃은 곧 시들고 마른다고 했습니다. 40장 22절에서는 메뚜기라고 했습니다. 봄이면 움이 돋고 여름이면 푸르게 우거지고 가을에는 시들고 겨울엔 마르는 것이 들풀이고 들꽃입니다. 메뚜기도 여름 한철 팔딱거리다가 가을이 지나면서 자취를 감춥니다. 인생도 들풀처럼 시들고 마릅니다. 메뚜기처럼 이곳저곳 뛰어다니다 사라집니다. 들풀도, 메뚜기도, 인생도 잠깐입니다. 천년만년 그 동네 그 집에 사는 것이 아닙니다.

　중국을 통일하고 진나라를 세운 진시황제는 최고의 부와 영화를 누린 왕이었습니다. 만리장성을 쌓았고 매일 수만 명이 모여 잔치를 베풀었고 500명 젊은이들을 동원해 불로초를 구하도록 했습니다. 최상의 산해진미, 보약, 양약 다 먹었습니다. 그러나 그는 50세를 넘기지 못하고 죽었습니다. 한 떨기 들꽃이었습니다.

　《무기여 잘 있거라》,《누구를 위하여 좋은 울리나》,《노인과 바다》등 세계적 명소설을 쓴 헤밍웨이는 노벨문학상을 수상하기도 했습니다. 그러나 그는 1953년 자살했습니다. 그가 자살한 이유는 "고독하다"였습니다. 그도 한 떨기 들꽃이었습니다.

　영국 여왕도 부러워했다는 여자가 있었습니다. 그는 여배우 마릴린 먼로입니다. 돈, 인기, 건강, 아름다움 모든 것을 다 갖춘 여배우였습니다. 그런데 그녀는 불면증으로 매일 밤을 뜬눈으로 지새다 자살했습니다. 그녀가 남긴 마지막 말은 "외롭다, 고독하다"였습니다. 그녀

역시 한 떨기 들꽃이었습니다.

곤충연구가 파브르의 관찰에 의하면 날벌레들은 멀리 날지도 않고 계속 빙빙 돌기만 한답니다. 먹을 것을 먹지도 않고 빙빙 7일 정도 날다가 떨어져 죽는다는 것입니다.

어떤 인생이 되기를 원하십니까? 어떤 삶을 살고 싶습니까? 들꽃 인생, 날벌레 인생, 메뚜기 인생, 그런 인생으로 막을 내린다면? 아닙니다. 그렇게 살다가 끝나면 안 됩니다. 다른 길을 찾아야 합니다.

2. 하나님은 어떤 분이십니까?

우리는 본문 속에서 해답을 찾아야 합니다. 8절을 보면 "풀은 마르고 꽃은 시드나 우리 하나님의 말씀은 영원히 서리라"고 했습니다. 하나님이 영원하시기 때문에 하나님의 말씀도 영원하시다는 것입니다.

우리가 흔히 쓰는 영원이라는 용어가 하나님의 영원성을 설명하는 데는 부적합합니다. 베드로후서 3장 8절을 보면 "주께는 하루가 천년 같고 천년이 하루 같다"고 했습니다. 하나님의 시간과 인간의 시간은 동일하지 않다는 뜻입니다.

어느 날 하나님께서 모세를 부르시고 애굽으로 가라고 명하셨습니다. 그러나 모세는 애굽 사람을 죽이고 도망쳐 나왔던 나라여서 다시 들어갈 수 없었습니다. 그러나 하나님은 "못 갑니다"라는 모세의 항변과 핑계도 아랑곳하지 않고 애굽으로 가라고 명령하셨습니다. 하나님과 모세의 대화가 이어집니다.

"누가 보내서 왔노라고 할까요?"

"하나님이 보내셨다고 하라."

"하나님이 누구냐고 물으면 뭐라고 대답할까요?"

"'나는 스스로 있는 자'라고 대답해라."

스스로 있는 자!(출 3:14) 영어성경은 "나는 나다"(I am that I am)라고 번역했습니다. 주경가들은 "홀로 존재하는 자", "누구의 구속도 받지 않는 존재자", "그 존재를 그대로 지키는 자"의 뜻이라고 해석했습니다. 요한계시록 1장 8절을 보면 "나는 알파와 오메가라 이제도 있고 전에도 있었고 장차 올 자요 전능한 자"라고 했습니다.

인간은 들풀, 들꽃, 메뚜기입니다. 이사야 41장 14절을 보면 "버러지 같은 너 야곱아"라고 했습니다. 구약성경은 "지렁이 같은 야곱"이라고 했습니다. 그러나 하나님은 영원하시고 스스로 계시고 능력과 권능을 가지고 계십니다. 들풀 같은 내가 영원히 사는 길이 있습니다. 그것은 영원하신 하나님을 믿으면 됩니다. 들풀처럼 마르고 시드는 내가 팔팔하고 늘 푸른 나무처럼 사는 길이 있습니다. 그것은 하나님을 만나면 됩니다. 지렁이, 버러지 같은 내가 가치 있고 쓸모 있는 존재가 되는 길이 있습니다. 그것은 하나님의 도구가 되면 됩니다.

하나님을 만나면 누구라도 인생역전의 주인공이 될 수 있습니다. 저도 그 중의 한 사람입니다. 예수 믿고 구원받은 사람, 성공한 사람, 출세한 사람, 변화된 사람 한둘이 아닙니다. 힘없고 나약한 사람이 힘 있는 장수가 되는 길도 하나님의 종이 되면 가능합니다.

출애굽기 4장 20절을 보면 모세가 애굽으로 들어가는데 "하나님의 지팡이를 손에 잡았더라"고 했습니다. 모세는 미디안 광야에서 40년 간 양을 치는 목자였습니다. 그는 양을 지키고 이끌기 위해 언제나 지팡이를 들고 다녔습니다. 그것은 목자인 모세의 지팡이였습니다. 그러나 하나님의 부르심을 받고 애굽으로 들어가는 모세는 목자가 아닙니다. 이스라엘 민족을 이끌어 낼 하나님의 종이고 민족 지도자입니다.

모세가 하나님의 종이 되었기 때문에 모세가 들고 다니던 지팡이도 하나님의 지팡이가 된 것입니다. 내가 하나님의 종이 되고 자녀가 되면 내가 가진 모든 것도 하나님의 것이 됩니다. 생명도 하나님의 것, 건강도 하나님의 것, 물질도 하나님의 것, 자식도 가정도 하나님의 것, 권력도, 지식도, 인기도 하나님의 것입니다. 내 것이 아닙니다.

모세의 지팡이는 양떼를 지키는 개인용 지팡이에 불과했습니다. 그러나 하나님의 지팡이가 됐을 때 기적을 행했고 홍해를 갈랐습니다. 그 지팡이로 바로와 그의 군단을 이겼습니다. 내 지팡이는 쉽게 부러집니다. 그러나 하나님의 지팡이는 영원히 부러지지 않습니다. 왜요? 하나님이 영원하시기 때문입니다. 믿고 고백합시다. '영원하신 하나님! 나의 하나님!'이라고.

본문이 밝히는 하나님은 어떤 분이십니까?

10절을 보면 "친히 그의 팔로 다스리실 것이라"고 했고 11절에서는 "어린 양을 그의 팔로 모아 품에 안으시며"라고 했습니다. 품에 안아 주시는 하나님입니다.

왜 안아 주십니까? 들풀처럼 약하고 지렁이처럼 무가치하고 메뚜기처럼 팔딱거리는 인생들이기 때문에, 철없는 어린양과 같은 존재이기 때문입니다.

어린양! 힘도 지혜도 없습니다. 목자가 아니면 뭘 먹어야 할지 뭘 마셔야 할지 모릅니다. 어디로 가야 할지 어디서 자야 할지 막막합니다. 맹수에겐 찢겨 밥이 됩니다. 목자가 돌보지 않으면 굶어 죽고 목말라 죽고 맹수에게 찢겨 죽고 낭떠러지에 떨어져 죽고 병 걸려 죽게 됩니다. 그 어린 양을 품에 안아 주신다는 것입니다.

앞에서 말씀드린 대로 인간은 정신적으로, 육체적으로 연약한 존재입니다. 들풀, 메뚜기, 어린 양과 다름없습니다. 강한 척하지만 약하고, 지혜로운 척하지만 어리석고, 행복한 척하지만 불행하고, 아무 탈 없는 척하지만 괴롭고 아픕니다.

OECD 국가의 하루 평균 자살률이 12명이고 우리나라는 28명이랍니다. 왜 자살합니까? 길이 막혔다, 희망이 없다, 기댈 곳이 없다, 나만 남았다는 절망 때문입니다.

2020년이 되면 빈둥지증후군 같은 우울증이 인간을 괴롭힐 제2의 질병이 될 것이라고 세계보건기구가 발표했습니다. 빈둥지증후군이 무엇입니까? 집도 있고, 직장도 있고, 가족도 있고, 돈도 있는데 나만 홀로 텅 빈 둥지에 남아 있다는 정신적 공황상태를 말합니다. 그리고 체면 때문에, 자존심 때문에 '외롭다, 고독하다, 가슴이 텅 비었다, 아프다'라는 말을 못합니다. 겉으론 태연한 척, 아무 일도 없는 것처럼 꾸미고 감추는 것을 가면성 우울증이라고 합니다.

비정상적으로 기분이 들뜨는 것을 조증이라고 합니다. 기분이 가라앉고 우울상태가 계속되는 것을 우울증이라고 합니다. 2011년 복지부 조사에 의하면 성인 3명 중 1명이 정신질환을 경험했다고 합니다. 그리고 숫자로 따지면 487만 명으로 전체 인구의 16%가 정신적 고통을 겪었다고 합니다. 외롭고 쓸쓸하고 고독하고 억울하고 아플 때 그래서 금방 쓰러지기 일보 전.

하소연할 데도 없고 기댈 곳도 없을 때 어떻게 해야 합니까? 그때 우리는 하나님의 품으로 돌아가야 합니다.

일본 연구팀의 보고에 의하면 혼자 밥을 먹으면 맛도 없고 소화도 잘 되지 않지만 거울을 보고 먹으면 훨씬 기분도 좋아지고 밥맛도 난 다고 합니다. 둘이 마주보고 먹는다는 느낌이 들기 때문입니다.

거울은 혼자 웃지 않는다는 말이 있습니다. 내가 웃으면 거울도 웃습니다. 내가 울면 거울도 웁니다. 내가 소리치면 거울도 소리칩니다. 내가 마귀 얼굴을 하면 거울도 마귀 얼굴이 됩니다. 내가 웃고 평안하고 행복해지려면 하나님 아버지 품으로 돌아가야 합니다.

어머니 품은 하나님의 품을 닮았습니다. 어머니 품은 따뜻합니다. 추운 겨울 꽁꽁 언 손도 녹여 줍니다. 어머니 품에 안기면 보채던 아이도 잠들고 서럽게 울던 아이도 울음을 그칩니다. 어머니 품 안에는 사랑이 있고 용서가 있고 위로가 있고 평안이 있습니다. 그러나 하나님 품에 비길 순 없습니다. 하나님 아버지 품은 더 넓고, 깊고, 높습니다. 집 나갔다 돌아온 자식도 용서하시고 품어 주십니다. 그 품안에 구원이 있습니다. 그 품에 머리 파묻고 울면 슬픔이 사라집니다. 속상하고 답답하고 억울할 때 그 품에 안기면 위로가 샘솟습니다. 죄짓고 망가져 죽게 되었을 때 그 품으로 돌아오면 용서해 주시고 구원해 주십니다.

텔레비전 광고 장면이 떠오릅니다. 아버지에게 대들고 잘못을 저지른 아들을 향해 아버지가 소리칩니다.

"당장 나가! 안 나가? 꼴도 보기 싫어. 나가란 말이야!"

아버지 호통에 겁먹은 아들이 주섬주섬 옷을 걸치고 나갑니다. 그때 아버지가 "언제 돌아올 거야?"라며 아들을 바라봅니다.

우린 여기서 아버지 마음을 보게 됩니다. 언제라도 떠났다가 돌아올 수 있는 곳, 죄짓고 못된 짓 하다가 돌아올 수 있는 곳, 고집부리고 제멋대로 살겠다며 세상으로 나갔다가 돌아올 수 있는 곳, 병들고 망하고 넘어진 다음 헤매고 헤매다 돌아올 수 있는 곳이 아버지 품입니다.

"언제 돌아올거야?"

다 망가진 다음보다는 지금 돌아와야 합니다. 다 죽게 된 다음보다는 지금, 오늘 돌아와야 합니다.

어떻게 돌아와야 합니까?

호세아 14장 1절을 보면 "네 하나님 여호와께로 돌아오라"고 했고 14장 2절을 보면 "너는 말씀을 가지고 여호와께로 돌아와서 아뢰기를 모든 불의를 제거하시고 선한 바를 받으소서"라고 했습니다. 돌아오면 용서하겠다는 약속을 믿고 돌아오라는 것입니다.

"잘못했습니다. 다시는 안 하겠습니다. 용서해 주십시오"라고 고백하라는 것입니다.

언제 돌아와야 합니까?

지금, 오늘 돌아와야 합니다.

유명한 철학자 칸트에게 평소 그를 사모하던 처녀가 정혼을 했습니다. 칸트는 연구해 본 후 답을 주겠다고 했습니다. 칸트는 연구실과 도서관에서 '그녀와 결혼할 것인가, 말 것인가'를 사색하고 연구하기 시작했습니다. 결혼에 관한 책을 읽고 문헌을 살폈습니다. 오랜 시간이 지난 뒤 그녀의 집을 찾아갔습니다. 그녀 아버지가 칸트에게 "늦었네. 내 딸은 이미 결혼해서 애를 둘이나 낳았다네"라고 말했습니다. 때를 놓친 것입니다.

고린도후서 6장 2절은 "보라 지금은 은혜 받을 만한 때요 보라 지금은 구원의 날이로다"라고 했습니다. 망설이지 마십시오. 주저하지 마십시오. 경험, 자존심, 체면, 경력을 내세우지 마십시오.

제가 모델이 된 상징적 그림 셋을 보여드리겠습니다. 청년들이 만들어 준 것입니다.

그림A 예수님 손잡고 걷는 그림입니다. 어디로 갈까 누구랑 갈까 걱정할 필요가 없습니다. 마냥 기쁘고 즐겁고 행복합니다. 함께 가면 되니까요.

그림B 목자 품에 안긴 어린양입니다. 맹수에게 찢겨 죽을 뻔한 어린양이 목자 품에 안겨 있습니다. 이젠 걱정이 없습니다.

그림C 어린양 대신 제가 안겨 있습니다. 따뜻합니다. 행복합니다. 포근합니다. 예수님의 심장 뛰는 소리가 들립니다. 저는 잠들기 전 꼭 껴안아 달라고 기도합니다.

"언제 돌아올거야?"
머뭇거리지 맙시다.
내일로 미루지 맙시다.
지금, 오늘, 여기서 하나님 품으로! 아버지 품으로!
아멘.

만져 보고 믿으라

> **누가복음 24장 36-43절**
>
> 이 말을 할 때에 예수께서 친히 그들 가운데 서서 이르시되 너희에게 평강이 있을지어다 하시니 그들이 놀라고 무서워하여 그 보는 것을 영으로 생각하는지라 예수께서 이르시되 어찌하여 두려워하며 어찌하여 마음에 의심이 일어나느냐 내 손과 발을 보고 나인 줄 알라 또 나를 만져 보라 영은 살과 뼈가 없으되 너희 보는 바와 같이 나는 있느니라 이 말씀을 하시고 손과 발을 보이시나 그들이 너무 기쁘므로 아직도 믿지 못하고 놀랍게 여길 때에 이르시되 여기 무슨 먹을 것이 있느냐 하시니 이에 구운 생선 한 토막을 드리니 받으사 그 앞에서 잡수시더라

부활하신 주님을 만난 사람들은 한두 명이 아닙니다. 예를 들어 보겠습니다.

이른 새벽 예수님의 무덤을 찾아간 여인들이 있었습니다. 그녀들은 빈 무덤을 보고 깜짝 놀랐습니다.

'누가 주님의 시신을 훼손했을까? 누가 훔쳐갔을까?'

부활은 상상도 하지 못했습니다. 그들에게 천사가 나타나 "너희가 찾는 예수는 여기 계시지 않고 말씀하시던 대로 살아나셨다"고 부활

사실을 알려 주었습니다.

빈 무덤의 기적을 목격한 여인들이 제자들에게 예수님의 부활 사실을 전했습니다. 그러나 제자들은 믿으려 들지 않았습니다. 죽은 사람이 다시 살아났다는 것은 있을 수 없는 일이었기 때문입니다.

십자가에 못 박고 머리에 가시관 씌우고 창으로 옆구리를 찔러 죽음을 확인까지 했던 그 예수님이 다시 살아난다는 것은 불가능한 일이었기 때문입니다. 그래서 그들도 믿을 수 없었습니다.

마가복음 16장 14절을 보면 "그 후에 열한 제자가 음식 먹을 때에 예수께서 그들에게 나타나사 그들의 믿음 없는 것과 마음이 완악한 것을 꾸짖으시니 이는 자기가 살아난 것을 본 자들의 말을 믿지 아니함일러라"고 했습니다.

예수님을 죽인 잔인한 성 예루살렘, 슬픔과 절망의 그늘이 드리운 예루살렘을 떠나 엠마오로 내려가는 두 제자가 있었습니다. 그들에게 다시 사신 주님이 나타나 동행하셨습니다. 그런데 그들은 예수를 알아보지 못했습니다. 처참하게 십자가에 못 박혀 죽은 예수가 다시 살아나 자기들과 함께 길을 가고 있다는 것은 상상도 할 수 없었기 때문입니다.

누가복음 24장 25절을 보면 "미련하고 선지자들이 말한 모든 것을 마음에 더디 믿는 자들이여"라고 책망하셨습니다.

열한 명의 제자들이 한곳에 모여 비참하게 못박혀 죽은 예수님 이야기를 하고 있었습니다. 그들에게 주님이 나타나셨습니다. "잘 있느냐? 너희에게 평강이 있을지어다"라고 말씀하셨습니다. 그러나 제자들은 놀라고 무서워 '예수님의 영이 나타나셨다'고 생각했습니다. 그들에게 주님은 "어찌하여 두려워하며 어찌하여 마음에 의심이 일어나느냐 내 손과 발을 보고 나인 줄 알라 또 나를 만져 보라"(눅 24:38-39)고 말씀하셨습니다.

말씀드린 대로 누구라도 죽은 예수가 다시 살아난다는 것을 믿을 수 없었습니다. 있을 수 없는 일이라고 생각했기 때문입니다.

도마라는 제자가 있었습니다. 다른 제자들로부터 예수님이 다시 살아나셨다는 소식과 직접 눈으로 보고 만났다는 이야기를 들었습니다. 그러나 그는 "나는 믿을 수 없다. 내 손으로 못 자국을 만져 보아야 하고 옆구리에 내 손을 넣어보고 확인한 후 믿겠다"라고 했습니다(요 20:24-29). 도마로서는 당연한 태도였습니다.

진짜로 예수님이 살아나셨다면 손에 못 박힌 자국이 있을 것이고 옆구리에 창 자국이 있을 것이라고 그는 생각하였습니다.

예수님의 부활 소식을 들은 사람들, 직접 만난 사람들 대부분은 선뜻 믿지 못했습니다. 너무나 크고 놀라운, 있을 수 없는 사건이었기 때문입니다.

그들에게 주님은 직접 나타나시고 보여 주셨습니다. 제자들에게는 "나를 만져보라 그리고 믿으라"고 하셨고 도마에게는 "네 손가락을 이리 내밀어 내 손을 보고 네 손을 내밀어 내 옆구리에 넣어 보라 그리하여 믿음 없는 자가 되지 말고 믿는 자가 되라"(요 20:27)고 말씀하셨습니다.

1. 우리들 이야기를 해봅시다

믿을 수도 있고 의심할 수도 있습니다. 선택은 내 몫입니다. 그러나 그 결과는 하늘과 땅, 천국과 지옥, 영생과 영벌, 구원과 멸망으로 갈라집니다.

하루야마 시게오 박사는 사람에겐 플러스 발상과 마이너스 발상이 있다고 했습니다. 긍정적 발상, 즉 '할 수 있다, 하면 된다, 믿는다, 좋다, 행복하다'라고 생각하는 것이 플러스 발상입니다.

부정적 발상은 '안 된다, 어렵다, 힘들다, 안 믿는다, 반대다'라고 생각하고 말하는 것이 마이너스 발상입니다.

주목할 것은 '안 된다, 반대다, 믿을 수 없다'라는 마이너스 발상을 할 때 더 많은 에너지가 소모되고 체내에서 유해물질이 분비된다는 것입니다. 좋은 생각을 하고 좋은 말을 하고 좋은 일을 하면 체내에서 유익한 물질이 생성되기 때문에 건강도 좋아지고 행복지수가 높아진다는 것입니다.

신앙생활도 예외가 아닙니다.

'안 믿어, 못 믿어, 안 믿을 거야, 안 할 거야, 반대할 거야!' 이런 마음과 태도는 나 자신에게 독이 되고 해가 됩니다. 그래서 주님은 제자들에게 "만져 보고 믿으라"고 하셨고, "믿는 자가 되라"고 말씀하신 것입니다.

세 종류의 사람이 있습니다.

1) 부활을 아는 사람입니다.

예수가 살아났다는 소문을 들은 사람들, 무덤을 찾아간 여자들한테 들은 사람들, 제자들이 한 말을 들은 사람들, 여기저기서 부활에 대한 소문을 듣고 예수가 다시 살아났다는 지식을 가진 사람들! 그들은 부활에 대해 아는 사람들입니다.

교회 안에도 그런 사람이 있습니다. 그들은 감동도 고백도 없습니다. 어제도, 오늘도 부활 이야기를 듣고 "그런가 보다"라며 시간을 보내는 사람들이 있습니다.

2) 부활을 부정하는 사람입니다.

'죽은 예수가 어떻게 살아나? 그걸 어떻게 믿어? 헛소리, 기만하는 소리를 믿으라는 거야?' 그들은 기독교도 알고 예수도 알고 교회도 드나들고 직분도 맡고 있습니다. 그러나 부활은 믿지 않습니다. 기도도 하고 찬송도 하고 봉사도 하지만 부활을 믿지 않습니다. 그들은 교인이긴 하지만 그리스도인은 아닙니다.

3) 부활을 믿고 고백하는 사람입니다.

부활하신 주님이 도마를 만나셨습니다.

"나를 만져 보고 믿으라."

"아닙니다. 만지지 않고 믿겠습니다. 나의 주 나의 하나님이십니다. 주님의 부활을 믿습니다."

위대한 대화였고 고백이었습니다.

부활하신 주님을 만난 사람들은 하나같이 변했습니다. 어부는 제자가 됐고, 병자는 고침 받았고, 죄인은 구원받았습니다. 그러나 당시 바리새파 사람들, 사두개파 사람들, 종교지도세력들 그들은 변하지 않았습니다.

류 웰리스는 무신론 작가였습니다. 그는 도대체 죽은 예수를 다시 살았다고 믿고 따르는 허풍쟁이 기독교를 뿌리부터 파헤쳐 파멸시키기로 작심했습니다. 기독교도들이 믿는 성경부터 파헤쳐 거짓과 허구를 세상에 알리기로 마음먹고 성경을 읽고 파헤치기 시작했습니다. 그러다가 깨졌습니다. 꼬꾸라졌습니다. 다시 사신 예수를 만났습니다. 그리고 그가 쓴 작품이 "벤허"입니다. 예수님의 부활은 성경이 예언했고 예수님이 친히 다시 살아날 것을 말씀하셨고 수많은 목격자들의 증언이 있습니다.

마태복음 28장 6절을 보면 "말씀하시던 대로 살아나셨다"고 했고, 누가복음 24장 7절을 보면 "제삼일에 다시 살아나야 하리라"고 했습니다.

누가복음 24장 26절을 보면 "그리스도가 이런 고난을 받고 자기의 영광에 들어가야 할 것이 아니냐"라고 했습니다. 고린도전서 15장 4절에서 바울은 "성경대로 사흘 만에 다시 살아나사"라고 했습니다. "다시 살아나사"라는 말씀은 문법상 현재 완료형입니다. 현재 부활하여 살아계신다는 뜻입니다. 옛날, 지난날, 과거에 부활하신 것이 아니라 지금도 부활하신 주님으로 살아계신다는 것입니다.

여기에 부활의 능력이 있고 기쁨이 있습니다. 예수님의 부활은 지나간 사건이 아닙니다. 옛날 이야기가 아닙니다. 지금 여기 살아 계십니다. 지금 여기 우리와 함께, 나와 함께 계십니다.

　600년 동안 유럽을 휩쓸며 도둑질, 노략질을 일삼던 해적 떼가 있었습니다. 국왕도 똑같이 노략질에 가담하고 해적질을 했습니다. 아이가 태어나면 곧바로 도둑질을 가르치고 해적이 되게 했습니다. 그들은 신장이 크고 머리가 좋았습니다. 600년간 노략질로 부자가 되었습니다. 그런 해적떼들이 복음을 만났습니다. 삶이 변하고 생각이 변하고 하는 짓이 변했습니다.

　그들이 바로 오늘 노르웨이, 덴마크, 스웨덴 사람들의 조상입니다. 예수님 만나고 일등국민, 일등국가, 잘 사는 나라가 된 것입니다. 미국도 예수님 때문에 변했고 대한민국도 변했습니다. 여러분도 변했고 저도 변했습니다.

　저는 제때 밥도 제대로 먹지 못하는 가난한 과부의 아들이었습니다. 가난에 지쳐 울 기력도 없는 어린 시절을 보냈습니다. 그런데 부활하신 주님을 만나고 제 삶이 변하고 처지가 변하고 자리가 변하고 인생이 변했습니다.

　주님의 은혜! 은혜! 은혜입니다.

　여기 두 개의 달걀이 있습니다. 모양도 크기도 맛도 똑같습니다. 그런데 하나는 유정란이고 하나는 무정란입니다. 뭐가 다릅니까?

　유정란은 그 속에서 병아리가 태어납니다. 그러나 무정란은 천날 만날 품고 있어도 병아리 소리가 들리지 않습니다.

　여러분은 유정란입니까? 무정란입니까? 어느 쪽입니까?

　내 안에 예수님의 생명이 있습니까? 없습니까?

생명이 있으면 생명의 약동 소리가 들립니다.

생명이 있으면 고목나무에서 새순 돋는 소리가 들립니다.

언 땅을 비집고 파란 싹이 움트는 소리가 들립니다.

앙상했던 가지에 물이 오르고 진달래, 개나리, 목련이 꽃망울 터트리는 소리가 들립니다. 생명이 있기 때문입니다.

의심, 걱정, 염려, 분노, 불신! 이런 것들은 생명 없는 무정란입니다. 그런 것들을 가슴에 품고 있으면 내 영이 썩고 죽어갑니다. 내버립시다. 털어 버립시다.

2. 제자들의 경우를 살펴보겠습니다

부활하신 주님을 집안에서, 바닷가에서, 길에서 만났습니다. 그럼에도 여전히 겁먹고 숨죽이고 떨고 있었습니다. 이유는 예수 죽인 그 세력들이 활개치고 있기 때문입니다. 그러던 그들이 다락방에 모여 기도하다가 성령을 받았습니다. 가슴이 뜨거워지고 용기가 살아났습니다. 드디어 입이 열렸습니다.

"예수는 다시 살아나셨다", "내가 그를 만났다"라고 선포하기 시작했습니다. 우리는 어떻습니까? 부활하신 예수님을 만났습니까? 다시 사신 예수님을 믿습니까? 그런데 왜 입을 열지 못합니까? 왜 겁내고 두려워합니까? 왜 말을 못 합니까? 왜 혀가 어눌합니까?

치매와 건망증의 차이가 있답니다.

건망증	치매
사소한 것을 잊어버린다. 일부분을 잊어버린다. 힌트를 주면 기억한다. 음식 맛을 잊어버린다. 깜빡한다.	중요한 것을 잊어버린다. 통째로 잊어버린다. 힌트를 줘도 기억 못 한다. 요리하는 순서를 잊어버린다. '이게 뭐지?' 한다.

나는 영적으로 건망증 환자나 치매는 아닙니까?

한집에 함께 살고 있는 아내더러 "누구시더라?"고 한다면, 밥상을 앞에 놓고 "왜 밥 안 줘?"라고 한다면 기가 막힐 일 아닙니까?

예수를 믿는다면서 단 한마디도 예수 이야기를 못하는 사람들, 안 하는 사람들, 그는 누구입니까? 30년, 40년 교회 드나들면서 예수님더러 "누구시더라?"라고 한다면 그는 건강한 사람입니까? 영적 치매입니까?

"만져 보고 믿으라! 믿음 없는 자가 되지 말고 믿는 자가 되라!"

어느 날 음악 방송을 듣기 위해 라디오의 FM 다이얼을 돌렸습니다. 그런데 지지직하는 잡음만 들리고 음악이 들리지 않았습니다. 고장난 라디오였기 때문일까요?

아닙니다. 주파수가 맞지 않았기 때문입니다. TV에도 채널이 있습니다. 채널이 맞지 않으면 화면이 보이지 않습니다. 인생의 다이얼과 채널을 예수님께 맞춥시다. 신앙의 채널을 부활하신 주님께 고정합시다.

왜 잡음이 들립니까?

왜 헛것이 보입니까?

왜 일이 꼬입니까?

왜 사건이 터집니까?

다이얼 주파수 채널을 잘못 맞췄기 때문입니다.

요한복음 20장 18절을 보면 예수님을 만난 막달라 마리아가 제자들에게 "내가 주를 보았다"고 했습니다. 우리들의 고백을 정리합시다.

"내가 주님을 보았다."

"내가 주님을 만났다."

"주님은 나와 함께 계신다."

이렇게 고백합시다.

"주님은 나와 함께, 나는 주님과 함께"라고 고백합시다.

남편과 아내에게, 아들과 딸에게, 형제와 친구에게, 이웃과 다른 사람들에게 "내가 주를 만났다. 내가 주를 믿는다"라고 선포합시다.

"만져 보고 믿으라!"

"내가 믿나이다. 나의 주 나의 하나님!" 아멘.

나 혼자 있을 때

> **이사야 51장 1-6절**
>
> 의를 따르며 여호와를 찾아 구하는 너희는 내게 들을지어다 너희를 떠낸 반석과 너희를 파낸 우묵한 구덩이를 생각하여 보라 너희의 조상 아브라함과 너희를 낳은 사라를 생각하여 보라 아브라함이 혼자 있을 때에 내가 그를 부르고 그에게 복을 주어 창성하게 하였느니라 나 여호와가 시온의 모든 황폐한 곳들을 위로하여 그 사막을 에덴 같게, 그 광야를 여호와의 동산 같게 하였나니 그 가운데에 기뻐함과 즐거워함과 감사함과 창화하는 소리가 있으리라 내 백성이여 내게 주의하라 내 나라여 내게 귀를 기울이라 이는 율법이 내게서부터 나갈 것임이라 내가 내 공의를 만민의 빛으로 세우리라 내 공의가 가깝고 내 구원이 나갔은즉 내 팔이 만민을 심판하리니 섬들이 나를 앙망하여 내 팔에 의지하리라 너희는 하늘로 눈을 들며 그 아래의 땅을 살피라 하늘이 연기 같이 사라지고 땅이 옷 같이 해어지며 거기에 사는 자들이 하루살이 같이 죽으려니와 나의 구원은 영원히 있고 나의 공의는 폐하여지지 아니하리라

이사야서 전편을 구성하고 있는 두 줄기가 있습니다.

하나는 책망과 경고입니다. 이스라엘 민족의 불신과 죄를 책망하고 하나님의 심판을 예고하고 경고합니다. 그 내용들을 살펴보면 추

상 같고 겁나고 두렵습니다.

두 번째는 위로와 회복입니다. 죄 짓고 타락하고 심판받게 되었더라도 회개하고 하나님께로 돌아오면 용서하시고 회복시켜 주시고 살려 주신다는 것입니다.

이사야 51장의 경우는 이스라엘을 위로하시고 격려하시는 하나님의 말씀으로 짜여져 있습니다. 본문은 이스라엘 민족의 조상인 아브라함 이야기를 밝히고 있습니다.

2절을 보면 "너희의 조상 아브라함과 너희를 낳은 사라를 생각하여 보라 아브라함이 혼자 있을 때에 내가 그를 부르고 그에게 복을 주어 창성하게 하였느니라"고 했습니다.

우리는 이 구절 속에서 "혼자 있을 때"라는 말씀에 주목해야 합니다.

창세기 12장을 보면 아브라함은 '하란'에서 살고 있었습니다. 기반 잡고 걱정 없이 부자 소리 들으며 살고 있던 어느 날 하나님이 그를 부르셨습니다.

"고향을 떠나라, 친척을 떠나라, 아버지 집을 떠나라."

"살고 있는 곳, 기반 잡고 사는 곳 그 땅을 떠나라. 인연을 맺고 오순도순 정을 주고 살던 이웃과 친척을 떠나라. 네 아버지 데라의 유산이 있는 곳, 무덤이 있는 곳 거기를 떠나라. 그리고 내가 가라는 곳으로 가라!"고 하셨습니다.

그 명령대로 하려면 다 내려놓고 다 포기하고 떠나야 합니다. 그런데 아브라함은 결코 쉽지 않은 일을 결단했습니다. 창세기 12장 4절을 보면 "이에 아브람이 여호와의 말씀을 따라갔고"라고 했습니다.

'떠나라'는 말씀 한마디 믿고 떠난 아브라함은 혈혈단신 혼자였습니다. 그때! 외로울 때, 고독할 때, 심란할 때, 혼자 있을 때 하나님이 아브라함을 찾아오셔서 "나다. 내가 곁에 있다. 나는 너를 떠나지 않는다. 너는 혼자가 아니다" 하며 복을 주셨다는 것이 이사야 51장 2절 말씀입니다.

하나님과 사람의 차이점은 수천만, 수억만 가지가 넘습니다. 비교 자체가 불가능합니다. 그러나 본문을 중심으로 큰 차이점 한 가지를 찾아보겠습니다.

사람은 걸핏하면 떠납니다. 헤어집니다. 멀어집니다. 살다가 죽으면 사랑하는 가족 곁을 떠나야 합니다. 함께 살다가 헤어지기도 합니다. 사랑이 식으면 떠나고 이 구실 저 구실로 헤어집니다. 돈 떨어지면 떠나고 병들어도 떠납니다. 권력 떨어지면 떠나고 실패해도 떠납니다. 곤경에 처하면 떠나고 인기 떨어지면 떠납니다.

유대인들의 경우 나병에 걸리면 맨 먼저 취하는 조치가 격리시키는 것입니다. 가족도 떠나야 하고 이웃과도 접촉하면 안 됩니다. 성 밖으로 나가야 하고 길을 갈 때는 손으로 입을 가려야 하고 "나는 나병 환자다"라고 정체를 밝혀야 합니다. 전염병이 유행하면 현장을 통제하고 접촉을 금하고 감염된 사람을 격리시킵니다. 나환자도 전염병 환자도 혼자 있어야 합니다.

그러나 하나님은 그 반대입니다. 나 홀로 있을 때, 다 망했을 때, 병 걸려 아플 때, 힘들고 지치고 탈진했을 때 그때 오십니다. "나, 네 곁에 있다. 너는 혼자가 아니다. 내가 너를 돕겠다. 내가 다시 일어서도록 해주겠다"라고 말씀해 주십니다.

나병환자 한 사람이 성 밖을 맴돌다 어느 날 예수님이 지나가신다는 소문을 듣고 찾아왔습니다. "저를 고쳐 주십시오. 저를 살려 주십시오"라고 간청했습니다. 그때 예수님은 손을 내밀어 그 손을 잡고 "내가 원한다. 깨끗함을 받으라"고 말씀하셨고 그 순간 그의 나병이 고침을 받았습니다(마 8:1-4). 나환자의 손을 만지거나 접촉하면 안 됩니다. 부모도, 아내도, 자녀도, 친척도, 친구도, 이웃도 그를 버리고 떠났습니다. 그러나 주님은 덥석 그 사람의 손을 잡아 주셨습니다.

이 점이 사람과 하나님의 차이점입니다. 이사야 51장 12절을 보면 "너희를 위로하는 자는 나 곧 나이니라 너는 어떠한 자이기에 죽을 사람을 두려워하며 풀같이 될 사람의 아들을 두려워하느냐"라고 했습니다.

당시 유대 나라를 위협하고 협박하는 주변 국가는 바벨론이었습니다. 바벨론이 두려워 벌벌 떨고 전전긍긍하고 있었습니다. 그들에게 하나님은 "내가 너희를 돕겠다. 지키겠다. 위로하겠다. 왜 사람에 불과한 바벨론을 겁내느냐? 두려워하느냐?"라고 말씀하신 것입니다. 15절을 보면 "나는 네 하나님 여호와라 바다를 휘저어서 그 물결을 뒤흔들게 하는 자이니 그의 이름은 만군의 여호와니라"고 했습니다. "바다를 휘젓는다"는 말씀은 바다를 가른다(divided the sea)는 뜻입니다.

출애굽기 14장을 보면 하나님이 홍해를 가르셨습니다. 홍해를 가르시고, 요단강을 가르시고, 갈릴리 바다 풍랑을 잔잔케 하시는 하나님이 너희와 함께하시니 겁내지 말라는 것입니다. 외로운 사람들, 고독한 사람들, 혼자 있는 사람들에게 이보다 더 큰 위로와 소망이 어디 있겠습니까?

22절도 엄청난 힘과 용기와 위로를 줍니다. "네 주 여호와는 그의 백성의 억울함을 풀어 주시는 네 하나님"이라고 했습니다. 억울한 사람들, 하소연할 곳이 없는 사람들, 분통 터지고 가슴 칠 일이 많은 사람들이 있습니다. 위로해 줄 사람도 없고 하소연을 들어줄 사람도 없습니다. 그러나 하나님은 "내가 네 곁에 있다. 내가 네 하소연을 들어 주겠다. 내가 네 한을 풀어 주겠다"라고 말씀하십니다.

30년 다니던 직장에서 명퇴한 사람이 있었습니다. 아침에 일어나면 버릇처럼 옷을 챙겨 입고 가방을 듭니다. 출근하기 위해서입니다. 그러다가 '아차, 내가 은퇴했지'라며 들었던 가방을 내려놓습니다.

'오늘은 뭘 하지? 어디를 가지? 어떻게 하루를 보내지?'

집을 나와 할 일도 없이 전철 타고 한 바퀴 서울 시내를 돌아봅니다. 남산에 올라가 벤치에 앉아서 시내를 내려다봅니다. 인생이 슬프고 허무하고 서울이 남의 나라처럼 보입니다. 일 년이 지나자 우울증에 걸리고 사람이 싫고 '나만 혼자다'라는 정신적 공황에 빠지기 시작합니다.

이러다가 내가 죽거나 정신병자가 되겠다는 생각이 들자 갑자기 두려워졌습니다. 그는 바쁘다, 힘들다는 이유로 멀리하던 교회를 찾아갔습니다. 성경을 공부하고 읽기 시작했습니다. 기도를 시작했습니다.

교회 안에 할 일이 많다는 것을 발견했습니다. 이일 저일 봉사를 시작했습니다. 그리고 주중에는 택배회사 배달원으로 일합니다. 인생이 바빠졌습니다. 밤이면 꿀잠을 잡니다. 밥맛도 꿀맛입니다.

그가 한 말은 "자존심이 밥 먹여 줍니까?", "인생은 나 하기 나름입니다", "인생은 혼자가 아닙니다"였습니다.

생각을 바꾸고 태도를 바꿔야 합니다. 그러면 인생이 바뀌고 삶이 바뀝니다.

척추전문의의 충고가 떠오릅니다. 척추 건강에 제일 나쁜 자세가 있답니다.

첫째, 다리 꼬고 앉는 것. 서양 사람이나 여자들은 의자에 앉을 때 다리를 꼬고 앉습니다. 그러나 한국 사람들은 어른 앞에 앉을 때 다리를 꼬고 앉지 않습니다. 버릇없다고 야단맞습니다. 다리를 꼬는 행위는 척추를 휘게 만드는 요인이 된다는 것입니다. 생각이 꼬이고 가치가 꼬이고 신앙생활 태도가 꼬이면, 인생이 꼬이고 사는 길이 꼬입니다.

둘째, 엎드려 자는 것. 잠잘 때, 걸어갈 때, 앉아있을 때 바른 자세를 취하지 않으면 척추에 문제가 생긴다고 합니다. 똑바로 자야 된다는 얘기입니다. 모든 운동도 기본자세가 중요한 것처럼 인생도 어떤 자세를 갖느냐, 어떤 태도를 취하느냐를 따라 성패가 결정되고 행불행이 판가름 납니다.

셋째, 누워서 TV 보는 것, 책 보는 것. 이것을 반복하면 긴장성 두통이 일어나고 목 디스크 원인이 되는가 하면 허리에 문제가 일어난답니다. 그리고 장기를 압박해 장 질환을 일으킨답니다. 자세가 중요합니다.

바른 신앙, 바른 삶이 중요합니다. 바로 믿고 바로 살아야 합니다.

성경 안에는 외로운 사람들, 힘들게 산 사람들에 관한 이야기가 많습니다.

남편도 죽고, 큰아들도 죽고, 둘째 아들도 죽은 비극의 주인공이 있었습니다. 그녀는 나오미입니다. 그런데 하나님이 그녀를 혼자 내버려두지 않으셨습니다. 보아스라는 베들레헴 부자를 만났고 며느리인 과부 룻이 보아스의 아내가 되면서 다윗 왕가를 이루게 되었습니다. 하나님이 혼자 두지 않으셨습니다.

집이 무너지고 벼락 맞아 불타고 재산은 도적떼에게 약탈 당하고 자신은 불치의 피부병에 걸리고 평생 같이 살겠다던 아내는 남편더러 "모진 목숨 부지하려 들지 말고 하나님 저주하고 자살하라" 하고는 보따리 싸들고 곁을 떠났습니다. 10남매는 집이 무너지던 날 모조리 압사했습니다.

이 이야기 속에 나오는 처참한 비극의 주인공은 욥입니다. 다 그를 떠났고 버렸지만 하나님은 그를 떠나지 않으셨고 홀로 버려두지 않으셨습니다.

위로해 주시고 힘을 불어넣어 주셨고 믿음을 키워 장부가 되게 하셨습니다. 그리고 다 회복시켜 주셨습니다. 건강도 회복되었고 재산도 회복되었습니다. 자녀도 10남매를 다시 낳았습니다.

그런데 저주하고 남편을 떠났던 아내는 되돌아 왔다는 말이 없습니다. 욥기 42장 10-17절을 보면 떠났던 친구들, 이웃들, 형제자매들이 선물을 싸들고 다 돌아왔습니다. 42장 12절을 보면 "처음 복보다 더 큰 복을 주셨다"고 했습니다. 42장 16절을 보면 "욥이 140년을 더 살았고 아들 손자 4대를 보았다"고 했습니다. 그런데 어거스틴은 남편을 저주하고 떠난 욥의 아내는 사탄의 시녀였다고 해석했습니다. 그리고 욥은 자기 아내를 어리석은 여자라고 했습니다(2:10). 사탄의 도구였던 여자, 말을 절제하지 못하는 경솔한 여자를 다시 아내로 데려올 마음이 없었을 것입니다.

나는 혼자가 아닙니다. 하나님이 나와 함께 계시면, 연단과 시련을 거치고 힘든 세월을 보낼 수는 있지만 다 회복됩니다. 회복시켜 주십니다.

어떤 선교사가 파푸아 뉴기니아에 선교를 하기 위해 그곳으로 갔습니다. 선교를 하기 위해서는 선교비가 필요했습니다. 그는 선교비 조달을 위해 땅을 갈아 엎고 파인애플을 심었습니다. 문제는 파인애플이 채 익기도 전에 마을 사람들이 다 따갑니다. 이른 아침 따간 것은 조찬, 점심에 따가는 것은 런치, 저녁에 따가는 것은 디너가 됩니다. 선교사라 말리지도 못합니다. 참다 못한 선교사가 기도를 시작했습니다.

"저 사람들이 파인애플 안 따가게 해주세요. 선교비용으로 써야 하니까요."

하나님의 응답이 떨어졌습니다.

"걱정 마, 내가 도와줄게. 내가 해결해 줄게. 나한테 맡겨."

다음날 선교사는 동네방네 소문을 퍼트렸습니다.

"파인애플 농장 주인이 바뀌었다."

궁금해진 동네 사람들이 "누가 주인이냐", "어떤 사람이 주인이냐"고 물었습니다. 선교사는 "이름은 말할 수 없고 아무튼 새 주인이 맡게 됐다"고 했습니다. 그런데 이상한 일이 벌어지기 시작했습니다. 동네 사람들이 파인애플을 따다가 먹으면 배가 아프기 시작하고 설사를 하기 시작했습니다. 입이 부르트고 염증이 생겼습니다. 그 후로는 아무도 설사하는 파인애플을 훔쳐가지 못했습니다. 더 놀라운 것은 돈을 내고 사 먹으면 설사를 하지 않고 하던 설사도 그쳤다는 것입니다.

새 농장 주인이신 하나님이 하신 일입니다.

여러분! 주인을 바꿉시다.

내가 주인 노릇하지 맙시다.

내 인생, 내 사업, 내 회사, 내 가정의 주인을 바꿉시다.

새 주인으로 바꿉시다.

모 재벌 회장은 "아내만 바꾸지 말고 다 바꾸라"고 말했다지만, 우리는 주인을 바꿔야 합니다. 노만 빈센트 필 목사는 "내 문제를 하나님께 맡기는 순간부터 내 문제는 하나님의 문제가 된다"라고 했습니다.

인생을 외롭지 않게, 평안하게, 행복하게, 맘 편하게 사는 길이 있습니다. 지금 믿고 맡기면 됩니다.

나는 혼자가 아닙니다.

그리고 나 홀로 있을 때 나에게로 다가와서 손 내밀고 토닥거려 주고 품에 덥석 안아 주시는 하나님을 지금 여기서 영접합시다.

지금, 여기서!

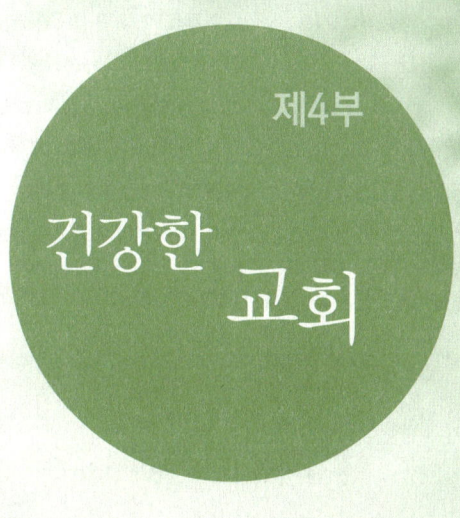

제4부

건강한 교회

그리스도인의 자아 돌봄

로마서 7장 21-25절

그러므로 내가 한 법을 깨달았노니 곧 선을 행하기 원하는 나에게 악이 함께 있는 것이로다 내 속사람으로는 하나님의 법을 즐거워하되 내 지체 속에서 한 다른 법이 내 마음의 법과 싸워 내 지체 속에 있는 죄의 법으로 나를 사로잡는 것을 보는도다 오호라 나는 곤고한 사람이로다 이 사망의 몸에서 누가 나를 건져내랴 우리 주 예수 그리스도로 말미암아 하나님께 감사하리로다 그런즉 내 자신이 마음으로는 하나님의 법을 육신으로는 죄의 법을 섬기노라

짧막한 본문 속에서 바울 사도는 자신의 심각한 갈등과 고민을 밝히고 있습니다. 그의 고민은 "내 속에 두 개의 내가 존재한다"는 것입니다. 그것은 "내 속에 선한 내가 있고 악한 내가 공존하고 있다. 하나님의 법을 따르고 싶은 나와 죄의 법을 따르고 싶어하는 내가 있다"는 것입니다. 두 개의 자아가 부단히 싸우고 있기 때문에 괴롭다는 것입니다.

우리가 아는 바울은 성자요, 사도요, 선교사입니다. 그러한 바울 사도 속에 두 개의 자아가 있어 싸운다는 것은 쉽게 이해하기가 어렵

습니다. 우리는 여기서 겉사람 바울과 속사람 바울의 모습이 다르다는 것을 발견하게 됩니다. 바울이 보는 바울과 다른 사람이 보는 바울이 같지 않다는 것입니다. 바울은 자신의 내적 갈등과 고뇌를 "오호라 나는 곤고한 사람이로다"(24절)라고 표현했습니다. 곤고하다는 것은 극단의 고통, 견디기 어려운 고민이 있다는 뜻입니다.

사람의 생각과 하나님의 생각, 사람의 법과 하나님의 법, 죄의 법과 의의 법이 바울 속에서 싸우고 있다는 것입니다.

문제는 사람의 법과 죄의 법이 더 강력한 힘으로 기승을 부린다는 것입니다. 우리는 여기서 나 자신의 모습을 살펴보아야 합니다. 내가 나를 돌보는 것은 회사를 돌보고 국가를 돌보고 세계를 돌보는 것보다 중요하기 때문입니다.

비행기를 타려면 누구나 검색대를 거쳐야 합니다. 검색대는 금속탐지 기능을 갖추고 있기 때문에 제아무리 숨겨도 '삐'소리와 함께 탐지해 냅니다. 하나님은 모든 걸 다 아십니다. 잉태되기 전부터 나를 아시고 앉고 일어서는 것, 속으로 생각하는 것 그 어느 것 하나도 숨길 수 없이 다 아십니다. 그 하나님 앞에서 우리는 나를 살펴보고 점검해 보고 돌보아야 합니다.

두 가지만 살펴봅시다.

1. 나는 어떤 존재인가?

바울은 교도소에 수감되어 30-40년을 살다가 석방된 죄수가 아닙니다. 그런데 자신을 죄인 중의 괴수라고 했습니다. 바울은 걸인도 아니었고 노숙자도 아니었습니다. 그런데 자신을 만물의 찌꺼기만도 못한 사람이라고 했습니다.

바울은 명문가문의 아들이었고, 유명한 율법학자였고, 유대인으로서 로마 시민권을 가진 상류층 인사였습니다. 그런데 그는 자신을 되다 만 사람, 미숙아로 태어난 사람이라고 했습니다. 바울은 자신을 아무것도 아닌 존재, 쓸모없는 존재, 천박한 존재로 보았습니다. 그러나 그가 예수 믿기 전에는 정반대였습니다. 자기가 잘나고, 똑똑하고, 위대하고, 크다고 생각했습니다. 그런데 예수님 만나고 달라졌습니다. 나보다 예수님이 크고, 위대하시고, 높다는 것을 깨닫게 된 것입니다.

나는 누구입니까? 나는 어떤 존재입니까? 내가 보는 나와 남이 보는 나는 같을까요? 다를까요? 내가 아는 나와 하나님 앞에 섰을 때 나는 같을까요? 다를까요? 요한복음 2장 25절을 보면 "그가 친히 사람의 속에 있는 것을 아셨음이라"고 했습니다. 누가 알려주지 않아도, 누가 정보를 주지 않아도 주님은 그 사람에 대해 다 아신다는 것입니다.

나다나엘이라는 사람이 있었습니다. 그가 어느 날 예수님을 만났습니다. "너는 참 이스라엘 사람이다. 네 속에 간사한 것이 없구나"라고 예수님이 말씀하시자 "어떻게 저를 아십니까?"라고 묻습니다.

"네가 여기 오기 전 무화과나무 아래 있을 때 너를 보았다."

"선생님은 하나님의 아들이시고 이스라엘의 임금이십니다."

이런 대화를 주고받았습니다.

내가 어떤 사람이며 어떤 생각을 품고 있으며 어떤 일을 계획하는지 인터뷰하지 않아도, 정보를 수집하지 않아도 주님은 이미 다 알고 계십니다. 그러니까 주님 앞에서 나를 숨기고 포장할 필요가 없습니다. 기독교인은 기독교인으로서 지켜야 할 품위와 자기 돌봄이 필요합니다.

"아가씨와 아줌마의 다른 점"이라는 글을 읽었습니다.

	아가씨	아줌마
껌 씹을 때	입 다물고 씹는다.	이를 드러내고 쩝쩝 소리 내며 씹는다.
지하철에서 빈 자리가 나면	좌우 살피고 앉는다.	핸드백 먼저 던지고 몸을 날린다.
화장실에서 나올 때	거울 보고 옷 매무새 고치고 나온다.	밖으로 나오며 손거울 보고 옷을 추스린다.
운전할 때	선글라스 끼고 맨손으로 한다.	차양 달린 모자 쓰고 목장갑을 낀다.
식당에서 종업원이 언니라 부르면	씨익 웃거나 덤덤하다.	너무 기쁘고 좋아서 팁을 준다.

기독교인은 차별화된 사람입니다. 기독교인과 기독교인이 아닌 사람의 차이는 무엇입니까? 교인과 교인이 아닌 사람의 다른 점은 무엇입니까? 충신교회 교인과 다른 교회 교인의 차이점은 있습니까? 없습니까? 같아야 합니까? 달라야 합니까? 언행도 달라야 합니다.

오래 전 개그맨 임혁필 씨가 TV방송에 출연해 들려준 자신의 이야기를 들었습니다. 그는 모 개그프로에서 "나가 있어"라는 말을 해서 유행어를 만들었습니다. 그런데 결국 그 유행어대로 자신이 밀려나가 있어야 하는 신세가 되었습니다.

그가 한 말 중 손가락 하나로 가리키면 지시, 명령, 공격 제스처가 되고, 손가락 4개를 더 펴면 존중, 환영, 격려 제스처가 된다고 합니다. 손가락도 쓰기에 따라 뜻이 달라집니다. 그는 병을 예로 들기도 했습니다. 병을 밑부분을 잡으면 대접, 섬김, 나눔의 의미가 됩니다. 그러나 병 윗부분을 잡으면, 게다가 밑부분을 깨트리면 공격, 살상, 증오의 흉기가 된다고 합니다. 빈병을 잡는 위치에 따라 의미와 용도가 달라진다는 것입니다. 흔히 쓰는 말 한마디가 자신과 다른 사람의 인생을 바꾸고, 같은 빈병인데 어느 부분을 잡느냐에 따라 의미와 용도가 달라진다는 것은 의미심장한 교훈이었습니다.

인터넷에 "행복한 사람이 되는 방법"이라는 글이 실렸습니다. 열 가지인데, 그 중 한 가지는 "외롭다고 아무나 만나지 말라"였습니다. 단순하지만 뿌리 깊은 뜻을 담고 있습니다.

"외롭다고 아무나 만나지 마라."

"외롭다고 아무데나 가지 마라."

"외롭다고 아무것이나 먹지 마라."

"외롭다고 아무 짓이나 하지 마라."

우리는 부단히 자신이 누구인가, 어떻게 살아야 하는가를 돌봐야 합니다.

2. 내 믿음은 어떤가를 돌보아야 합니다

얼마 전 전자제품을 바꿨습니다. 두툼한 책으로 된 사용 설명서가 있었습니다. 설명서대로 뜯고 맞추면 아무런 탈이 없지만 설명서를 무시하고 제멋대로 뜯고 손대면 망가질 수도 있습니다. 신앙생활, 교회생활 설명서는 성경입니다. 표준도 지침도 성경입니다. 내가 표준이 아닙니다. 내 경험이 설명서가 아닙니다. 내 맘대로, 내 뜻대로, 내 고집대로 하다가 얼마나 많은 손해를 경험했습니까?

'하라'는 것은 하고, '하지 말라'는 것은 하지 맙시다.

바울은 예수를 닮는다고 했고 날마다 나를 쳐서 복종시킨다고 했습니다. 그리고 "너희가 믿음에 있는가 너희 자신을 확인해 보라"고 했습니다. 우리도 그 교훈과 당부를 따라야 합니다.

송사리나 붕어, 피라미는 강이나 호수에서 살아야 합니다. 그것들은 바다에 살면 금방 죽습니다. 상어나 고래는 바다에서 살아야 합니다. 강물에 살면 죽습니다. 그리스도인은 어디서 살아야 합니까? 예수 안에 살고 예수님과 함께 살아야 합니다. 다른 데서 살면 영혼이 먼저 죽고 육체도 따라 죽습니다.

바울의 애용구는 "예수 그리스도 안에"였습니다. 바울이 쓴 편지 안에서 153회 이상 이 용어를 사용했습니다. 고래나 상어가 실개천에 살면서 '여기가 좋다, 여기가 살 곳이다, 여기가 안식처다'라고 한다면 그건 오판이고 무지입니다.

세상에 푹 빠져 살면서 '이곳이 좋다, 이 물이 좋다'라고 생각하면 그 영혼은 얼마 못 가 죽고 맙니다.

베드로전서 1장 14-15절을 보면 "너희가 순종하는 자식처럼 전에 알지 못할 때에 따르던 너희 사욕을 본받지 말고 오직 너희를 부르신 거룩한 이처럼 너희도 모든 행실에 거룩한 자가 되라"고 했습니다. 너 자신의 욕심과 죄의 유혹을 따르지 말라, 너를 부르시고 구원하신 예수님처럼 행실과 믿음에 있어서 거룩한 사람이 되라는 뜻입니다.

예수님 당시 제일 잘 믿는다며 자신을 과시하고 큰소리 친 사람들이 있었습니다. 그들은 율법주의자들, 바리새파 사람들 당시 기득권층이었습니다. 그러나 예수님이 보실 때 그들은 아니었습니다. 오히려 "나는 죄가 많습니다. 나는 잘못 살았습니다. 나는 나쁜 사람입니다" 라며 나서지도 못하고 얼굴도 들지 못한 채 회개했던 세리, 창기, 버림받은 사람들을 주님은 칭찬하시고 용서하시고 사랑하셨습니다.

알코올, 담배, 마약 등 중독 환자를 치료하는 의사의 말에 의하면 "꼭 끊겠습니다. 반드시 끊겠습니다"라고 장담하는 사람들은 끊지 못한답니다. 자신의 의지와 결단을 믿지 않고 도움을 요청하는 사람이 치료하기가 쉽다는 것입니다.

예를 들겠습니다. 의사를 찾아온 환자가 의사보다 더 아는 척하고 온갖 약 이름 다 대고 의사를 조종하려고 한다면 "다른 병원으로 가보시죠"라고 하지 않겠습니까?

예수 믿는다는 사람들이 예수님 말씀은 귀담아 듣지 않고 오히려 예수님을 하수인처럼 부리려 든다면 그 사람이 예수 믿는 사람입니까? 적그리스도입니까?

지금 내 믿음은 어느 정도입니까? 어디쯤 와 있습니까? 온도로 말하면 몇 도나 됩니까? 점수로 말하면 몇 점이나 됩니까? 무게로 말하면 몇 kg이나 됩니까?

아담과 하와의 타락은 어디서 시작되었습니까? 하나님의 말씀을 듣기 싫어하고 귀를 막은 데서부터였습니다. 하나님의 말씀은 듣지 않고 마귀의 말에 귀를 기울였습니다. 그것이 타락의 시작이었습니다.

때로 하나님의 말씀이나 명령은 우리를 귀찮게 합니다. 강요합니다. 다그칩니다. 속박합니다. 그래서 벗어나 보려고 합니다. 그러나 그리스도인은 말씀 떠나고 믿음 떠나면 거기가 끝장입니다. 중요한 것은 바로 믿고 바로 살아야 한다는 것입니다.

KTX보다 더 빨리 달리는 달리기 선수가 있다고 합시다. 그러나 법대로, 경기 규칙대로 트랙을 달려야 합니다. 제멋대로 달리면 실격이 됩니다. 신앙생활도 바로 믿고 바로 살아야 합니다. 바울은 법대로 경기해야 상을 받는다고 했습니다.

믿음은 그 사람의 삶으로 드러납니다. '거듭났는가? 변했는가? 달라졌는가? 예수 믿고 뭐가 변했고 달라졌는가?'로 그 사람의 믿음을 평가할 수 있습니다. "아! 저 사람 교회 다니더니 변했어, 저분 예수 믿더니 사람이 달라졌어! 그 비결이 뭐야? 나도 교회 가볼래!" 이렇게 되어야 하지 않겠습니까?

"저 사람 교회 다녀? 저 사람 예수 믿는 거 맞아? 저 사람 목사 맞아? 장로 맞아? 권사 맞아?" 이렇게 되면 되겠습니까? 믿음은 삶입니다. 하루하루 사는 내 모습을 보고 다른 사람들이 교회로 나오기도

하고 예수를 믿기도 하는 것입니다. 나 때문에 아무개가 교회를 떠난다면, 그 교회 때문에 아무개가 예수를 떠난다면 그 사람, 그 교회는 예수님과는 상관이 없습니다.

상품 가운데 명품이라는 게 있습니다. 명품이 되는 조건이 있습니다. 그냥 명품이 되는 게 아닙니다.

첫째, 이름입니다. 브랜드라고도 합니다. 샤넬, 구찌, 페레가모, 피에르가르뎅, 지방시, 루이비통, 몽클레어 등 그 이름과 전통이 명품임을 증명합니다.

둘째, 품질입니다. 제품의 품질이 어디 내놓아도 손색이 없도록 잘 만듭니다.

셋째, 매출량입니다. 전 세계 소비자들과 명품족들이 선호하기 때문에 매출량이 천문학적입니다.

넷째, 선호도입니다. 소비자들 기호에 맞고 눈높이에 맞도록 만들기 때문에 선호도가 높습니다. 그래서 명품이 되는 것입니다.

명품 교회는 없을까요? 있어야 합니다.

명품 교인은 없을까요? 있어야 합니다.

어떤 교회가 명품 교회일까요? 교인 수 많은 대형교회? 예산이 많은 교회? 명사들이 많은 교회? 위치가 좋은 교회? 아닙니다. 그래선 안 됩니다.

어떤 교인이 명품 교인일까요? 학력이 높은 사람? 사회 경력이 뛰어난 사람? 교회 들락거린 횟수가 많은 사람? 교회 직분을 많이 맡은 사람? 지명도가 뛰어난 사람? 아닙니다. 그래선 안 됩니다.

명품 교회는 명품 그리스도인들이 모인 교회입니다.

누가 명품 그리스도인입니까?

바울은 고린도후서 5장 17절에서 "그런즉 누구든지 그리스도 안에 있으면 새로운 피조물이라 이전 것은 지나갔으니 보라 새것이 되었도다"라고 했습니다.

그리스도 예수 안에 있는 사람이 새 피조물이고 명품이라는 것입니다. 그리스도 안에 있다는 것은 예수 안에 푹 빠진다는 것입니다. 내 주장, 내 고집, 내 소견은 없고 예수님으로 꽉 찬 인생을 사는 사람이 명품 크리스천입니다.

나는 십자가에 못 박아 버리고 새로 태어난 사람.

생각도 예수님처럼, 말하는 것도 예수님처럼, 사는 것도 예수님처럼 그렇게 되기 위해 믿고 살고 일하는 사람들이 명품이 되는 것입니다.

가짜가 되지 맙시다. 모조품이 되지 맙시다.

진짜 예수 닮은 사람이 됩시다. 닮기 위해 노력합시다.

"내 안에 주님의 형상을 이루어 주소서!"

다른 평안

> 요한복음 14장 25-31절
>
> 내가 아직 너희와 함께 있어서 이 말을 너희에게 하였거니와 보혜사 곧 아버지께서 내 이름으로 보내실 성령 그가 너희에게 모든 것을 가르치고 내가 너희에게 말한 모든 것을 생각나게 하리라 평안을 너희에게 끼치노니 곧 나의 평안을 너희에게 주노라 내가 너희에게 주는 것은 세상이 주는 것과 같지 아니하니라 너희는 마음에 근심하지도 말고 두려워하지도 말라 내가 갔다가 너희에게로 온다 하는 말을 너희가 들었나니 나를 사랑하였더라면 내가 아버지께로 감을 기뻐하였으리라 아버지는 나보다 크심이라 이제 일이 일어나기 전에 너희에게 말한 것은 일이 일어날 때에 너희로 믿게 하려 함이라 이 후에는 내가 너희와 말을 많이 하지 아니하리니 이 세상의 임금이 오겠음이라 그러나 그는 내게 관계할 것이 없으니 오직 내가 아버지를 사랑하는 것과 아버지께서 명하신 대로 행하는 것을 세상이 알게 하려 함이로라 일어나라 여기를 떠나자 하시니라

요즈음 신문이나 텔레비전 뉴스를 보노라면 무서운 생각이 들곤 합니다. 폭력, 테러, 고소, 고발, 살인이 꼬리를 물고 도처에서 벌어지는 것을 보면서 '세상이 왜 이렇게 악해져가고 있는가? 왜 이렇게 사람들 마음이 강퍅해졌는가? 왜 이렇게 거칠어졌는가?' 두렵기도 하고

걱정스럽습니다.

문제는 이 악성 전염병균 바이러스가 여기저기로 번져가고 있다는 것입니다. 사회 전체가 화병 난 형국입니다.

먹을 것이 없어 배고파 죽는 사람들이 있습니다. 이것은 후진국 경우입니다. 병을 고치지 못해 죽는 사람들이 있습니다. 마음이 아파 죽는 사람들이 있습니다. 이 경우는 후진국보다는 선진국에 많습니다. 배고파 죽는 사람은 먹을 것을 공급해 주면 됩니다. 병에 걸린 사람은 명의를 만나고 명약을 만나면 됩니다. 그러나 마음이 아픈 사람은 돈으로도, 권력으로도, 인기로도 치료가 안 됩니다. 국가도 권력도 현대의학도 고치지 못합니다.

현재 우리나라에 마음이 아파서 우울증으로 병원을 찾는 사람들이 연 60만 명을 넘는다고 합니다. 복지부 자료에 의하면 국민 16%인 487만 명이 1년간 정신질환을 경험했다고 합니다. 그리고 자살자의 90% 이상이 정신질환 병력을 가지고 있다는 것입니다.

누가 어떻게 치료할 수 있을까요? 길이 없을까요?

아닙니다. 길도 방법도 있습니다.

정신의학에서는 정신분열증을 조현병이라고 합니다. 기분이 들뜨고 비정상적으로 좋아지는 것을 조증이라고 합니다. 기분이 가라앉고 우울상태가 지속되는 것을 우울증이라고 합니다. 좋아졌다 나빠졌다 하는 것을 양극성 장애, 조울증이라고 합니다. 화나면 못 참고 욱하는 것, 180도로 태도가 변하는 것을 충동조절장애라고 합니다. 불같이 화를 내고 분노를 다스리지 못하는 것을 분노조절 장애라고 합니다. 문제는 이런 증상들이 차이는 있지만 현대인 모두에게 골고루 퍼져 있다는 것입니다. 모두 다 화가 나 있습니다.

분노, 성내는 것, 화내는 것은 두 가지 특징이 있습니다. 하나는 중독성이 있다는 것입니다. 한번 화를 내면 두 번 화를 냅니다. 두 번 화내면 세 번, 네 번 화를 냅니다. 소리 지르고 떠들고 대들고 덤비고를 반복하는 것은 중독성 때문입니다.

두 번째는 전염성입니다. 남편이 화를 내면 아내도 화를 냅니다. 엄마가 화를 내면 딸도 화를 냅니다. 우리 사회는 분노, 충동 조절 장애 병에 걸려 있습니다. 시급히 처방을 내리고 치료하지 않으면 우리 사회가 어디로 갈지 예측 불허입니다.

엄마가 갱년기가 되면 딸은 사춘기가 된답니다. 갱년기가 되면 다 싫고 귀찮고 피곤하고 외롭고 쓸쓸하고 온몸이 아프고 열이 오르고 그래서 처량하고 화나고……. 사춘기가 되면 다 싫고 귀찮고 화나고 불만스럽고 그래서 대들고 문 걸어 잠그고 말대꾸 안 하고……. 그래서 갱년기와 사춘기가 한 집안에서 만나면 3차 대전이 일어나게 됩니다.

어떻게 치료해야 될까요? 모든 중독은 좋을 게 없습니다. 알코올, 마약, 담배, 쇼핑, 커피, 도박, 경마, 게임, 텔레비전 중독 그 어느 것도 좋을 것이 없습니다. 하물며 분노나 충동 조절을 못하는 중독 증상이 좋을 턱이 있겠습니까?

길을 찾아보겠습니다.

성 쾌락 중독에 빠진 여인이 있었습니다. 지난 날 다섯 남자와 쾌락을 즐겼고 여섯 번째 만난 남자도 정식 결혼한 사이가 아니고 단순히 성적 쾌락을 위해 만난 사람이었습니다. 그녀가 어느 날 예수님을 만났습니다. 그리고 그녀의 성충동 조절 장애, 남성편력 중독이 치료되었습니다. 그리고 그녀는 동네로 들어가 "내가 예수를 만났습니다. 그분이 내 인생을 바꿨습니다. 나를 치료해 주셨습니다"라고 선포했습니다. 요한복음 4장 이야기입니다.

위에서 말씀드린 대로 중독은 치료가 어렵습니다. 잘못된 성 본능, 삐뚤어진 성 충동도 중독이어서 고치는 것이 어렵습니다. 그런데 그녀는 예수님 만나고 고쳐졌습니다. 마태복음 4장 23-24절을 보면 "예수께서 온 갈릴리에 두루 다니사 그들의 회당에서 가르치시며 천국 복음을 전파하시며 백성 중의 모든 병과 모든 약한 것을 고치시니 그의 소문이 온 수리아에 퍼진지라 사람들이 모든 앓는 자 곧 각종 병에 걸려서 고통 당하는 자, 귀신 들린 자, 간질하는 자, 중풍병자들을 데려오니 그들을 고치시더라 갈릴리와 데가볼리와 예루살렘과 유대와 요단 강 건너편에서 수많은 무리가 따르니라"고 했습니다. 모든 병, 연약함, 고통, 귀신, 정신질환, 중독증을 다 고치신 것입니다.

누구나 병에 걸릴 수 있습니다. 그리고 누구나 고침 받을 수 있습니다. 예수님을 오늘 여기서 만나면 됩니다. 저도 고침 받았고 여러분도 고침 받을 수 있습니다. 마피아를 만나면 마피아가 되고, 술친구를 만나면 술 마시게 되고, 마약하는 사람 만나면 마약을 하게 됩니다.

1961년 고등학생 시절 빌 클린턴 소년이 케네디 대통령을 만났습니다. 그는 정치가가 되어 대통령을 만난 후 대통령이 되는 꿈을 꾸었다고 합니다. 그로부터 30년이 지난 뒤 미국 대통령이 되었습니다.

이상한 사람 만나고, 이상한 곳 드나들면 인생이 안 바뀝니다. 점점 나빠집니다. 나를 고치시고 살리시는 예수님을 인격적으로 만나야 합니다. 대한민국이 예수님을 만나야 하고, 북한도 예수님을 만나야 삽니다. 국회도, 재벌도, 교회도, 나도 너도 예수님을 만나야 합니다.

본문을 살펴보겠습니다. 요한복음 14장 27절 말씀입니다.

> "평안을 너희에게 끼치노니 곧 나의 평안을 너희에게 주노라 내가 너희에게 주는 것은 세상이 주는 것과 같지 아니하니라 너희는 마음에 근심하지도 말고 두려워하지도 말라"

우리는 이 한 구절 속에서 치유와 회복의 메시지를 발견하게 됩니다. 평안은 고침 받고 죄사함 받고 구원받은 사람이 누리는 은혜입니다. 다시 말하면 축복이고 선물이라는 것입니다. 예수님을 만난 사람들에게는 평안을 주신다고 말합니다.

27절에서 세 가지 교훈을 발견할 수 있습니다.

1. 참 평안은 주님이 주십니다

미국 사람들은 아침에 만나면 "좋은 아침입니다"(Good morning)라고 인사하고 저녁에는 "좋은 저녁입니다"(Good evening, Good night)라고 인사합니다. 한국 사람들은 아침에 만나면 "밤새 안녕하셨습니까? 아침 진지는 잡수셨습니까?"라고 인사하고 저녁에는 "밤새 평안하세요. 잘 주무세요"라고 인사합니다.

문화의 차이를 보게 됩니다. 유대인들은 만나면 "샬롬!"이라고 인사합니다. 샬롬은 평안이라는 히브리말입니다. 애굽, 바벨론, 앗수르, 페르시아 등 강대국 틈새에서 저들은 평안이 필요했습니다. 지금도 중동의 한복판에서 리비아, 레바논, 이라크, 이란, 사우디, 이집트, 시리아, 팔레스타인 등 회교국가에 에워싸여 평화가 그립고 평안이 필요합니다. 언제 전쟁이 터질는지 어디서 폭탄이 터질는지 하루하루가 긴장과 불안으로 엮이고 있습니다. 그래서 저들은 샬롬을 인사하고 있는 것입니다.

그러나 샬롬을 노래하고 시로 읊고 인사한다고 평안이 옵니까? 여기저기 써 붙인다고 평안이 옵니까?

어두운 과거를 가진 죄 많은 여인이 있었습니다. 늘 양심의 가책과 고통, 주변의 따가운 시선 때문에 편할 날이 없었습니다. 그러던 어느 날 예수님을 찾아와 만났습니다. 예수님은 그녀에게 말씀하셨습니다. "네 믿음이 너를 구원하였으니 평안히 가라"(눅 7:50)고.

본문 속에서 "내가 평안을 준다. 골고루 끼쳐 준다"라는 말씀에 주목합시다. 평안의 샘 근원은 예수님입니다. 예수 안에 평안이 있고, 기쁨이 있고, 삶의 의미가 있습니다.

성경 어느 곳에도 "네가 평안을 만들어라"는 말이 없습니다. "내가 평안을 준다. 내가 골고루 끼쳐 준다"라고 말씀하셨습니다.

2. 세상 평안과는 다릅니다

글자는 같지만 세상에서 찾을 수 있는 평안과는 전혀 다르다는 것입니다. 젊어서, 인기가 있어서, 건강해서, 돈이 많아서, 권력을 가지고 있어서 평안하고 행복할 수 있습니다. 그러나 그것은 한 떨기 꽃송이에 불과합니다. 잠깐입니다.

베드로전서 1장 24-25절은 말합니다.

"모든 육체는 풀과 같고 그 모든 영광은 풀의 꽃과 같으니 풀은 마르고 꽃은 떨어지되 오직 주의 말씀은 세세토록 있도다"

세상 것은 오래 못 갑니다.
"화무십일홍(花無十日紅) - 꽃은 열흘 동안 피어 있기 어렵다."
"권불십년(權不十年) - 권세는 10년 넘기기 어렵다."
옛 사람들의 명언입니다.
오직 예수 그리스도만 영원하십니다. 예수님만 세세토록 존재하십니다. 시들지도 않고, 늙지도 않고, 죽지도 않고, 변하지도 않습니다.
주님만 영원히, 영원히 그리고 또 영원히 살아계십니다.
세상이 줄 수 없는, 세상에서 찾을 수 없는, 세상에서 맛볼 수 없는 다른 평안을 주님이 주신다고 약속하셨습니다.

3. 두려워하지 말아야 합니다

스데반 집사는 돌에 맞아 죽으면서 "내 영혼을 아버지께 맡깁니다"라고 큰 소리로 기도했습니다(행 7:59). 그 마음에 주님이 주신 평안이 있었기 때문입니다. 평안은 모든 것을 이기고 견디게 해줍니다.

인간은 양면성을 가지고 있습니다.

하나님의 형상대로 창조되었습니다. 그러나 흙과 먼지로 창조되었습니다. 하나님의 형상을 닮은 위대한 존재입니다. 그러나 질그릇처럼 약하고 사악한 존재입니다. 영혼을 가진 존재입니다. 그러나 물질로 된 육체를 가진 존재입니다. 이성을 가진 존재입니다. 그러나 감정의 지배를 받는 존재입니다. 거룩성을 가진 존재입니다만 욕심, 탐욕, 정욕을 가진 존재입니다. 그러나 예수님을 만나고 주시는 평안을 소유하면 좋은 사람, 편한 사람, 필요한 사람이 됩니다.

두려워 말라는 말씀은 "너는 그러지 말라"는 뜻을 담고 있습니다.

가정에서 부부, 부모자식, 형제끼리 그러지 맙시다. 학원에서 스승과 제자끼리 그러지 맙시다. 여당과 야당도 그러지 맙시다. 재벌도 그러지 맙시다. 노사도 그러지 맙시다. 교회도, 종교도 그러지 맙시다. 아파트 위아래층도 그러지 맙시다. 고속도로에서 그러지 맙시다. 예수 믿는다는 사람들도 그러지 맙시다.

바울은 에베소서 4장 3절에서 "평안의 매는 줄로 하나 되게 하신 것을 힘써 지키라"고 했습니다. 분노를 조절하지 못하고 화내는 사람들의 특징이 있습니다. 이유 없이 화나고 이유 있어 화냅니다. 자기 문제 때문에 화나고 남의 일 때문에 화납니다. 사회 때문에, 국가 때문에, 정치 때문에, 경제 때문에 화나지 않을 것들이 없습니다.

주님은 베드로에게 "칼을 칼집에 꽂으라. 칼을 쓰면 칼로 망한다"라고 말씀하셨습니다. 베드로는 악당들이 죄 없는 예수님을 잡아가는 것이 견딜 수 없었습니다. 분노가 치솟았습니다. 그래서 칼을 휘둘렀습니다. 정의의 칼, 의의 칼, 용기의 칼을 휘두른 것입니다. 그러나 주님은 말씀하셨습니다.

"칼을 칼집에 꽂으라. 칼을 쓰지 말라."

교회를 열심히 다니던 할머니가 어느 날 같은 동네 성당에 다니기 시작했습니다. 천주교로 개종을 한 것입니다. 미사에 빠지지 않고 눈이 오나, 비가 오나 잘 나옵니다. 몸이 아프거나 비가 오면 택시를 타고 잘 나옵니다. 어느 날 신부가 말했습니다.

"할머니, 날씨가 안 좋고 몸이 아프시면 집에서 미사 하시고 안 나오셔도 괜찮아요. 괜히 돈 쓰지 마시고요."

할머니 대답, "무슨 말씀이세요? 교회 다닐 때보다 훨씬 싸게 먹혀요……."

복음, 구원, 영생, 평안은 싸게 먹히는 정도가 아닙니다. 그냥 주신 은혜이고 복입니다. 그러나 그 평안을 싸구려 취급하면 안 됩니다. 그 평안을 나에게 주시기 위해 주님은 십자가에 달려 죽으셨습니다. 나를 평안하게 하시려고 채찍에 맞고 손과 발에 못 박히고 머리에 가시관을 쓰셨습니다.

그 평안을 돈 주고 삽니까? 전쟁으로 빼앗을 수 있습니까? 권력으로 쟁취할 수 있습니까? 아닙니다. 그렇게 못합니다. 안 됩니다.

세상이 줄 수 없는 평안, 그 무엇과도 바꿀 수 없는 평안, 주님이 주시는 평안, 다른 평안, 그 평안 주심을 감사합시다.

버리지 맙시다. 마음속 깊이 간직합시다.

믿고 맡기면 내 안에 평안이 차고 넘치게 될 것입니다.

"주여! 평안을 주옵소서. 평안하게 하옵소서.

주님은 평안이십니다. 아멘.

바로 보는 사람들

요한복음 9장 30-41절

그 사람이 대답하여 이르되 이상하다 이 사람이 내 눈을 뜨게 하였으되 당신들은 그가 어디서 왔는지 알지 못하는도다 하나님이 죄인의 말을 듣지 아니하시고 경건하여 그의 뜻대로 행하는 자의 말은 들으시는 줄을 우리가 아나이다 창세 이후로 맹인으로 난 자의 눈을 뜨게 하였다 함을 듣지 못하였으니 이 사람이 하나님께로부터 오지 아니하였으면 아무 일도 할 수 없으리이다 그들이 대답하여 이르되 네가 온전히 죄 가운데서 나서 우리를 가르치느냐 하고 이에 쫓아내어 보내니라 예수께서 그들이 그 사람을 쫓아냈다 하는 말을 들으셨더니 그를 만나사 이르시되 네가 인자를 믿느냐 대답하여 이르되 주여 그가 누구시오니이까 내가 믿고자 하나이다 예수께서 이르시되 네가 그를 보았거니와 지금 너와 말하는 자가 그이니라 이르되 주여 내가 믿나이다 하고 절하는지라 예수께서 이르시되 내가 심판하러 이 세상에 왔으니 보지 못하는 자들은 보게 하고 보는 자들은 맹인이 되게 하려 함이라 하시니 바리새인 중에 예수와 함께 있던 자들이 이 말씀을 듣고 이르되 우리도 맹인인가 예수께서 이르시되 너희가 맹인이 되었더라면 죄가 없으려니와 본다고 하니 너희 죄가 그대로 있느니라

곤충도 눈이 있고, 동물도 눈이 있고, 사람도 눈이 있습니다. 눈은 빛을 감지하고, 밝고 어두운 것, 멀고 가까운 것, 색깔, 모양, 크

고 작은 것을 구분합니다. 사람의 눈은 결막, 각막, 동공, 홍채, 수정체, 모양체, 유리체, 맹점, 황반, 망막 등으로 구성되어 있다고 합니다.

그 눈을 올바르게 관리하지 못하면 문제가 생긴다고 합니다. 근시, 난시, 약시, 건조증, 시력저하 등 기능에 이상이 일어난다는 것입니다. 장시간 컴퓨터를 들여다보는 것, 하루 종일 스마트폰을 들여다보는 것, 인공 속눈썹, 쌍꺼풀 테이프, 장시간 콘택트렌즈 착용하는 것은 시력을 악화시키는 원인이 된답니다.

중국 사천성에 가면 모기 눈으로 만든 요리가 있다고 합니다. 동굴에서 박쥐가 모기를 잡아먹고 배설을 하는데 모기 눈은 소화가 안 된 채 그대로 나옵니다. 그 배설물을 모아 모기 눈만 골라 요리를 만드는데 아무나 먹을 수 없는 고가의 요리라고 합니다. 모기 눈도 요리가 되면 싸구려가 아니라는 것입니다. 눈은 사람 눈이든 곤충 눈이든 귀한 지체입니다. 건강하게 관리해야 합니다.

본문은 태어날 때부터 맹인 된 사람이 어느 날 예수님을 만나 눈을 뜨게 되었다는 기사입니다. 중도 실명을 했거나 희미하지만 시력 회복이 가능한 맹인들 가운데 개안수술로 시력을 회복한 사람들이 있지만 그러나 날 때부터 시력을 잃은 맹인들의 경우는 다시 보게 된다는 것이 어렵다고 합니다. 그런데 본문의 맹인은 눈을 떴습니다. 개안수술을 한 것도 아니고 약물치료를 한 것도 아닙니다. 예수님 만나고 하라는 대로 했을 뿐인데 눈을 고쳤습니다.

학문이나 과학은 높이 올라갈수록 어렵고 복잡합니다. 그러나 신앙은 깊고 높아질수록 쉽고 단순해집니다. 예수님 만나면 됩니다. 하라는 대로 하면 됩니다.

그렇게 하면 맹인이 눈을 뜨고 걷지 못하는 사람이 걷고, 팔을 쓰지 못하는 사람이 팔을 쓰고, 혈루병 환자는 흘러내리던 피가 그쳤습니다. 그리고 죽은 사람도 살아났습니다. "일어나라" 한마디 말씀에 나인성 과부의 아들이 살아났고, "나오라"는 한마디에 나사로가 무덤에서 걸어 나왔습니다.

기독교 진리는 단순합니다. 믿으면 살고 안 믿으면 죽습니다. 순종하면 문제가 해결되고 불순종하면 꼬입니다. 신명기 34장 7절을 보면 "모세가 죽을 때 나이 백이십 세였으나 그의 눈이 흐리지 아니하였고 기력이 쇠하지 아니하였더라"고 했습니다. 그 비결이 무엇이었을까요? 하나님과 동행했기 때문입니다. 하나님의 일을 했기 때문입니다. 죄와 유혹을 멀리하고 하라는 대로 하면 누구나 모세처럼 될 수 있습니다. 모세의 건강한 눈과 기력은 하나님의 선물이었습니다.

나면서부터 맹인이었던 사람이 예수님을 만나 눈을 뜨게 됐다는 소문이 퍼졌습니다. 평소 그를 아는 이웃들이 물었습니다.

"네 눈이 어떻게 떠졌느냐?"(요 9:10)

"예수라 하는 그 사람이 진흙을 이겨 내 눈에 바르고 나더러 실로암에 가서 씻으라 하기에 가서 씻었더니 보게 되었노라."(요 9:11)

"그가 어디 있느냐?"

"알지 못하노라."(요 9:12)

"가서 씻으라."

"가서 씻었더니 보게 되었노라."

얼마나 단순하고 쉽고 편하고 감동적입니까? 동네 사람들이 그 맹인을 데리고 바리새인들에게 갔습니다. 바리새인들이 물었습니다.

"어떻게 된 일이냐?"

"씻고 보나이다."

바리새인이란 당시 종교지도자들이었고 자칭 의인이라고 여기는 기득권층이었습니다. 그들은 맹인과 그의 아버지를 협박하고 "이런 일은 있을 수 없다. 왜 안식일에 이런 일을 하느냐. 예수는 죄인이다"라며 비판했습니다.

왜 예수가 죄인입니까? 죄인 아닙니다.

왜 그 일이 나쁜 일입니까? 나쁜 일 아닙니다.

그들의 눈이 병들었기 때문입니다. 바로 보지 못했기 때문입니다. 주님의 말씀을 주목합시다(요 9:39-41).

"예수께서 이르시되 내가 심판하러 이 세상에 왔으니 보지 못하는 자들은 보게 하고 보는 자들은 맹인이 되게 하려 함이라 하시니"(39절).

"바리새인 중에 예수와 함께 있던 자들이 이 말씀을 듣고 이르되 우리도 맹인인가"(40절).

"예수께서 이르시되 너희가 맹인이 되었더라면 죄가 없으려니와 본다고 하니 너희 죄가 그대로 있느니라"(41절).

잘못 보는 것, 바로 보지 못하는 것은 죄라는 말씀입니다. 눈이 다 눈이 아닙니다. 시력이 다 시력이 아닙니다. 바로 보지 못하는 것은 바리새인의 눈에 불과합니다. 바리새인의 눈은 예수님도 알아보지 못하고 눈을 뜨게 된 맹인도 보지 못합니다.

마태복음 23장에서도 주님은 바리새인들과 법과 성경을 알고 그대로 지킨다는 서기관들을 책망하셨습니다. "화 있을진저 눈 먼 인도자여, 어리석은 맹인들이여"(마 23:16), "어느 것이 크냐, 그 금이냐, 그 금을 거룩하게 하는 성전이냐?"(마 23:17), "화 있을진저 외식하는 서기관과 바리새인들이여"(마 23:25), "회칠한 무덤이여"(마 23:27)라고 추상같은 어조로 그들의 외식과 교만을 책망하셨습니다.

우린 여기서 바로 보지 못하는 죄가 얼마나 크고 무서운가를 발견하게 됩니다. 눈뜬 그들이 맹인이라는 것입니다.

눈이 본 것을 뇌로 전달하면 뇌가 분석하고 판단해 지체로 전달합니다. 손이나 발은 전달받은 정보를 따라 행동하게 됩니다. 그러니까 잘못 보면 잘못 판단하고 잘못 판단하면 엉뚱한 일을 저지르게 되는 것입니다.

저는 요즘 내가 누구인가, 어떤 존재인가를 생각하곤 합니다. 내가 보는 내가 있고, 남이 보는 내가 있고, 하나님이 보시는 내가 있습니다. 세 종류의 나는 동일하지 않습니다.

사람은 태어나서 18개월 되어야 내가 다른 사람과 다른 존재라는 것을 알게 된다고 합니다. 그리고 철이 들고 인생을 깨닫게 되면서 내가 보는 나와 남이 보는 내가 다르다는 것을 발견하게 됩니다. 나는 잘나고 똑똑하고 의롭고 바르고 정당하다고 생각하는데 다른 사람은 나를 그렇게 인정하지 않을 수 있다는 것을 알게 되고 깨닫게 됩니다. 내가 보는 나와 하나님이 보시는 나도 다르다는 것을 알아야 합니다.

히틀러 나치 정권에 반기를 들고 "나치 정권은 멸망해야 된다. 미친 기관사가 기차를 몰고 있다. 그 기관사를 없애고 기차에 탄 사람들을 살려내야 된다"며 설교를 하고 글을 쓰고 강연을 한 독일 목사가 있었습니다. 본회퍼입니다. 그가 나치 정권에 체포되어 감옥에 수감되었습니다. 그는 영웅이었고 투사였고 정의의 사도였고 위대한 목사였습니다. 그가 옥중에서 쓴 시가 있습니다.

나는 누구인가?
남들은 가끔 나더러 말하기를
감방에서 나오는 나의 모습이
어찌나 온화하고 명랑하며 확고한지
마치 자기 성곽에서 나오는 영주 같다는데

나는 누구인가?
남들은 나에게 말하기를
감시원과 말하는 나의 모습이
어찌나 자유롭고 친절하고 분명한지
마치 내가 그들의 상전 같다는데

나는 누구인가?
남들은 또 나에게 말하기를
불우한 날들을 참고 지내는 나의 모습이
어찌나 평온하게 웃으며 당당한지
마치 승리만을 아는 투사 같다는데

남의 말의 내가 참 나인가?
아니면 나 스스로 아는 내가 참 나인가?

새장에 갇힌 새처럼
불안하고 그리워하며 약한 나
목이 졸린 사람처럼
살고 싶어 몸부림 치는 나
빛과 꽃과 새소리에 주리고
석방의 날을 기다리다 지친 나

이 둘 중 어느 것이 나인가?
오늘은 이 사람이고 내일은 저 사람인가?

하지만 내가 누구이든
오 하나님 당신은 아십니다.
나는 당신의 것임을!

남들이 보는 본회퍼와 자신이 본 본회퍼는 달랐습니다.

우리는 옷을 입습니다. 그러나 나를 위해, 나 때문에 옷을 입기보다는 '남이 어떻게 볼까? 어떻게 평가할까?' 남에게 보이기 위해 옷을 고르고 선택할 때가 많습니다. 인간은 사회적 존재이기 때문에 남의 시선이나 관심을 무시할 수는 없습니다. 그러나 나는 보지 않고 다른 사람만 보는 것은 건강한 시각이 아닙니다.

나는 어떤 사람이 되어야 합니까? 창세기 1장을 보면 하나님이 천지를 창조하신 기사가 기록되어 있습니다. 주목할 대목이 있습니다. 그것은 "하나님이 보시기에 좋았더라"라는 말씀입니다. 4, 10, 12, 18, 21, 26절에 반복됩니다. 그리고 31절에서는 "하나님이 지으신 그 모든 것을 보시니 보시기에 심히 좋았더라"고 했습니다. 하늘도, 땅도, 산도, 바다도, 짐승도, 새도, 나무도, 꽃도, 곤충도 "하나님이 보실 때 좋았다"는 것입니다.

하나님 보시기에 좋아야 합니다. 세상을 보고 사물을 보는 눈은 육안입니다. 학문을 보고 과학을 보는 눈은 지안입니다. 그러나 하나님을 보고 영원한 천국을 보는 눈은 영안입니다. 신령한 눈이 밝아야 하나님의 나라가 보이고 영원한 세계가 보입니다.

내가 좋아도 하나님이 나쁘다고 하시면 그건 나쁜 것입니다. 내가 보기에 선하고 아름답고 옳게 보여도 하나님 보시기에 '아니다'라고 하시면 그건 선한 것도 아름다운 것도 옳은 것도 아닙니다.

다시 말하면 내가 표준도, 기준도 아니라는 것입니다.

한쪽으로 치우쳐 보는 것을 편견이라고 합니다. 나를 바로 보아야 자아가 확립됩니다. 다른 사람을 바로 보아야 관계가 깨지지 않습니다. 세상을 바로 보아야 인생살이가 편해집니다. 교회도 바로 보고, 하나님도 바로 보아야 신앙생활이 망가지지 않습니다.

편견은 백번 천번 옳지 않습니다. 하나님은 바로 보지 못하는 것을 기뻐하시지 않습니다. 맹인들은 잘못 보는 일이 없기 때문에 잘못 보는 죄를 짓지 않습니다. 그러나 눈뜬 사람은 잘못 보는 죄를 범할 수 있습니다.

레위기 22장 22절을 보면 하나님께 짐승을 제물로 드릴 때 "눈먼 것, 상한 것, 지체에 베임을 당한 것, 종기 있는 것, 습진 있는 것, 비루먹은 것을 여호와께 드리지 말라"고 했습니다. 짐승도 바로 보지 못하는 것은 드리면 안 된다는 것입니다. 인생도, 재물도, 재능도, 좋은 것, 깨끗한 것, 바른 것을 드려야 합니다.

왜 눈을 뜨고 있으면서도 보지 못할까요? 왜 바로 보지 못할까요? 예수님이 십자가에 죽으셨다가 삼 일 만에 다시 살아나셨다는 소문을 듣긴 했지만 믿지 못한 두 사람이 예루살렘을 떠나 엠마오로 내려가고 있었습니다. 예수님이 그들에게 다가와 함께 걷고 있었습니다. 예루살렘에서 있었던 십자가 사건, 다시 살아나신 일들도 얘기하면서 걷고 있었습니다. 그런데 그들은 예수님을 알아보지 못했습니다. 누가복음 24장 16절을 보면 "그들의 눈이 가리어져서 그인 줄 알아보지 못했다"고 했습니다.

그들이 맹인이었습니까? 안질을 앓고 있었습니까? 아닙니다. 예수 보는 눈, 영혼의 눈이 가리어졌기 때문입니다. 그런데 24장 31절을 보면 "그들의 눈이 밝아져 그인 줄 알아보더니"라고 했습니다. 신령한 눈, 영의 눈이 밝아졌습니다. 그래서 예수님을 볼 수 있었습니다.

사도행전 9장은 사울이 다메섹 가는 길에서 예수님 만난 사건을 설명하고 있습니다. 사울은 죽은 예수를 살았다고 거짓 증거하는 그리스도인들을 다 죽이기로 결심하고 그 뒤를 좇고 있었습니다. 때는 한낮이었고 장소는 다메섹 가는 길이었습니다. 강한 빛이 사울의 눈을 쳤습니다. 땅바닥에 쓰러졌습니다. 들리는 음성이 있었습니다.

"사울아 사울아, 네가 어찌하여 나를 박해하느냐?"

"주여, 누구시니이까?"

"나는 네가 박해하는 예수다."

문제는 그 다음입니다. 사도행전 9장 8절을 보면 "사울이 땅에서 일어나 눈을 떴으나 아무것도 보지 못하고"라고 했습니다. 교만의 눈, 의심의 눈, 불신의 눈을 멀게 하신 것입니다. 9절을 보면 "사흘 동안 보지도 못하고 먹지도 마시지도 아니하니라"고 했고, 9장 18절을 보면 "사울의 눈에서 비늘 같은 것이 벗어져 다시 보게 된지라"고 했습니다.

바로 보려면 내 눈을 덮고 있는 비늘이 벗겨져야 합니다. 나를 바로 보지 못하게 하는 비늘, 다른 사람을 바로 못 보게 하는 비늘, 하나님을 바로 보지 못하게 하는 비늘이 벗겨져야 합니다.

지금 내 눈은 건강합니까? 시력은 얼마나 됩니까? 바로 보고 있습니까?

훗날 바울은 자신이 신령한 눈을 뜨게 된 체험을 증거했습니다. 사도행전 26장 18절을 보면 "그 눈을 뜨게 하여 어둠에서 빛으로, 사탄

바로 보는 사람들

의 권세에서 하나님께로 돌아오게 하고"라고 했습니다.

눈을 바로 떠야 빛 되신 주님을 볼 수 있습니다.

눈을 바로 떠야 사탄을 이기고 시험을 이기고 유혹을 이길 수 있습니다.

눈을 바로 떠야 바른 신앙생활을 할 수 있습니다.

"주여! 내 눈을 뜨게 하소서. 바로 보게 하소서." 아멘!

광야 훈련소

✝ 신명기 8장 1-10절

내가 오늘 명하는 모든 명령을 너희는 지켜 행하라 그리하면 너희가 살고 번성하고 여호와께서 너희의 조상들에게 맹세하신 땅에 들어가서 그것을 차지하리라 네 하나님 여호와께서 이 사십 년 동안에 네게 광야 길을 걷게 하신 것을 기억하라 이는 너를 낮추시며 너를 시험하사 네 마음이 어떠한지 그 명령을 지키는지 지키지 않는지 알려 하심이라 너를 낮추시며 너를 주리게 하시며 또 너도 알지 못하며 네 조상들도 알지 못하던 만나를 네게 먹이신 것은 사람이 떡으로만 사는 것이 아니요 여호와의 입에서 나오는 모든 말씀으로 사는 줄을 네가 알게 하려 하심이니라 이 사십 년 동안에 네 의복이 해어지지 아니하였고 네 발이 부르트지 아니하였느니라 너는 사람이 그 아들을 징계함 같이 네 하나님 여호와께서 너를 징계하시는 줄 마음에 생각하고 네 하나님 여호와의 명령을 지켜 그의 길을 따라가며 그를 경외할지니라 네 하나님 여호와께서 너를 아름다운 땅에 이르게 하시나니 그 곳은 골짜기든지 산지든지 시내와 분천과 샘이 흐르고 밀과 보리의 소산지요 포도와 무화과와 석류와 감람나무와 꿀의 소산지라 네가 먹을 것에 모자람이 없고 네게 아무 부족함이 없는 땅이며 그 땅의 돌은 철이요 산에서는 동을 캘 것이라 네가 먹어서 배부르고 네 하나님 여호와께서 옥토를 네게 주셨음으로 말미암아 그를 찬송하리라 구약성경 중 창세기, 출애굽기, 레위기, 민수기, 신명기 다섯 권의 책을 모세오경이라고 합니다. 모세가 쓴 다섯 권의 책이라는 뜻입니다. 창세기는 하나님의 창조와 인간역사 그리고 족장들의 신앙과 삶을 다루고, 출애굽기는 430년간 애굽에서 살던 히브리 민족이 애굽을 떠나 광야 40년을 보낸 역사, 레위기는 하나님의 택한 백성 이스라엘이 지켜야 할 절기와 제사법, 민수기는 이스라엘이 광야에서 겪었던 일들과 이스라엘 사람들의 규모, 신명기는 이스라엘 백성들이 광야를 지나면서 겪었던 일들을 잊지 않도록 주신 명령과 가나안 땅에 들어가 지켜야 할 일들을 중점적으로 다루고 있습니다.

신명기가 강조하는 핵심이 있습니다.

① 하나님의 구원을 잊지 말고 감사하라.
② 하나님 대신 다른 신(우상)을 섬기지 말라.
③ 하나님이 주신 계명을 지켜라.
④ 가나안 땅에 들어간 후 성민으로서 신앙과 삶을 바르게 지켜라.

오늘 읽은 신명기 8장의 중심주제는 하나님이 주신 계명을 지키라는 것입니다.

8장 1~10절은 40년간 광야 길을 걸을 때 하나님이 베풀어 주신 은혜와 사랑을 회상하고, 11~20절은 가나안 땅에 들어가 잘 먹고 잘 입고 잘 살게 됐을 때 하나님을 잊지 말라는 경고로 구성되어 있습니다.

2절을 보면 "네 하나님 여호와께서 40년 동안 광야 길을 걷게 하셨으며 너를 낮추시고 시험하셨다"고 했습니다. 3절을 보면 "너를 낮추시고 주리게 하시고 만나를 주셨다"고 했고, 4절에서는 "40년 동안 네 의복이 해어지지 않았고 네 발이 부르트지 아니하였다"고 했습니다. 그리고 5절에서는 "사람이 아들을 징계함 같이 너를 징계했다"고 했습니다. 이상의 구절들을 종합하면 하나님이 택한 백성 이스라엘을 광야에 집어넣고 호되게 훈련하셨다는 것을 발견하게 됩니다.

다시 말하면 광야 40년은 이스라엘 민족의 '광야 훈련소'였습니다.

광야에는 사람 사는 것이 어렵습니다. 돌멩이, 바위, 모래만 널려 있고 물이 없습니다. 일교차가 30도여서 농사짓는 것도 어렵습니다. 맹수와 독사의 서식지여서 항상 위험에 노출되어 있고 기후 적응도 어렵습니다. 그런데 그런 광야에서 40년을 보냈습니다. 광야의 다른 이름은 사막, 황야, 황무지입니다. 개발할 수도 없고 개발되지도 않은 쓸모없는 땅입니다.

하나님은 자유를 찾아 나온 이스라엘 백성을 광야에 가두고 40년간 훈련하셨습니다. 왜 그랬을까요? 훈련해야 강한 민족이 되고 선수가 되고 군인이 되기 때문입니다.

그 당시에는 비행기나 자동차 등 교통수단이 없었습니다. 그러나 요즘은 비행기로 애굽 카이로 공항에서 이스라엘 텔아비브 공항까지 1시간 20분밖에 걸리지 않습니다. 90번 도로를 타고 버스로 국경을 통과하면 8시간 30분만에 갈 수 있습니다. 걸어서 가도 한 달이면 갈 수 있는 거리입니다. 그런데 40년이 걸렸습니다. 선민 이스라엘을 훈련하시기 위해서였습니다.

훈련하면 군대 훈련을 뺄 수 없습니다. 육군, 해군, 공군, 해병대는 체계적이고 조직적인 훈련을 합니다. 각각 훈련소도 있습니다. 기초 군사훈련, 독수리 훈련, 사격 훈련, 유격 훈련, 제식 훈련, 구보 훈련, 화생방 훈련, 극기 훈련 등 엄격한 훈련을 실시합니다. 왜 이런 훈련을 합니까? 군인다운 군인을 만들기 위해, 군인의 전투력 향상을 위해, 전쟁에 이기기 위해서입니다.

운동선수도 훈련합니다. 경기에서 승리하기 위해서입니다. 올림픽에 출전한 모든 선수들은 메달을 목에 걸었든 걸지 못했든 하나같이 혹독한 훈련을 했습니다. 그냥 저절로 세계적인 선수가 될 수는 없습니다.

세계에서 최고의 연봉을 받는 축구선수는 레알 마드리드팀 소속 크리스티아누 호날두입니다. 그의 연봉은 8210만 달러입니다. 우리 돈으로는 약 920억 원이 됩니다. 그 다음이 바르셀로나팀 소속 리오넬 메시 선수인데 연봉이 7650만 달러(약 893억)입니다. 우리하곤 스포츠 시장 규모가 다릅니다.

그런데 주목할 것은, 그들이 세계적인 스포츠 스타가 그냥 된 것이 아니라는 것입니다. 피나는 훈련, 뼈를 깎는 훈련을 거쳤고 지금도 자신을 담금질하고 혹독한 훈련을 계속하고 있습니다. 호날두의 경우 매일 복근운동 3천 번, 달리기, 넘어지기, 몸 부딪히기, 푸시업, 수중 훈련 등 뼈를 깎는 훈련을 반복합니다.

유혹이 있고, 시험이 있고, 훈련이 있습니다. 유혹은 물리치고 이겨야 합니다. 이겨내지 못하면 무너지고 넘어집니다. 시험은 합격하지 못하면 떨어지고 탈락합니다. 훈련은 통과하지 못하면 위인도 될 수 없고 스타도 될 수 없고 선수도 될 수 없습니다. 훈련은 한번으로 끝나지 않습니다. 훈련은 날마다 달마다 계속해야 합니다.

군인도, 운동선수도 계속 훈련합니다. 기업들도 연수라는 이름으로 구성원들을 계속 훈련합니다. 교회도 성도들의 영적 성장과 성숙을 위해 훈련을 계속합니다. 그러나 여기서 '힘들다, 지겹다, 하기 싫다, 안 해도 된다'라며 훈련을 기피하면 그 사람은 군인도 선수도 회사원도 그리스도인도 되기 어렵습니다.

에이브러햄 링컨은 소년 시절부터 혹독한 훈련을 받았습니다. 가난 훈련소, 고독 훈련소, 따돌림 훈련소에서 훈련받고 미국 16대 대통령이 되었습니다. 헬렌 켈러는 앞을 보지 못하는 맹인 훈련소를 거쳐 세계적 명사가 되었고 앞을 못 보는 사람들에게 희망을 주는 사람이 되었습니다. 솔제니친은 소련 공산주의 독재 훈련소에서 훈련받고 세계적 작가가 되었습니다. 모세도 40년 광야훈련소에서 훈련받고 민족 지도자가 되었고, 바울도 아라비아 광야 훈련소를 거쳐 주님의 종이 되었고 선교사 목회자가 되었습니다.

1. 하나님은 왜 이스라엘을 광야 훈련소에서 훈련하셨을까요?

1) 연단하시기 위해서입니다.

말씀드린 대로, 훈련해야 큰 사람이 될 수 있습니다.

뽀빠이 이상용 씨가 SNS에 자신에 관한 글을 올린 것을 보았습니다. 이상용 씨 어머니가 이상용을 임신하고 남편 찾아 열 달간 걸어서 백두산까지 갔다가 만나지 못하고 부여로 돌아와 해산했습니다. 영양실조로 퉁퉁 붓고 거품에 싸인 채 나오자 다른 식구들이 애물단지라며 땅에 묻었습니다. 이 사실을 안 이모가 캐어냈습니다. 누워서 6년, 열두 살까지 여덟 가지 성인병을 다 앓고, 열세 살에 아령을 시작, 18세에 미스터 대전고, 미스터 충남이 되고, 1966년 미스터 고려대와 응원단장이 되고, ROTC 장교로 제대한 후 22가지 외판원을 전전하다가 28세에 TV에서 뽀빠이로 데뷔, 지금까지 나이 들어도 건강한 남자의 상징인 뽀빠이로 살아가고 있습니다. 명사가 된 것입니다

혹독한 시련과 고통의 인생광야를 거친 것입니다. 그는 사람에겐 다섯 개의 끈이 있다면서 그 끈으로 살라고 말했습니다.

"① 매끈하게 ② 발끈하게 ③ 화끈하게 ④ 질끈 동여매고 ⑤ 따끈하게 인정 넘치는 사람으로 사세요"라고.

생각, 건강, 활동이 70 지난 노인이 아닙니다. 인생광야 훈련소에서 훈련을 받았기 때문입니다. 이스라엘이 들어가 살게 될 가나안 땅은 싸움 잘하고, 우상숭배하고, 도덕적으로 타락한 원주민들이 살고 있었습니다. 헷 족속, 가나안 족속, 아모리 족속, 히위 족속, 여부스 족속 등 다양한 족속들이 자리 잡고 살고 있었습니다. 그 땅에 들어가 살려면 영적 체질을 훈련하고 단련해야 합니다. 그래야 싸워 이기고 버틸 수 있습니다.

1969년 3월 17일부터 1974년 4월 11일까지 네 번째 이스라엘 총리를 역임한 골다메이어는 영국의 마거릿 대처럼 철의 여인으로 존경받

던 총리였습니다. 그는 10년 동안 백혈병을 앓았습니다. "내 얼굴이 못생긴 것을 감사한다. 그래서 더 열심히 기도하고 노력했다. 내가 부족했기에 그분께 지혜를 구했다"라는 말을 남겼습니다. 그는 질병의 훈련소에서도 낙심하거나 포기하지 않았습니다.

포기할 것인가, 포기하지 않을 것인가, 그것은 내가 선택해야 합니다. 오늘도 하나님은 우리를 광야 훈련소에서 연단하시고 단련하시고 훈련하십니다. 우리를 쓸모 있는 사람으로 만들기 위해서입니다.

2) 낮추기 위해서입니다.

신명기 8장 12-14절을 보면 "네가 먹어서 배부르고 아름다운 집을 짓고 거주하게 되며 또 네 소와 양이 번성하며 네 은금이 증식되며 네 소유가 다 풍부하게 될 때에 네 마음이 교만하여 네 하나님 여호와를 잊어버릴까 염려하노라"고 했습니다. 16절을 보면 "이는 다 너를 낮추시며 너를 시험하사 마침내 네게 복을 주려 하심이었느니라"고 했습니다. 그리고 17절을 보면 "그러나 네가 마음에 이르기를 내 능력과 내 손의 힘으로 내가 이 재물을 얻었다 말할 것이라"고 했습니다. 그 뜻은 그렇게 하지 말라는 것입니다.

왜 광야 훈련을 하셨습니까? 잘난 척하지 말라고, 내가 했다는 말 못하게 하려고, 하나님 없어도 내 힘으로 살 수 있다는 생각을 못하게 하시려고, 낮추시고 또 낮추시려고 광야 훈련을 하신 것입니다.

광야 훈련소의 기본 철칙이 있습니다.

첫째, 인내해야 합니다. 더위도, 추위도, 갈증도, 위험도 다 참고 또

참아야 합니다.

둘째, 생략해야 합니다. 이것저것 늘어놓고, 장식하고, 꾸미고 사는 것을 다 생략해야 합니다.

셋째, 극기해야 합니다. 고통, 아픔, 분노, 원통, 슬픔, 절망, 실패 다 이겨내야 합니다.

넷째, 나 홀로 견뎌야 합니다. 그 누구도 함께하지 못합니다. 동정도 안 되고, 동참도 안 됩니다. 부모도 형제도 친구도 이웃도 내 대신 훈련받을 수 없습니다. 광야 훈련소는 나 혼자 훈련받습니다. 내가 나를 위해 훈련받는 것입니다.

2. 가장 중요한 것은 훈련 결과입니다

이스라엘 민족은 40년 광야 훈련 후 가나안 땅에 들어갔습니다.

음식이나 음료 가운데 단 것이 있고 쓴 것이 있습니다.

단 것은 먹고 마시는 데 편합니다. 쓴 것은 먹고 마시는 것이 불편합니다. 그러나 단 것이 다 좋은 것은 아닙니다. 쓴 것이 다 나쁜 것은 아닙니다. 오히려 몸에는 쓴 것이 유익합니다.

인생의 광야 훈련소!

힘이 들고 고통스럽고 견디기 어렵습니다. 그러나 그 훈련과 연단을 통해 성숙한 사람이 되고 믿음이 자라게 됩니다.

우리 모두에겐 광야가 있습니다. 외로운 광야도 있고 실패의 광야도 있습니다. 절망의 광야도 있고 질병의 광야도 있습니다. 남에게 알릴 수 없는 광야도 있고, 가슴 아프고 원통한 광야도 있습니다.

힘들고 어렵고 고통스럽지만 광야 훈련을 통과하면 젖과 꿀이 흐르는 가나안 땅이 기다리고 있습니다.

군인이 고된 훈련을 견디지 못해 훈련소를 떠나는 것을 탈영이라고 합니다. 이유 여하를 막론하고 탈영은 용서받을 수 없습니다.

운동 선수가 견디지 못하고 훈련을 포기하면 운동을 포기하는 것과 같습니다.

이스라엘 민족이 거친 광야는 수르 광야, 신 광야, 시내 광야, 바란 광야 등이었습니다. 광야에서 광야로 40년을 행군했습니다. 저들은 광야를 거쳤고 거기서 훈련받았기 때문에 광야가 겁나지 않습니다. 저들은 광야를 피하지 않고 맞서고 싸워서 이겨냅니다.

저들에겐 광야 정신이 있습니다.

인구는 770만 명이고 땅은 2만 평방킬로미터에 불과합니다. 우리나라(남한)의 4분의 1에 해당하는 작은 나라입니다. 남북한의 10분의 1 정도입니다.

주변에는 시리아, 이라크, 이란, 요르단, 레바논, 리비아, 아랍, 팔레스타인, 이집트 등 회교 국가들이 에워싸고 있습니다. 그런데 저들은 잘 버티고 이겨내고 있습니다.

강한 훈련, 고된 훈련, 생존 훈련을 받았기 때문입니다.

신명기 32장 10절을 보면 "여호와께서 그를 황무지에서, 짐승이 부르짖는 광야에서 만나시고 호위하시며 보호하시며 자기의 눈동자 같이 지키셨도다"라고 했습니다.

우리도 예외가 아닙니다. 힘들다고 포기하지 맙시다. 괴롭다고 원망하지 맙시다. 길이 막혔다고 주저앉지 맙시다.

나를 훈련하시는 하나님의 크고 선하신 뜻을 발견합시다. 그리고 하나님의 훈련에 나를 맡기고 따라갑시다.

신명기 32장 39절을 주목하십시오.

"나는 죽이기도 하며 살리기도 하며 상하게도 하며 낫게도 하나니 내 손에서 능히 빼앗을 자가 없도다"

그렇습니다.

"왜 나를 가혹하게 훈련하십니까? 왜 나를 당장 고난의 풀무에서 건져내지 않습니까? 왜 처참한 아픔과 실패를 외면하십니까?"라며 대들고 따지고 원망하지 맙시다.

하나님의 훈련소 훈련병이 된 것을 기뻐하고 감사합시다.

훈련소에서 탈영하지 맙시다.

문제 해법

✝ **사도행전 27장 20-26절**

여러 날 동안 해도 별도 보이지 아니하고 큰 풍랑이 그대로 있으매 구원의 여망마저 없어졌더라 여러 사람이 오래 먹지 못하였으매 바울이 가운데 서서 말하되 여러분이여 내 말을 듣고 그레데에서 떠나지 아니하여 이 타격과 손상을 면하였더라면 좋을 뻔하였느니라 내가 너희를 권하노니 이제는 안심하라 너희 중 아무도 생명에는 아무런 손상이 없겠고 오직 배뿐이리라 내가 속한 바 곧 내가 섬기는 하나님의 사자가 어제 밤에 내 곁에 서서 말하되 바울아 두려워하지 말라 네가 가이사 앞에 서야 하겠고 또 하나님께서 너와 함께 항해하는 자를 다 네게 주셨다 하였으니 그러므로 여러분이여 안심하라 나는 내게 말씀하신 그대로 되리라고 하나님을 믿노라 그런즉 우리가 반드시 한 섬에 걸리리라 하더라

모든 문제는 세 가지 특성을 가지고 있습니다.

첫째, 어느 시대나 있습니다.

창조시대에도 그리고 요한계시록의 종말시대에도 문제가 있습니다. 원시시대에도 있고, 최첨단 과학문명 시대에도 있습니다. 과거에도 있고, 오늘날에도 문제가 있습니다. 어제도 문제가 있었고, 오늘도

문제가 있고, 내일도 문제가 있을 것입니다.

둘째, 어느 곳에나 있습니다.

공중에도, 땅에도, 바다에도, 동양에도, 서양에도 문제가 있습니다. 집 안에도 있고, 집 밖에도 있습니다.

셋째, 누구에게나 있습니다.

남자도, 여자도, 어른도, 아이들도, 부자도, 가난한 사람도, 높은 사람도, 낮은 사람도, 사장도, 사원도 다 문제가 있습니다.

문제 중의 문제는 풀 수 있는 문제, 해결할 수 있는 문제보다 풀 수 없는 문제, 해결하기 어려운 문제가 더 많다는 것입니다. 문제를 해결한 사람보다는 해결하지 못해 고민하고 아파하는 사람이 더 많습니다.

지난 9월 12일 경주에서 발생한 규모 5.8의 지진은 우리 모두를 놀라게 했습니다. 제 경우도 앉아 있는 의자가 두 차례나 흔들리는 것을 느꼈습니다. 지진은 미국이나 남미, 일본에서나 일어나는 것으로 생각했습니다. 그런데 우리나라도 예외가 아니라는 것을 알게 됐습니다. 미국이나 일본의 경우 지진 대비나 내진 설계가 거의 완벽하다고 합니다. 그러나 세 가지가 불가능하다고 합니다. 언제 일어날지, 어디서 일어날지, 얼마나 일어날지 전혀 예측할 수 없다는 것입니다. 과학도, 경험도, 예방도 대지진 앞에선 속수무책이라는 것이 전문가들의 입장입니다.

지진뿐이겠습니까? 수를 셀 수 없는 문제들이 우리를 에워싸고 있지만 내 힘으로 풀 수 있는 문제는 많지 않습니다. 그렇다고 두 손 들고 포기하고 절망해야 될까요? 아닙니다. 해법을 찾아야 합니다. 해법이 있습니다. 그 해법을 찾기 위해 우리는 성경을 펴야 합니다.

성경 역시 창세기에서 요한계시록까지 문제가 있었음을 밝혀 줍니다. 그리고 그 문제들을 어떻게 풀었는가를 보여 줍니다.

1. 이스라엘 민족이 당면했던 문제와 해법 사례를 찾아보겠습니다

사례 ①

30년간 노예 생활하던 이스라엘 민족이, 모세의 영도를 따라 애굽을 탈출하는 데 성공했습니다. 그런데 홍해 앞에서 문제가 벌어졌습니다. 애굽 왕 바로가 기병대를 동원해 추격해 온 것입니다. 뒤에는 바로와 그의 군대, 앞에는 홍해 뒷길도, 앞길도 막혔습니다. 남은 길이 있다면 장정 60만 명과 부녀자들이 바로의 창칼에 죽든지 홍해에 빠져 죽는 길이었습니다.

그런데 그들은 죽지 않았습니다. 오히려 바로와 그의 병사들이 홍해에 빠져 죽었고 이스라엘 백성들은 당당하게 홍해를 건넜습니다. 영화 "십계"의 장면이 그 현장을 보여 줍니다. 그들에게는 해법이 있었습니다.

사례 ②

유다 왕 히스기야가 나라를 다스리고 있던 주전 732년경(정확하진 않습니다) 아시리아 왕국의 산헤립이 18만 5천 명 대군을 이끌고 당시 중동지역 점령에 나섰습니다. 그는 유대 나라를 정복하기 위해 동서

남북 통로를 차단하고 히스기야 왕에게 항복할 것을 협박하고 있었습니다. 길이 없었습니다. 두 손 들고 항복하거나 자멸하는 길밖에 없었습니다.

그런데 그렇게 끝난 게 아닙니다. 항복하거나 자멸하지 않았습니다. 오히려 산헤립의 18만 5천 대군이 밤 사이 시체로 변했습니다. 특단의 해법이 있었던 것입니다.

이상에서 말씀드린 두 사건의 공통점이 있습니다. 그것은 하나님이 문제를 해결하셨고 하나님이 해법을 주셨다는 것입니다.

하나님이 바로의 군사를 홍해에 빠져 죽게 하셨고 하나님이 산헤립 왕의 군대 18만 5천을 쳐서 시체가 되게 하셨습니다.

두 사건의 공통된 결론은 "하나님이 하셨다", "하나님이 하신다", "하나님이 해법이다"입니다.

2. 본문 중심으로 바울이 겪었던 사례를 살펴보겠습니다

바울 사도의 소원은 예수 그리스도의 복음을 온 세상에 전하는 것이었습니다. 그 당시 지구 끝은 스페인이라고 생각했기 때문에 바울은 스페인(서바나)에 가고 싶어했습니다(롬 15:28).

그리고 당시 세계의 교통, 문화, 산업의 중심지인 로마도 가고 싶었습니다. 자신의 건강이나 나이를 보면 전 세계를 다니며 복음을 전할 수가 없었습니다.

그러나 로마에 가서 복음을 전하면 그 복음이 전 세계로 뻗어나고 확산될 수 있다는 가능성을 본 것입니다. 그런데 드디어 그 꿈이 이루어졌습니다.

민심을 소란케 하고 율법을 믿는 유대교를 반대하고 기독교를 전파한다는 죄목을 들어 바울을 고소했습니다. 고소자들은 유대 종교 지도자들이었습니다.

바울은 로마 황제의 재판을 받기 위해 로마로 가게 되었습니다. 바울을 호송하기 위해 백부장 율리오와 경호원들이 동행하게 되었고 다른 죄수들도 있었습니다.

바울이 탄 배는 알렉산드리아 선적의 곡물선(무역선)이었습니다. 그 배에는 바울과 죄수들, 호송 책임자들, 무역업자들, 여행객들 279명이 타고 있었습니다. 큰 배였습니다.

바울의 경우 그토록 가고 싶었던 로마였습니다. 그런데 여행경비 한 푼 안내고 경호원까지 동승하고 가게 된 것입니다. 그런데 문제가 터졌습니다. 배가 풍랑을 만난 것입니다.

바울은 여러 차례 선교여행 하다가 풍랑을 만난 경험이 있었습니다. 고린도후서 11장 25-26절을 보면 "세 번 파선하였고 일주야를 깊은 바다에서 지냈으며……바다의 위험도 지냈다"고 했습니다. 그런데 사도행전 27장의 풍랑은 가장 심각하고 절망적인 것이었습니다.

풍랑이 심해지자 미항이라는 항구에 배를 대고 풍랑이 그치기를 기다리고 있었습니다. 때는 겨울이었습니다. 미항은 항구도 작고 머물기에 불편한 곳이었습니다. 유흥가도 없고 볼거리도 없는 곳입니다. 그러나 3~4시간만 더 가면 뵈닉스라는 항구도시가 있습니다.

그곳은 먹거리, 볼거리, 놀거리가 많은 향락 도시입니다. 미항과는 비교가 되지 않습니다. 거리도 그다지 멀지 않습니다. 그러나 바울은 불편하더라도 미항에서 겨울을 지내는 것이 안전하다고 했고 선장과 선주 그리고 백부장은 뵈닉스로 가자고 했습니다.

바울은 죄수의 한 사람입니다. 그의 말이 통할 리 없었습니다. 다수가 소수를 이긴 것입니다.

27장 12절을 보면 "그 항구가 겨울을 지내기에 불편하므로 거기서 떠나 아무쪼록 뵈닉스에 가서 겨울을 지내자 하는 자가 더 많으니"라고 했고 13절을 보면 "남풍이 순하게 불매"라고 했습니다.

두 가지 잘못이 있었습니다.

그것은 다수의 잘못된 결정을 따른 것이고 남풍에 속은 것입니다. 주경가들은 그때 그 남풍은 "때아닌 순풍이었다", "속임수 바람이었다", "광풍을 몰고 올 바람이었다"고 해석했습니다.

다수가 원하고 남풍까지 불어주는데 안 떠날 이유가 없습니다. 그래서 순풍에 돛 달고 향락이 기다리는 뵈닉스를 향해 떠났습니다.

여러분! 편한 것이 다 좋은 것은 아닙니다. 달콤한 것이 다 좋은 것은 아닙니다. 남풍이 성공 바람은 아닙니다. 좋은 것, 편한 것, 달콤한 것, 남풍에 속지 마십시오.

그 배는 어떻게 되었습니까?

14절을 보면 '유라굴로'라는 광풍을 만났습니다. 유라굴로란 라틴어로 동북풍이라는 뜻입니다. 그레데 섬 한복판에 2,100개가 넘는 이다 산맥이 있는데 두 기류가 충돌하면서 남풍이 동북풍 광풍으로 변한다고 합니다. 이 광풍을 만나면 살아남는 배가 없다고 합니다.

배가 밀리기 시작했습니다(행 27:15). 그 누구도 손쓸 겨를이 없어졌습니다. 대안도 방책도 해법도 없습니다. 그때, 그들이 살아남기 위해 취한 조치를 살펴보겠습니다.

짐을 바다에 버렸습니다(행 27:18). 배가 가라앉지 못하도록 무거운 짐을 버린 것입니다. 짐이 뭡니까? 그들의 소유, 보화, 재물, 비단 등입니다. 그것 때문에 배를 탔는데 버리다니요? 아까운 걸 어떻게 버립니까? 그러나 버리지 않고 껴안고 있으면 배가 파선되지 않습니까? 죽게 된 그 사람들을 그것들이 살려줍니까?

배의 기구들을 버렸습니다(행 27:19). 배 안에 있는 것들, 탁자, 의자, 고급기구, 연장들, 장식품들 다 버렸습니다. 우리가 지금 누리고 있는 것들, 가지고 있는 소장품들, 고가의 장신구들 두 눈 감으면 다 남의 것이 됩니다. 아무 소용이 없습니다. 그것들은 생명보다 중요하지 않습니다. 그래서 다 버린 것입니다.

20절을 보면 "여러 날 동안 해도, 별도 보이지 않고 큰 풍랑은 계속되고", "구원의 여망마저 없어졌다"고 했습니다. 이제 남은 것은 다같이 죽는 길뿐이라는 것입니다. 희망이 끝나고 죽음이 기다리는 바다! 해법도 없고 길도 없는 거기! 선장도, 선주도, 백부장도 해법이 없는 그곳!

그래서 그곳이 종점이었습니까? 다 거기서 죽었습니까? 배가 바다에 가라앉았습니까? 거기서 끝났습니까? 아닙니다. 그렇지 않습니다.

해법이 있었습니다.

바울이 입을 열었습니다.

"이제는 안심하라. 너희 중 아무도 생명에는 손상이 없겠고 오직 배뿐이리라. 걱정마라. 죽지 않는다."

그 근거가 무엇입니까? 23~24절이 설명해 줍니다.

"어젯밤 내가 섬기는 하나님이 말씀하셨다. '너는 로마 황제 가이사 앞에 서야 한다. 그리고 너와 함께 항해하는 사람들을 다 너에게 주었다' 하셨으니 여러분은 안심하라. 나는 내게 말씀하신 그대로 되리라고 하나님을 믿노라."(믿노라! 믿노라! 믿노라!)

그들은 단 한 명도 실종되거나 죽지 않았습니다. 276명 전원 멜리데라는 섬에 상륙했고 구원받았습니다. 자세한 이야기는 27장 27-44절에 기록되어 있습니다.

사람의 해법과 하나님의 해법은 다릅니다. 사람의 접근법과 하나님의 접근법은 같지 않습니다. 우린 여기서 하나님이 해법이라는 긍정적 믿음을 확인하고 고백해야 합니다.

"이 일은 하나님도 어쩔 수 없어. 이 일은 하나님도 풀지 못해. 하나님이라고 별수 있겠어? 기도해 봤자 결과는 뻔해."

이건 해법도 접근법도 아닙니다. '하나님은 하신다, 하나님은 하고 계신다.' 과거에도 지금도 앞으로도 하신다는 믿음이 필요합니다.

그리고 무엇이 내 믿음을 가로막고 있는가를 살펴보아야 합니다. 상처, 아픔, 쓴 경험, 실패, 고통 등이 되살아나면 믿음이 흔들리고 문제가 커지고 꼬이게 됩니다. 해법을 망칩니다.

며칠 전 인쇄된 편지 한 통을 받았습니다. 짐작건대 그분이 알고 있는 여러 사람들에게 보낸 서신이었을 것입니다.

캐나다에서 있었던 일이랍니다. 소년시절을 재혼한 양부모 밑에서 온갖 학대를 받으며 자란 사람이 있었습니다. 그러나 청년기에 들어서 노력한 끝에 자수성가했고 결혼해 아들까지 낳았습니다. 그의 평소 꿈은 최신 스포츠카를 사는 것이었습니다. 드디어 선망해 오던 최고급 스포츠카를 샀습니다. 닦고 칠하고 애지중지 관리했습니다.

그러던 어느 날 차를 손질하러 차고에 들어서는 순간 어린 아들이 못을 들고 스포츠카에 낙서를 하고 있었습니다. 이성을 잃은 그는 손에 잡히는 둔탁한 공구로 어린 아들의 손을 가차없이 내리쳤습니다. 손을 크게 다친 아들의 손에서 흐르는 피를 싸맨 채 병원으로 데려가 오랜 시간 대수술을 했지만 결국 손은 절단해야 했습니다. 마취에서 깨어난 아들은 울면서 아버지에게 말했습니다.

"아빠, 다신 안 그럴게요, 용서해 주세요."

제정신이 든 아버지는 집으로 돌아와 아들이 쇠못으로 차에다 쓴 낙서를 보고 권총으로 목숨을 끊었습니다. 아들이 차에 쓴 낙서는 이런 내용이었습니다.

"I love my dad!(아빠, 사랑해!)"

그날 거기서 아빠는 문제를 그렇게 푸는 게 아니었습니다. 그래선 안 되는 일을 한 것입니다. 그게 해법이 아니었습니다.

스포츠카보다 아들이 소중합니다. 천배! 만배!

나보다 교회가 소중하고 큽니다.

나보다 교회보다 주님이 더 소중하고 크고 높고 귀합니다.

내 생각, 내 판단, 내 뜻보다 주님의 뜻과 생각이 우선입니다.

인간은 문제 속에서 잉태되고 문제 속에 머물다 태어납니다. 그리고 사는 동안 이 문제 저 문제, 작은 문제 큰 문제를 겪게 됩니다. 내 힘으로 풀 수 있는 것들보다 풀지 못하는 문제가 더 많았습니다.

그러나 해법은 있습니다. 하나님이 해법입니다.

믿고 맡기고 고백합시다.

"주님 믿습니다. 사랑합니다. 해결해 주십시오. 풀어 주십시오."

아멘!

건강하고 행복한 교회

🕇 고린도전서 12장 25-31절

몸 가운데서 분쟁이 없고 오직 여러 지체가 서로 같이 돌보게 하셨느니라 만일 한 지체가 고통을 받으면 모든 지체가 함께 고통을 받고 한 지체가 영광을 얻으면 모든 지체가 함께 즐거워하느니라 너희는 그리스도의 몸이요 지체의 각 부분이라 하나님이 교회 중에 몇을 세우셨으니 첫째는 사도요 둘째는 선지자요 셋째는 교사요 그 다음은 능력을 행하는 자요 그 다음은 병 고치는 은사와 서로 돕는 것과 다스리는 것과 각종 방언을 말하는 것이라 다 사도이겠느냐 다 선지자이겠느냐 다 교사이겠느냐 다 능력을 행하는 자이겠느냐 다 병 고치는 은사를 가진 자이겠느냐 다 방언을 말하는 자이겠느냐 다 통역하는 자이겠느냐 너희는 더욱 큰 은사를 사모하라 내가 또한 가장 좋은 길을 너희에게 보이리라

현재 한국 안에 있는 교회 수를 5만 정도로 봅니다. 그리고 교인 수는 약 1천만 정도로 봅니다. 5만여 교회를 두 그룹으로 나눌 수 있습니다. 그것은 건강한 교회와 건강하지 못한 교회입니다. 신학이 잘못되어 이단이나 사이비에 빠진 교회, 내부 갈등이 있어 다투는 교회들은 건강이 나쁜 교회들입니다. 그런가 하면 건강하고 행복한 교회

들도 많습니다. 어떤 교회가 건강하고 행복한 교회인가를 살펴보겠습니다.

1. 교회란 무엇인가?

"예수 그리스도를 구주로 고백하는 사람들이 모인 공동체"라고 정의할 수 있습니다. 교회 위치도 중요하고 구성원도 중요합니다. '어떤 사람들이 모였는가? 그들의 직업이 무엇인가? 어떤 동네에 자리 잡고 있는가? 건물의 크기는 어떤가?' 등 다 중요합니다. 그러나 가장 중요한 것은 교회의 주인이신 예수 그리스도가 그 교회 안에 살아 계셔야 합니다. "나는 예수를 믿습니다. 예수는 나의 구주이십니다"라는 사실을 고백하는 사람들이 모인 곳이 교회입니다.

마태복음 16장을 보면 예수님께서 베드로에게 물으셨습니다.
"너희는 나를 누구라 하느냐?"
베드로의 대답이 중요합니다.
"주는 그리스도시요 살아 계신 하나님의 아들이십니다."
더 중요한 것은 예수님의 다음 말씀입니다.
마태복음 16장 18절을 주목합시다.

"또 내가 네게 이르노니 너는 베드로라 내가 이 반석 위에 내 교회를 세우리니 음부의 권세가 이기지 못하리라"

베드로는 반석이라는 뜻입니다. 주님은 여기서 베드로의 고백을 반석으로 보신 것입니다. 그리고 그 반석 위에 교회를 세우겠다고 하신 것입니다.

기독교는 고백의 종교입니다. 독백과 고백은 다릅니다. 독백은 자기 혼자 중얼거리는 것이고, 고백은 증인 앞에서 소리 내어 말하는 것입니다. 신앙은 말로, 소리로, 글로, 행동으로 고백해야 합니다.

회사 동료끼리 회식을 하거나 점심을 함께 먹는 경우가 있습니다. 그때마다 음식을 앞에 놓고 한 손으로 얼굴을 감싸거나 문지르는 사람이 있었습니다. 한두 번도 아니고 매번 그랬습니다. 나중에야 밝혀졌지만 교회를 다니는 사람인데 밥 먹을 때마다 정체가 드러날 것 같아서 얼굴을 손으로 감싸는 척, 쓰다듬어 내리는 척하면서 기도를 했다는 것입니다. 그 사람의 일기장 첫머리에 '기도지침'이 적혀 있었습니다.

"① 기도는 형식이 아니다. 마음으로 하면 된다. ② 건더기 있을 때는 기도하고 건더기 없을 때는 그냥 먹어도 된다."

고백이 겁나는 것은 신앙이 약하기 때문입니다. 그래서 신앙과 고백은 쌍두마차의 바퀴와 같습니다.

국어사전에 의하면 '공동체'를 이렇게 정의했습니다.

"생활과 운명을 같이하는 조직체."

"일정한 토지를 공동으로 차지하고 거기에 바탕을 둔 사회관계의 총체."

교회는 공동체입니다. 예수 그리스도와 삶을 함께하고 운명을 같이합니다. 함께 죽고 함께 삽니다. 그리고 그리스도인끼리도 운명을 같이합니다.

초대교회의 경우를 보면 날마다 모여 함께 예배드리고, 기도하고, 성경을 공부했습니다. 그리고 자기 소유를 자기 것이라고 여기지 않고, 떡을 나누고 소유를 나눴습니다. 그야말로 공동체 생활을 한 것입니다.

중요한 것은 그러한 공동체 생활과 훈련은 장차 천국에 들어가 살게 될 그리스도인의 삶의 모습이었다는 것입니다. 더불어 사는 것이 공동체입니다. 잘나고 똑똑하고 가진 사람이 큰소리쳐도 안 되고, 못나고 무식하고 가진 것이 없다고 생각하는 사람들이 반항하고 문제를 일으켜도 안 되는 곳이 교회입니다. 국어사전의 정의대로 모든 사람이 삶과 운명을 함께하는 곳, 예수님과 함께하는 공동체가 곧 교회가 되어야 합니다.

2. 어떤 교회가 건강하고 행복한 교회인가?

고린도전서 12장 27절을 보면 "너희는 그리스도의 몸이요 지체의 각 부분이라"고 했고, 에베소서 4장 15절을 보면 "그는 머리니 곧 그리스도라"고 했고, 4장 16절을 보면 "그에게서 온몸이 각 마디를 통하여 도움을 받음으로 연결되고 결합되어 각 지체의 분량대로 역사하여 그 몸을 자라게 하며 사랑 안에서 스스로 세우느니라"고 했습니다. 바울은 교회를 몸으로 비유하여 설명하고 있습니다. 예수 그리스도는 머리, 교회는 몸, 우리는 몸에 붙어 있는 지체라는 것입니다.

건강한 몸은 다음과 같은 특징이 있습니다.

1) 피가 통해야 합니다.
옷가게에 서있는 마네킹도 머리가 있고, 몸이 있고, 손발이 있습니다. 그러나 피가 통하지 않기 때문에 생명이 없습니다. 교회는 예수 생명, 예수의 피가 신령한 핏줄을 타고 순환해야 합니다. 피의 순환을 위해 심장이 펌프질을 하는데 그 힘을 합하면 매일 사람의 몸을 1,600m 들어올리는 힘이라고 합니다. 심장이 펌프질을 해서 매일 1천 번 이상 온몸을 순환한다고 하니 놀랍습니다. 심장박동은 정상시에는 분당 60-70회 하루 평균 10만 번, 70세를 산다면 26억 번을 박동하게 된다는 것입니다. 그런데 혈관 어느 부분이 막혀 피가 순환되지 못하면 생명의 위협을 받거나 잃게 됩니다. 그래서 실핏줄까지도 막히지 않고 순환이 되어야 합니다. 내 몸 안에 4.5ℓ의 피를 가지고 있는 것도 중요하지만 핏줄이 막히지 않고 순환하는 것이 더 중요합니다.
건강한 교회는 예수 그리스도의 십자가의 보혈이 순환하고 통해야 합니다. 예수님의 보혈이 있어야 교회입니다. 예수님의 피가 순환해야 건강한 교회입니다. 그리고 행복한 교회입니다.

2) 모든 지체가 다 건강해야 합니다.
고린도전서 12장 25절을 보면 "몸 가운데서 분쟁이 없고 오직 여러 지체가 서로 같이 돌보게 하셨느니라"라고 했고, 26절을 보면 "만일 한 지체가 고통을 받으면 모든 지체가 함께 고통을 받고 한 지체가 영광을 얻으면 모든 지체가 함께 즐거워하느니라"라고 했습니다.

월드컵 축구 경기에서 오른발로 슛을 날려 골을 넣었습니다. 10만 관중이 일제히 일어나 환호하고 소리를 지릅니다. 오른발만 영광을 받습니까? 타이거 우즈가 PGA 골프 대회에서 두 손으로 골프공을 날려 우승을 했습니다. 전 세계 언론들이 타이거 우즈의 두 손만 사진을 찍습니까? 이승엽 선수가 야구장에서 홈런을 날려 팀을 승리로 이끌었습니다. 외야로 날아간 공을 대문짝만하게 찍어 신문에 넣습니까? 그 사람 전체가 영광을 받습니다.

심장도 신장도 간도 위장도 대장도 소장도 다 중요합니다. 발도 손도 발가락도 손가락도 다 중요합니다.

조선일보에 '10원의 재발견'이라는 기획 기사가 실렸습니다. 신지은 기자의 취재기사였습니다. "누가 10원짜리를 푸대접하는가, 일상생활 속에서 쓰임새가 많이 사라져 심심하면 발행 중단설이 나오는 10원 동전이지만 이 천덕꾸러기가 맹활약하는 곳도 있다"면서 "골프장에서 공의 위치를 표시하는 볼 마커로 18만 개가 유통되고 있고, 음식점 할인점의 10원 마케팅, 10원짜리만 모으는 자선함 등 10원 동전은 아직 죽지 않았다"고 썼습니다.

냉장고나 신발 밑창에 넣어두면 탈취제가 되고, 꽃병 안에 넣어두면 구리에서 음이온이 발생해 물이 빨리 썩는 것을 방지하기 때문에 꽃이 시들지 않는다는 것입니다. 10원이 없으면 100원, 1,000원, 10,000원이 되지 않습니다. 9,990원일 뿐입니다.

하물며 손가락, 발가락 같은 지체의 경우는 더 말할 나위가 없습니다. 우리는 교회의 지체들입니다. 하나하나가 다 소중합니다. 하나님의 피조물로서 소중하고, 교회의 구성원인 지체로서 소중한 사람들입니다. 전인건강이란 영혼도 육체도 삶도 건강한 것이 전인건강입니다. 신학도 사상도 신앙도 건강해야 건강한 교회가 성립됩니다.

영국 일간지 〈더 타임즈〉의 보도에 의하면 남성보다 여성이 장수하는 원인은 심장 때문이라고 했습니다. 남성의 경우 70세가 되면 심장 기능의 75%가 제기능을 잃게 되지만, 여성은 20세 때 심장의 기능을 70세가 되어도 그대로 유지한다는 것입니다.

바울은 빌립보서 1장 8절에서 "내가 예수 그리스도의 심장으로 너희 무리를 얼마나 사모하는지"라고 했습니다. 바울은 예수 그리스도의 심장을 가졌다는 것입니다. 그래서 바울은 영적으로 건강할 수 있었습니다.

위에서 말씀드린 대로 지상 교회는 불완전합니다. 그러나 가장 좋고 아름답고 행복한 교회의 모델은 여기저기서 찾을 수 있습니다. 균형 잡힌 성장, 섬김과 나눔, 신앙과 신학의 조화, 일사불란한 전진, 세계를 품는 비전, 거기다 탁월한 리더십이 한마당에 어우러져 멋지고 건강하고 행복한 교회를 형성해 나가는 교회들입니다.

그러나 오늘만으로 만족하거나 현실에 안주하는 것은 퇴화의 조짐이 됩니다. 그리고 우리는 나아가 세계로 뻗어나가야 합니다. 여기서 말하는 뻗어나간다는 말의 뜻은 교세 확장이라기보다는 섬김과 나눔 그리고 영혼 구원과 선교를 뜻합니다. 한국교회가 다함께 건강하고 행복한 교회가 되기를 바랍니다.

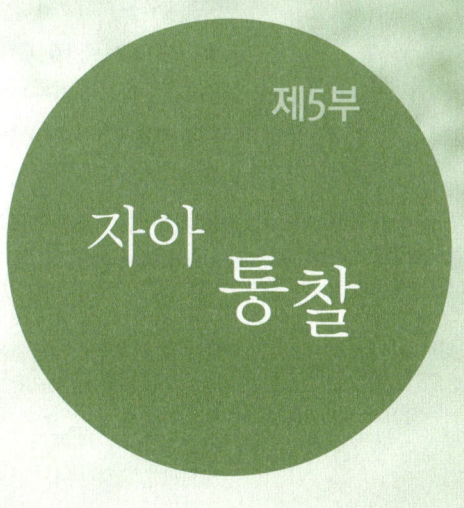

제5부

자아 통찰

섬기러 왔노라
(제4회 바른신학균형목회세미나 개회예배)

🌿 **마가복음 10장 35-45절**

세베대의 아들 야고보와 요한이 주께 나아와 여짜오되 선생님이여 무엇이든지 우리가 구하는 바를 우리에게 하여 주시기를 원하옵나이다 이르시되 너희에게 무엇을 하여 주기를 원하느냐 여짜오되 주의 영광중에서 우리를 하나는 주의 우편에, 하나는 좌편에 앉게 하여 주옵소서 예수께서 이르시되 너희는 너희가 구하는 것을 알지 못하는도다 내가 마시는 잔을 너희가 마실 수 있으며 내가 받는 세례를 너희가 받을 수 있느냐 그들이 말하되 할 수 있나이다 예수께서 이르시되 너희는 내가 마시는 잔을 마시며 내가 받는 세례를 받으려니와 내 좌우편에 앉는 것은 내가 줄 것이 아니라 누구를 위하여 준비되었든지 그들이 얻을 것이니라 열 제자가 듣고 야고보와 요한에 대하여 화를 내거늘 예수께서 불러다가 이르시되 이방인의 집권자들이 그들을 임의로 주관하고 그 고관들이 그들에게 권세를 부리는 줄을 너희가 알거니와 너희 중에는 그렇지 않을지니 너희 중에 누구든지 크고자 하는 자는 너희를 섬기는 자가 되고 너희 중에 누구든지 으뜸이 되고자 하는 자는 모든 사람의 종이 되어야 하리라 인자가 온 것은 섬김을 받으려 함이 아니라 도리어 섬기려 하고 자기 목숨을 많은 사람의 대속물로 주려 함이니라

저는 본문을 읽으면서 사람이 자기 속내를 고친다는 것과 제자다운 제자를 키워내는 것이 얼마나 힘든 일인가를 발견합니다. 베드로

와 야고보, 요한은 12제자 중 신임받는 측근 트리오였습니다. 중요한 사안마다 동행을 허락하셨고 깊은 관심을 보였던 제자들이었습니다.

그러나 그들이 곧바로 예수 닮은꼴이 된 건 아니었습니다. 예수님을 닮기는커녕 베드로는 나 몰라라 부인했고, 요한과 야고보는 능욕과 죽음이 기다리는 예루살렘 상경길에서 영광의 우편과 좌편 자리를 요구했습니다. 세 제자의 행위는 발상도 전개도 철부지 수준을 넘어서지 못한 것입니다.

베드로의 경우를 보겠습니다. "어디든 주와 함께 가겠습니다", "다 주를 버려도 저는 버리지 않겠습니다", "죽는 것도 함께하겠습니다"라며 충성을 장담했습니다. 그런 그가 위기상황을 모면하기 위해 "나는 모른다. 한패거리가 아니다"라며 예수를 저주했습니다. 그가 제자 본연의 자리로 돌아와 초대교회를 섬기고 순교의 잔을 마신 것은 훨씬 뒤의 일입니다.

야고보와 요한의 경우를 보겠습니다.

> "보라 우리가 예루살렘에 올라가노니 인자가 대제사장들과 서기관들에게 넘겨지매 그들이 죽이기로 결의하고 이방인들에게 넘겨주겠고 그들은 능욕하며 침 뱉으며 채찍질하고 죽일 것이나 그는 삼 일 만에 살아나리라 하시니라"(막 10:33-34).

예루살렘 상경길이 어떤 길인가를 밝혔음에도 불구하고 "주의 영광 중에서 우리를 하나는 주의 우편에 하나는 좌편에 앉게 하여 주옵소서"라는 청탁이야말로 삼척동자에게 물어도 소아병적 발상이 아닐 수 없습니다.

가룟 유다는 어떻습니까? 3년씩 스승을 따르고 배웠다면 스승 닮은 제자는 되지 못하더라도 스승을 배신하고 파는 행위는 하지 말았어야 합니다.

세 제자와 유다의 차이점이 있습니다. 세 제자는 훗날 주님이 가신 길을 따라 걷다가 순교의 잔을 마셨고, 유다는 자신의 과오를 자학하다 자살로 생을 마무리했습니다.

제자 키우기! 안 될 확률이 높고, 또 되더라도 시간이 걸립니다. 그리고 제자인 양 측근인 양 굴다가도 이해득실이 얽히면 한순간에 등을 돌린다는 것도 알아 두는 게 좋습니다.

오래 전 교회 개척을 제자 양육으로 시작한 목사님이 있었습니다. 매주 하루씩 10여 명과 함께 성경공부를 시작했습니다. 그들 중에는 교회를 정하지 않고 이곳저곳을 드나들던 중소기업 사장과 나가던 교회에서 여전도회 회장 문제로 크게 다투고 그 교회를 떠난 여 집사가 끼어 있었습니다. 2년이 지난 어느 날 저를 만난 그 목사님은 낭보를 전했습니다. 제자 양육을 통해 은혜 받은 사람들이 감동적 결단을 하고 있노라며 호텔 사장은 앞으로 교회를 건축하기로 했고 여 집사는 자기 집을 내놓기로 했다는 것입니다.

저는 그 목사님에게 인심은 가변차선과 같아서 변할 수도 있다는 것과 내 제자로 양육하지 말고 예수님의 제자로 양육하라는 조언을 했습니다. 문제는 7년이 지난 뒤에 일어났습니다. 200여 명으로 교회가 성장하긴 했는데 담임목사님과 대립각을 세우고 앞장선 전투부대 지휘관은 다름 아닌 교회 짓겠다던 사장과 집 내놓겠다던 여 집사였습니다.

야고보와 요한의 경우는 말씀을 오해한 탓으로 빗나가기 시작한 것입니다. 신학과 교단 분열의 주된 원인이 성경 해석 문제에서 비롯된 것처럼 야고보와 요한 역시 말씀을 올바르게 해석하지 못한 데서 자리를 탐하게 된 것입니다. 자기들 나름대로 판을 짜고 내각을 조각했습니다. 그러나 그들은 주님의 나라가 권력집단도 아니고 계층구조가 아니라는 것을 몰랐습니다. 그 나라는 내려놓는 사람들과 목숨을 내놓는 사람들이 동서남북 전후좌우를 차지한다는 원론을 오해했습니다.

지상 교회의 상황도 다를 바 없습니다. 공교회인 탓으로 정치, 법, 구조, 조직, 틀이 필요합니다. 그러나 세속 집단은 아닙니다. 싸움판을 벌이고 파벌을 만들고 작당을 짓는 것은 교회의 정체성을 모르기 때문입니다. 제2의 야고보와 요한적 발상에 세뇌된 사람들이 모여 집단을 형성하고 있기 때문입니다.

그때 주님께서 "무엇을 원하느냐"고 물으셨을 때 "십자가의 길을 걷고 싶습니다"라고 대답했어야 합니다. 그러나 아직 그들의 신앙은 초등학문을 벗어나지 못한 자리에 머물고 있었습니다.

우리도 예외가 아닙니다. 저도 황제 목회를 얼마나 탐하고 부러워했겠습니까? 그러나 그것은 예수 목회는 아닙니다. 우리는 예수가 아닙니다. 예수가 되려고 해도 안 되고 될 수도 없습니다. 그러나 예수님의 가르침이나 삶을 등지면 안 됩니다. 내가 누울 자리에 주님이 눕게 해드리고 내가 앉을 자리에 주님이 앉으시도록 자리를 만들어 드리는 것이 제자도입니다. 예수님을 가르치노라며 부가가치로 내 자리를 만드는 것은 상업주의입니다.

우리 시대는 예수장사꾼이 의외로 많습니다. 제가 이스라엘 성지를 처음 방문한 것이 1970년대 후반이었습니다. 밤잠을 설치며 떠날 날을 기다렸습니다. 직항이 없던 때여서 환승하는 번거로움 끝에 이스라엘 공항에 도착했습니다. 때는 저녁이었습니다. 두 눈에는 이슬이 맺히고 가슴은 울렁거렸습니다. 주님이 거니시던 땅, 못 박히신 골고다가 있는 나라에 발을 내딛는다는 흥분을 가눌 길이 없었습니다.

첫날 밤 묵은 곳은 아랍 지역 모텔이었습니다. 동이 틀 무렵 갑자기 닭이 울기 시작했습니다. 그것도 2분 간격으로 세 번이나 울어댔습니다. 깜짝 놀라 깼습니다. '내가 베드로인가? 웬 닭이 세 번씩이나 울까?' 나중에 안 일입니다만 성지를 찾는 사람들이 대부분 기독교인들이라는 것을 알고 닭 우는 소리를 녹음해 두었다가 새벽마다 들려준다는 것입니다.

다음날 일정은 골고다 언덕을 오르는 것입니다. 조반 후 주님이 무거운 십자가를 지고 오르신 '비아 돌로로사'(Via Dolorosa)를 올라가기 시작했습니다. 그러나 그날 그 길은 비아 돌로로사가 아니었습니다. 세계 각지에서 몰려든 순례자들과 아랍 상인들이 뒤엉킨 시장바닥이었습니다. "원달러. 싸요. 사요"라며 상인들은 거리를 점령한 채 장사판을 벌이고 있고 여행객들은 이 가게, 저 가게를 기웃거리며 상품을 흥정하고 있었습니다.

슬픈 마음과 착잡한 마음이 저를 사로잡았습니다. 골고다 언덕길에 예수는 없고 장사꾼들의 장터로 변한 그 길이 너무나 삭막하고 처량했습니다. 기념교회를 둘러본 후 내려오면서 저는 작심했습니다.

"예수 장사는 안 하겠다. 예수 팔아 황금의자 만들고 보좌를 꾸미지는 않겠다."

그런데 어찌된 일인지 목회를 접어야 하는 이 시점에서도 불쑥불쑥 황제 목회에 대한 연민이 꿈틀거리는 까닭은 주님이 그토록 강조하시던 낮춤과 섬김의 도에 이르지 못했기 때문이라는 자괴감으로 괴롭습니다.

부모 잘 만나 자식이 성공하고 호강하는 것은 나쁜 일이 아닙니다. 우리네는 예수님 때문에 잘 먹고 잘 입고 호강하고 있습니다. 그러나 자식들이 부모의 뜻을 저버리고 부모 재산을 탐하여 싸움판을 벌인다든지 부모 가슴에 대못질을 한다면 자식이 아니라 불량배와 같게 될 것입니다.

저 개인의 경우를 보면 주님 만나고 인생이 바뀌고 삶이 변했습니다. 가난한 농부였고, 시골 교회를 섬기던 조사(전도사)의 외아들로 태어났습니다. 제가 세 살 때 아버님이 세상을 떠났습니다. 물려받은 것은 철저한 가난과 고독 그리고 아픈 상처였습니다. 주님이 그런 저를 만나 주지 않으셨다면 가난에 짓눌려 거지가 됐거나 먹고살기 위해 남의 것을 훔치고 빼앗는 불량배가 되었거나 버거운 현실을 비관한 나머지 스스로 목숨을 끊을 수도 있었을 것입니다.

바울의 고백대로 나의 나 된 것은 하나님의 은혜였습니다. 그런데 이 못난 자아 속에는 뭔가를 더 바라고 탐하는 불량한 심성이 꿈틀거리고 있습니다. 주님을 닮지 못한 죄성이 살아 있기 때문입니다.

주님은 야고보와 요한에게 말씀하셨습니다. "집권자들과 고관들은 주관하고 권세를 부린다. 그러나 너희는 그러면 안 된다"라며 "너희 중에 누구든지 크고자 하는 자는 너희를 섬기는 자가 되고 너희 중에 누구든지 으뜸이 되고자 하는 자는 모든 사람의 종이 되어야 하리라"고 하셨고, "인자가 온 것은 섬김을 받으려 함이 아니라 도리어 섬기려 하고 자기 목숨을 많은 사람의 대속물로 주려 함이니라"고 하셨습니다(막 10:42-45).

큰 자가 되고 싶다, 으뜸이 되고 싶다, 대접받고 싶다는 것은 본성입니다. 작은 자가 되라, 종이 되라, 섬기라는 것은 추구해야 할 최고 가치입니다. 우리는 여기서 본성과 가치의 심각한 전투 현상과 영적 충돌을 발견하게 됩니다. 사도 바울도 유사한 영적 충돌 때문에 고민했습니다. 섬김 받고, 크고 싶고, 높아지고 싶은 본성을 내려놓고 주님이 제시하신 최고, 최상의 가치를 수용한다는 것이 생각처럼 녹록지 않다는 데 어려움이 있습니다.

내 안에 두 개의 내가 있다고 실토했던 바울처럼 우리 안에서 꿈틀거리고 있는 두 개의 상반된 가치가 우리를 괴롭힙니다. 그러나 자칫 잘못하면 본성과 야합하고 본성의 속삭임에 세뇌당한 채 높고 큰 것을 탐하는 무리가 되기 쉽다는 것입니다. 그리고 그렇게 되면 예수 없는 교회, 예수 없는 목회, 예수 없는 제자가 되고 말 것입니다. 그쪽을 선택할 수는 없지 않습니까!

　모세의 경우를 보겠습니다. 그는 억압받는 히브리인의 아들로 애굽에서 태어났습니다. 애굽인이 볼 때 모세는 종의 자식이었습니다. 그러나 그는 하나님의 은혜로 어머니 품에서 자랐고 공주의 아들로 입양돼 왕가의 전통과 교육을 받았습니다. 그가 두 차례 평민의 싸움에 개입만 하지 않았다면 공주의 아들로 출세와 성공의 자리에 앉았을 것입니다. 그러나 그는 광야 망명 40년, 기나긴 훈련 과정을 거쳐 애굽으로 들어가 히브리 민족의 지도자로 엑소더스에 성공합니다. 시쳇말로 그는 민족 영웅이자 위대한 지도자가 된 것입니다.

　그러나 주목할 점은 하나님도 모세 자신도 단 한 번도 그를 위대한 지도자라든지 민족 영웅이라고 호칭한 일이 없다는 것입니다. '내 종 모세'(민 12:7)였고, '여호와의 종'(신 1:1)이었고, '내 종 모세'(신 1:2)였습니다. 사람 앞에서는 민족 지도자, 영웅일 수 있지만 하나님 앞에서 그는 철저한 종이었습니다.

　종이 할 일은 정해져 있습니다. 오로지 주인만을 위하여 주인의 일만을 해야 합니다. 나의 것, 나의 일, 나의 시간, 나의 자유가 없습니다. 하나님 앞에서 모세는 아무것도 아니었습니다. 그는 애굽에 들어갈 때 하나님의 지팡이를 손에 들었고(출 4:20), 하나님의 말씀을 대언했습니다(출 5:1, 6:6). 그가 하나님의 지팡이를 내밀면 바다가 갈라졌고(출 14:16), 지팡이를 잘못 사용하면 진노를 내리셨습니다(민 20:11). 하나님의 종이기 때문이었습니다.

　여호수아의 경우를 보겠습니다. 여호수아는 애굽에서부터 모세를 수행한 사람입니다. 그는 모세 곁을 지키는 수종자였습니다(수 1:1). 수종자란 고상하게는 수행비서이고 직설법으로는 몸종입니다. 그는 모세가 죽기 전 무릎 꿇고 안수기도를 받고 제2대 이스라엘 민족의 지도자가 되었습니다(신 34:9). 그는 이스라엘 민족의 대이동을 주도했고, 가나안 점령의 대업을 완수했습니다. 그는 늘 긍정적이었고 가나안 땅을 바라보는 비전의 사람이었습니다. 그러면서 늘 자신의 자리를 지키는 겸손을 잃지 않았습니다.

요단강을 건널 때 그는 설치거나 앞장서지 않았습니다. 그 당시 그는 신탁된 지도자였고 그 누구도 대들 수 없는 확고한 리더였습니다. 그러나 그는 요단강을 건널 때 제사장들이 언약궤를 메고 앞서 건너게 했습니다. 그리고 자신은 백성과 함께 2천 규빗 사이를 두고 뒤따라갔습니다. 2천 규빗은 912미터입니다. 그가 언약궤를 멘 제사장들을 앞세운 것은 하나님의 뒤를 따르겠다는 것과 제사장들의 신성한 사역을 과소평가하지 않겠다는 겸손으로 해석할 수 있습니다.

거룩한 것과 속된 것은 거리가 있습니다. 밖에서 높다는 이유로 교회에서도 높임 받는 것도, 성직과 세상사를 동일시하고 성직을 얕잡아 보는 풍조도 사라져야 합니다. 요단을 건넌 지도자, 가나안 점령의 영웅, 그러나 모세처럼 단 한 번도 그를 위대하다든지 영웅으로 호칭한 일이 없습니다. 여호수아 1장 1절은 모세의 수종자로 막을 열고, 여호수아 24장 29절은 "여호와의 종 눈의 아들 여호수아가 백십세에 죽었으매"라고 막을 닫고 있습니다. 그러니까 여호수아서는 종의 이야기로 시작해서 종의 이야기로 마침표를 찍고 있는 것입니다.

바울의 경우는 어떻습니까? 그는 당시 유대인 남자라면 누구나 갖고 싶은 행복한 조건을 갖춘 사람이었습니다. 베냐민 지파의 피를 받은 정통 유대인이었고 그의 학문적 자질을 인정받아 가말리엘의 문하에서 수학했고 로마 시민권을 가졌습니다. 그런데 그는 자신을 "주 예수 그리스도의 종"이라고 밝혔습니다. 그 당시 로마가 상용한 노예제도에 따르면 종은 사람이 아니었습니다. 학대와 매매도 가능했고 생사여탈도 주인에게 있었습니다.

그런 상황에서 왜 바울은 '종'임을 선언했을까요? 그것은 그의 체험과 신앙 때문입니다. 죄의 포로에서 건져내신 분, 일꾼으로 부르신 분, 그리고 사역을 맡겨 주신 분이 예수 그리스도라는 것을 체험했고 믿었기 때문입니다. 예수 그리스도가 나의 주인이라는 신앙, 즉 그의 '주님 정신'(Lordship) 때문이었습니다. 그래서 그가 세운 교회나 양육한 제자들로부터 위대한 스승으로 대접받는 것을 거부한 것입니다.

예수님의 가르침으로 돌아가겠습니다.

> "인자가 온 것은 섬김을 받으려 함이 아니라 도리어 섬기려 하고 자기 목숨을 많은 사람의 대속물로 주려 함이니라"(막 10:45).

바울은 "그는 근본 하나님의 본체시나 하나님과 동등됨을 취할 것으로 여기지 아니하시고 오히려 자기를 비워 종의 형체를 가지사 사람들과 같이 되셨고 사람의 모양으로 나타나사 자기를 낮추시고 죽기까지 복종하셨으니 곧 십자가에 죽으심이라"(빌 2:6-8)고 했습니다.

섬기는 방법도 여러 가지입니다. 그런데 주님은 목숨을 대속물로 주는 쪽을 선택하셨습니다. 자신을 낮추고 비우고 가진 소유를 나누고 아픔을 함께하는 것은 마음만 먹고 훈련만 받으면 할 수 있습니다. 물론 그것도 말처럼 쉬운 일은 아닙니다. 그러나 주인이 종을 위해 생명을 버린다는 것, 높으신 분이 낮은 자를 위하여, 위대하신 분이 소인배들을 위하여, 의로우신 분이 죄인들을 위하여, 하나님이 인간을 위하여 생명을 바쳐 섬긴다는 것은 인간 논리로는 불가능합니다. 바로 여기서 섬김의 리더십의 핵심을 찾아야 합니다.

사랑은 언어의 유희가 아닙니다. 실천 없는 사랑은 공허한 메아리일 뿐입니다. 예수님의 리더십이 영원불변의 기둥이 되는 것은 십자가에 죽으신 실천 사건 때문입니다.

밥을 퍼주고, 음료수를 따라 주고, 거처를 마련해 주고, 옷을 갈아입히고, 병을 고쳐 주는 행위는 작은 섬김입니다. 그 작은 섬김들이 출발하는 동력은 "내가 죽어야 네가 산다. 내가 낮아져야 네가 높아진다. 내가 작아져야 네가 커진다. 내 목소리가 쇠해야 네 소리가 커진다"라는 정신이 기초가 되어야 합니다.

물론 내가 죽는 목회가 쉬운 것은 아닙니다. 그렇다고 할 소리 다 하고 하고픈 일 다 하고 활개친다면 그리고 황제 목회의 꿈을 포기하지 않는다면 예수 닮아 가려는 리더는 아닐 것입니다.

한국교회를 이끌어갈 목회자 여러분!

종의 자리로 되돌아갑시다. 진정한 섬김의 본을 상실하지 맙시다.

제 서재에 걸려 있는 "내가 죽으면 교회가 살고 내가 살면 교회가 죽는다"(我死敎會生 我生敎會死)라는 한문 족자는 저명한 서예가 장전 선생에게 부탁해 받은 것입니다. 이 족자를 받은 것이 1972년도였습니다. 단독목회 초년시절, 물불을 안 가리고 설칠 때였습니다. 그런데 세월이 지날수록 족자에 새겨진 글이 점점 더 크게 클로즈업되어 다가섭니다. 그리고 완전히 죽지 못했던 목회가 부끄럽습니다.

낮추면 높아지고, 섬기면 섬김 받고, 죽으면 사는 진리의 소리에 귀를 막지 맙시다. 그리고 세상 끝날까지 거룩한 주의 발자취를 따라갑시다.

함께 가는 한국교회
(한기총 신임교단장 취임 감사예배)

🌿 에베소서 2장 19-22절

그러므로 이제부터 너희는 외인도 아니요 나그네도 아니요 오직 성도들과 동일한 시민이요 하나님의 권속이라 너희는 사도들과 선지자들의 터 위에 세우심을 입은 자라 그리스도 예수께서 친히 모퉁잇돌이 되셨느니라 그의 안에서 건물마다 서로 연결하여 주 안에서 성전이 되어 가고 너희도 성령 안에서 하나님이 거하실 처소가 되기 위하여 그리스도 예수 안에서 함께 지어져 가느니라

"한국교회 건강한가"를 주제로 모이는 세미나가 있습니다. 얼마 전 그 준비모임이 있었습니다. 열띤 토론이 열렸습니다. 그 자리에는 한국교회를 걱정하는 목회자들과 장로님들 그리고 신학대학 교수님들이 함께했습니다. 성한 곳이 없는 한국교회, 발가벗기는 한국교회, 낱낱이 드러나는 한국교회의 모습이 화두에 올랐습니다. 한국교회의 모습, 교단은 교단대로, 교회는 교회대로, 단체는 단체대로 문제가 있고 사건이 있기 때문에 이대로는 안 된다는 얘기가 오고갔습니다.

그때 모 신학대학 교수가 입을 열었습니다.

"우리들 얘기가 빠졌습니다. 지금 우리는 남의 얘기, 다른 교회 얘기, 다른 교단 얘기만 하고 있습니다. 우리 얘기로 화두를 바꿔야 합니다. '신학교는 괜찮은가? 신학교수는 건강한가? 나는 건강한가?'를 논하고 평해야 합니다."

교수가 던진 이 말 때문에 토론의 방향이 달라지기 시작했고 '자아통찰, 자아점검, 자아진단'이 최고의 '건강 확인'이라는 결론을 찾게 해주었습니다.

이 이야기는 오늘 우리들의 이야기이기도 합니다. 성범죄로 붙잡힌 여인의 이야기가 주는 메시지를 주목해 볼 필요가 있습니다(요 8장). 호사가들은 그 여인을 돌로 치기 전 예수님께로 데려왔습니다. 그리고 사악한 질문을 던졌습니다.

"모세 율법에는 이런 여자를 돌로 치라 하였소. 예수 당신의 생각은 어떻소? 돌로 칠까요, 치지 말까요?"

그들은 양도논법으로 예수를 시험하려 들었습니다. 돌로 치지 말라고 하면 하늘처럼 떠받드는 모세의 법을 범하게 되고, 치라 하면 용서와 사랑을 그토록 강론하던 예수 자신이 모순에 빠지게 된다는 계산을 한 것입니다. 그때 예수님은 땅에 글씨를 쓰셨습니다. 주경가 제롬은 땅에 쓰신 글의 내용은 손에 돌을 든 채 씩씩거리며 그녀를 에워싸고 있는 남자들의 범죄 죄목이었다고 해석했습니다. 그리고 허리를 펴신 예수님은 "너희 중 죄 없는 자가 먼저 돌로 치라"고 말씀하셨습니다. 그날 거기서 단 한 명도 돌을 던진 사람은 없었습니다.

이 사건이 말하고 싶은 것은 그녀의 죄를 정당화하거나 높이 평가

하려는 것이 아닙니다. "죄 없는 자는 없다. 돌을 던지기 전에 너 자신을 점검하라"는 것이 본 사건이 주는 메시지인 것입니다.

요즘 한국교회 상황을 보면 생각 없이, 자아통찰 없이 돌을 던집니다. 어중이도 돌을 던지고 떠중이도 돌을 던집니다. 자신은 아무 탈이 없는 것처럼, 아무런 문제도 허물도 없는 것처럼 마치 정의의 사도인 양 돌을 던집니다. 《팡세》를 쓴 파스칼은 "사람들은 자기 때문에 벌어진 사건이나 잘못에 대해선 너그럽다. 그러나 다른 사람 때문에 일어난 사건에 대해선 정죄하고 분노한다"라고 했습니다.

우리 교단은 괜찮은데 다른 교단 때문에 문제가 있고, 내 교회, 내 단체는 건강한데 다른 교회 때문에 문제가 있고, 나는 아무런 문제가 없는데 너 때문에 문제가 있다는 발상과 사고가 우리를 지배하고 있습니다. 정말 그렇습니까? 나는, 내 교회는, 내 교단은, 태평성세이며 무풍지대입니까?

'당신네 교회가 문제'인 것이 아니라 내 교회가 문제입니다. '당신네 교단이 문제'가 아니라 내 교단이 문제인 것입니다. 우리가 이 공식만 바로 깨닫고 안다면 한국교회 문제를 푸는 것이 훨씬 쉽고 편할 것입니다.

한기총은 한국교회 최대 연합기구입니다. 우리 선배들이 한국교회를 사랑하고 지키기 위해 시작한 연합체입니다. 군사정권이 계속되고 있을 때 KNCC는 민주화 운동을 위해 반정부 운동에 전력투구하였습니다. 그러나 교회가 하는 일이 반정부, 반체제 운동 쪽으로만 기우는 것은 바람직한 교회상이 아니라는 데 뜻을 모은 선배들이 한기총을 만들고 한국교회를 대표하는 연합기구로 발전시켰습니다.

저는 개인적으로 한기총 이외의 또 다른 기구가 있어선 안 된다는 입장입니다. 물론 이런저런 일로 상처도 있었고 아픔도 있었습니다. 그렇다고 해서 기존 기구를 무위로 돌리고 새로운 기구를 만들어야 한다면 매해마다 부수고 또 만드는 악순환을 되풀이해야 할 것입니다. 그러면 어떻게 해야 합니까? '함께 가야 합니다.' 책임도 함께 지고, 고통도 함께 받고, 기쁨도 함께하고, 슬픔도 함께 나눠야 합니다.

그것은 바울이 그의 교회론 속에서 누누이 강조하고 있는 바이기도 합니다. 바울은 에베소서 2장에서 "멀고 가까운 것, 크고 작은 것은 문제가 아니다. 둘이 함께 한 성령 안에서 아버지께 나아간다"고 했고 "외인도 나그네도 없다. 동일한 시민이요 하나님의 권속이다"라고 했습니다. 그리고 주목할 말씀은 "건물마다 서로 연결하여 주 안에서 성전이 되어가고"라는 것입니다. 교회마다, 교단마다, 단체마다 서로 연결되어야 합니다.

포항제철을 방문했습니다. 철이 불가마 속에 들어가 강판이 되어 나오기까지 모든 과정이 연결되어 있었습니다. 연합하고 연결해야 살 수 있습니다. 한국교회 5만 교회, 1000만 성도가 연합하고 연결하면 못 할 일이 없습니다. 권력도 겁날 것 없고, 이단도 두려울 게 없고, 반기독교 세력도 겁날 것 없습니다.

그러나 뿔뿔이 헤어지고 힘이 갈라지면 어느 날 거센 도전 앞에 무릎을 꿇고 주저앉게 될 것입니다. 그리고 에베소서 2장 22절 말씀을 주목해야 합니다.

"너희도 성령 안에서 하나님이 거하실 처소가 되기 위하여 그리스도 예수 안에서 함께 지어져 가느니라"

"함께 지어져 가느니라!"

한국교회, 희망이 없습니까? 아닙니다. 희망이 있습니다.

한국교회, 건강이 나쁩니까? 아닙니다. 다 건강한데 건강이 나쁜 사람이 천에 하나, 만에 하나 있습니다. 다 병든 것은 아닙니다.

한국교회, 힘이 없습니까? 아닙니다. 막강한 힘이 있습니다. 천만 명이 줄지어 늘어선다면 그 길이가 얼마나 되겠습니까? 천만 명이 한 자리에 모여 함성을 지른다면 그 소리가 지축을 뒤흔들 것입니다.

한국교회가 함께 가기만 한다면 세상 권력이 떨 것이며 정치, 경제, 교육, 문화가 새 옷을 갈아입게 될 것입니다.

문제는 함께 가야 한다는 것입니다. 존경하는 한국교회 지도자 여러분, 교단장과 기관장 여러분, 하나님이 여러분을 세우신 뜻은 함께 가라는 깊은 섭리임을 기억합시다. 기독교는 2천 년 동안 핍박과 박해에도 아랑곳하지 않고 오늘의 교회로 성장했습니다. 교회는 생명공동체이기 때문입니다. 생명의 힘은 시들었다가 다시 피고 죽은 듯하지만 다시 살아나고 눌린 듯하다가 다시 솟구칩니다.

한국교회는 강한 교회입니다. 한국교회는 함께 가는 교회입니다. 한국교회는 세계로 뻗어나가는 교회입니다. 이토록 위대한 역사의 중심에 여러분이 서게 된 것을 그리고 견인차가 되신 것을 축하드립니다.

자아 통찰

(제5회 바른신학균형목회세미나 개회예배)

✝ 누가복음 24장 28-35절

그들이 가는 마을에 가까이 가매 예수는 더 가려 하는 것 같이 하시니 그들이 강권하여 이르되 우리와 함께 유하사이다 때가 저물어가고 날이 이미 기울었나이다 하니 이에 그들과 함께 유하러 들어가시니라 그들과 함께 음식 잡수실 때에 떡을 가지사 축사하시고 떼어 그들에게 주시니 그들의 눈이 밝아져 그인 줄 알아 보더니 예수는 그들에게 보이지 아니하시는지라 그들이 서로 말하되 길에서 우리에게 말씀하시고 우리에게 성경을 풀어 주실 때에 우리 속에서 마음이 뜨겁지 아니하더냐 하고 곧 그 때로 일어나 예루살렘에 돌아가 보니 열한 제자 및 그들과 함께 한 자들이 모여 있어 말하기를 주께서 과연 살아나시고 시몬에게 보이셨다 하는지라 두 사람도 길에서 된 일과 예수께서 떡을 떼심으로 자기들에게 알려지신 것을 말하더라

공중의 새, 땅 위의 동물, 바다의 물고기 그리고 사람, 모두 눈을 가지고 있습니다. 식물학자의 말에 의하면 식물은 눈이 없지만 감지 능력과 전달 능력을 가지고 있다고 합니다.

눈의 역할은 보는 것입니다. 특히 사람의 눈은 단순히 보는 역할 외에 영적 세계를 통찰하는 기능도 가지고 있습니다. 우리는 누가복

음 24장 13-35절의 기사에서 눈의 기능을 발견하게 됩니다.

엠마오로 내려가고 있던 두 사람에게 부활하신 주님이 나타나셨습니다. 그런데 두 사람 눈에 비친 예수님은 낯선 길손이었고 최근 예루살렘에서 일어난 사건에 대한 상세한 정보를 알고 있는 유대인으로 보였습니다. 그들은 동행자가 다시 사신 예수님이라는 사실을 상상도 하지 못했습니다. 그 이유를 누가는 "그들의 눈이 가리어져서 그인 줄 알아보지 못했다"(눅 24:16)고 했습니다. 눈이 가리어졌다는 것은 맹인이었다는 뜻이 아닙니다. 사물을 보고 대상을 보고 사건을 볼 수 있었지만 예수님을 볼 수 없었다는 것입니다.

두 사람은 열두 제자는 아니었지만 3년 동안 지근거리에서 예수님을 따르고 행적을 지켜본 사람들입니다. 그런데 그들이 동행자가 예수님이신 줄 알아보지 못한 결과는 뻔합니다. 17절에 의하면 "슬픈 빛을 띠고"라고 했습니다.

현대 그리스도인의 문제는 '동행자 예수'를 알아보지 못하는 것입니다. 그래서 슬프고 외롭고 고단하고 힘겨워합니다.

목회자는 어떻습니까? 어느 시대인들 목회가 쉬웠겠습니까? 우리 선배들은 열 배, 스무 배 더 힘겨운 목회를 해야 했습니다. 오죽 힘겨웠으면 목회자의 자녀들이 목회자가 되는 길을 한사코 피했겠습니까?

우리 시대 목회 여건은 그 옛날에 비하면 평탄대로와 같습니다. 그런데 많은 목회자들이 절망하고 넘어지고 쓰러집니다. 이유는 '동행자'의 존재를 잊고 살기 때문입니다. "예수님이 나와 같이 계신다, 동행하신다"라는 믿음이 있다면 낙심할 필요도 없고 절망하거나 포기할 필요가 없습니다. 그리고 정당하지 못한 수단이나 방편을 동원할 수도 없습니다.

본문 31절로 넘어가면 극적인 전환을 발견하게 됩니다.

"그들의 눈이 밝아져 그인 줄 알아보더니"

그들의 눈이 밝아지기까지는 상당한 시간이 걸렸습니다.

눈은 통찰하는 힘과 기능을 가지고 있습니다. 그러나 본 사건을 통해 그리스도인의 통찰력은 단순히 '본다'는 것만으로 성립되는 것이 아니라 그리스도를 만남으로 오는 영적 개안을 통해 성립된다는 것을 발견하게 됩니다. 다시 말하면 바로 보고 제대로 보는 것이 육안으로 되는 것이 아니라 신령한 눈이 밝아져야 된다는 것입니다. 그들은 동행자 예수님을 발견한 이후 돌이켜 예루살렘으로 돌아갔습니다. 떠났던 역사의 현장, 사명의 현장으로 돌아간 것입니다. 그리고 그들은 길에서 만난 예수 이야기를 다른 사람들에게 선포하기 시작했습니다.

여기서 주목할 것은 그러한 동기와 결단을 부여한 힘이 '말씀과 성령'이었다는 것입니다. "그들이 서로 말하되 길에서 우리에게 말씀하시고 우리에게 성경을 풀어 주실 때에 우리 속에서 마음이 뜨겁지 아니하더냐"(32절)라고 했습니다. 성령께서 마음을 여시고 말씀을 깨닫게 하셨고 말씀을 들을 때 성령의 뜨거운 역사가 임재한 것입니다.

사도행전에 흐르고 있는 구도 역시, 말씀이 있는 곳에 성령의 역사가, 성령이 역사하시는 곳에 말씀의 역사가 두 날개로 일어났음을 밝히고 있습니다. 다시 말하면 성령과 말씀의 균형적 역사가 초대교회를 이끈 것입니다.

'뜨거웠다'는 것은 현재분사형 수동태입니다. 다시 말하면 순간적으로 뜨겁다가 식어버린 것이 아니라 뜨거운 상태가 계속된 것입니다. 모닥불 장작불은 뜨겁다가 식어버립니다. 그러나 성령의 역사는 지속성이 있어서 식지 않고 역사합니다. 바로 그 힘이 신앙의 힘이어야 하고 목회의 힘이어야 합니다.

두 사람이 자신들의 정체성을 발견하고 동행자가 예수 그리스도이심을 확인한 통찰의 힘은 학문도, 연구도, 연습도, 경험도 아니었습니다. 그 통찰의 힘은 말씀과 성령의 역사였습니다.

여기서 잠시 우리네 목회 환경을 조명해 보겠습니다. 마치 십자가 사건 직후 예루살렘처럼 뒤숭숭하고 어지럽습니다. 제사장과 율법주의자들은 예수를 거세했다는 쾌감에, 예수를 따르던 사람들은 신앙의 축을 잃은 상실과 허탈감에 빠져 있었습니다. 우리는 지금 극심한 내우외환에 휘말려 신음하고 있습니다. 하루가 멀다하고 부정적 사건이 언론을 통해 보도되고 있습니다. 때를 만난 듯 반기독교 세력들은 맹공을 퍼붓고 있습니다.

그런가 하면 교회는 벌판의 빈 집처럼 바람막이 한 장 없는 폐가인 양, 매 맞느라 정신을 못 차리고 있습니다. 왜 이렇게 되었습니까? 어떻게 해야 합니까?

더 큰 문제가 있습니다. 교회 밖 사람들이 교회를 비난하고 공격하는 것은 그렇다치더라도, 교회 모판에서 자라고 교회 덕보고 자란 사람들이 어느 날 광야의 세례 요한인 양 변신하고 교회를 향해 활을 쏘고 난도의 칼을 휘두르고 있습니다. 자신을 의롭다고 치켜세우며 큰소리치던 바리새파 아류인 사람들입니다.

요한복음 8장 사건을 되짚어 보겠습니다. 간음하다 현장에서 붙잡힌 여인이 있었습니다. 손에 돌을 든 호사가들은 그녀를 예수님께로 데리고 왔습니다. 어떤 주경가는 "간음죄를 범한 여자보다 여자와 예수를 함께 멸하려는 서기관과 바리새인들의 죄가 더 컸다"고 했습니다.

예수님은 그들의 악질적 질문에 땅에 글씨를 쓰는 것으로 대답을 대신하셨습니다. 제롬(Jerome)은 그녀를 에워싸고 있는 돌을 든 남자들의 죄목을 쓰셨다고 해석했습니다. 그것이 사실이라면 송사자들은 숙연해졌을 것이고 덜컥 겁이 났을 것입니다. 그때 주님의 폭탄선언이 떨어졌습니다.

"너희 중에 죄 없는 자가 먼저 돌로 치라."

이 상황에서 돌을 던질 자가 누구였겠습니까?

9절은 "이 말씀을 듣고 양심의 가책을 느껴 하나씩 하나씩 나가고 여자만 남았다"고 했습니다. 양심의 가책, 그렇습니다. 우리 시대는 너나 할 것 없이 무양심으로 살아갑니다. 양심이란 바로 보고, 느끼고, 생각하고, 결단하는 정신행동입니다. 그런데 우리 시대는 내 양심은 없고, 네 양심만 들먹거리고 문제 삼고 들추고 있습니다.

"죄 없는 자가 먼저 돌로 치라." 자기 손에 돌을 드는 것까지는 개인의 자유일 수 있습니다. 그러나 돌로 치는 것은 책임이 뒤따릅니다. 내게 죄가 없어야 남을 돌로 칠 수 있습니다. 그런데 요즘 사람들은 무분별, 무책임, 무작위로 돌을 던집니다.

제5회 세미나에서 다루는 주제는 "한국교회 건강한가?"입니다. 이 주제를 설정하기까지 그리고 강사와 제목을 정하기까지 수차례 모여 토의와 격론을 거쳤습니다. 마지막 마무리 모임이 있던 날 홍인종 교수가 던진 말이 제 뇌리를 떠나지 않습니다.

"신학교는 건강한가? 교수는 건강한가? 우리는 건강한가?"

건강을 다루는 의사가 병들었거나 병든 약을 처방한다면 환자 치료는 불가능합니다. 바로 여기에 문제가 있습니다. 병든 사람들이 타인을 향해 "너는 병들었다"라고 소리 지릅니다. 결코 큰소리쳐선 안 될 사람들이 더 큰소리칩니다. 약점을 감춘 사람들이 다른 사람의 약점을 들추고 판단하려 듭니다. 마치 이른 아침 성전 뜰에서 돌을 든 채 씩씩거리던 그들의 모습과 같습니다.

우리는 오늘 한국교회를 논단하고 문제를 되짚기 전에 나를 보아야 합니다. 즉 자아통찰이 필요합니다. 제가 늘 강조하던 변화철칙이 있습니다. 그것은 "내가 변하면 네가 변하고, 네가 변하면 우리가 변한다"는 것입니다.

정말로 한국교회는 희망이 없습니까? 이대로 추락하고 말 것입니까? 아닙니다. 저는 그렇게 생각하지도 믿지도 않습니다.

얼마 전 TV에서 "불후의 명곡"이라는 프로그램을 시청한 일이 있었습니다. 유명한 현역 가수들이 조용필 씨가 부른 노래를 부르고 순위를 결정하는 색다른 프로였습니다. 그런데 그 자리에 조용필 씨가 참석해 자신의 지난날 히트곡을 부르는 후배 가수들의 노래를 듣고 있었습니다. 그리고 노래가 끝날 때마다 조용필 씨가 가수의 가창에 대해 멘트를 했습니다.

조용필의 노래를 조용필 앞에서 부른 가수들은 하나같이 떠는 모습이었습니다. 음정이 틀린다든지, 필요없는 바이브레이션이 들어간다든지, 박자가 맞지 않는다든지, 하나같이 긴장 속에서 노래를 불렀습니다. 그러나 조용필 씨의 마지막 멘트는 "요즘 가수들 노래 너무나 잘한다, 나도 이런 경연에 나오면 일등 못한다"였습니다.

저는 그 장면을 잠시 지켜보면서 저의 지나간 목회가 떠올랐습니다. 한 순간도 마음 놓았던 적이 없었습니다. 마치 삐에로가 줄타기 하듯 긴장으로 하루하루를 보냈습니다. 꿈을 꾸어도 교회 꿈, 설교하는 꿈을 꾸었습니다. 어떤 날은 뭔가를 잘못해 교회를 영영 떠나는 꿈을 꾸기도 했고, 어떤 날은 교회가 미어지도록 사람들이 몰려오는 꿈을 꾸기도 했습니다. 단 하루도 교회와 목회를 잊은 적이 없습니다. 그러다가 위장병도 앓았고 불면증도 겪었고 심장도 약해졌습니다. 그리고 충신교회를 대형교회로 성장시키지 못한 자책감을 떨치지 못한 채 목회를 내려놓았습니다.

가수들이 조용필 씨 앞에서 떨면서 노래하듯 저는 하나님 앞에 떨면서 목회를 했습니다. 그리고 "잘했다"는 칭찬을 받지 못하더라도 "나쁜 놈"이라는 비난은 받지 않겠다며 저 자신을 담금질하고 통찰했습니다.

올라설 때보다 내려설 때, 들 때보다 내려놓을 때, 시작보다 마무리할 때, 앉았던 자리 일어설 때, 머물렀던 자리 떠날 때가 더 중요합니다.

한국교회 희망은 목사, 장로, 집사, 권사를 포함한 지도자들의 자아통찰로 시작되어야 합니다. "너 자신을 알라"를 제창해야 합니다.

바울은 고린도 교회에 보낸 편지 말미에서 "너희는 믿음 안에 있는가 너희 자신을 시험하고 너희 자신을 확증하라 예수 그리스도께서 너희 안에 계신 줄을 너희가 스스로 알지 못하느냐 그렇지 않으면 너희는 버림받은 자니라"(고후 13:5)고 했습니다. 자아통찰, 자아확증, 신앙점검, 건강진단을 하라는 뜻입니다. 주님께서 우리에게 부여해 주신 본연의 자리가 있습니다. 그 자리로 돌아가야 합니다.

그런데 한국교회는 세 불리고, 땅 사고, 집 짓고, 대형화하는 데 더 열성입니다. 그런 행위들이 나쁘다든지 필요없다는 건 아닙니다. 그런 것들이 본질은 아니라는 것입니다.

2011년 10월호 〈월간목회〉는 "작은 교회가 아름답다"를 특집으로 다뤘습니다. 그러나 아름다울 수는 있지만 작은 교회는 힘이 없습니다. 큰 일을 못합니다. 그렇다고 "큰 교회가 제일이다"라고 말해도 안 됩니다.

자아통찰과 정체성의 재점검이 필요합니다. 교회가 반드시 해야 할 일과 하지 않아도 될 일을 분별해야 합니다. 목회도 예외가 아닙니다. 쓸데없는 일로 바빠지지 맙시다. 하지 않아도 될 일과 가지 않아도 될 곳을 구분합시다. 그리고 말씀과 성령의 역사를 기대하고 무릎 꿇는 시간을 보다 더 많이 만듭시다. 성령님의 기름 부으심 없이 어떻게 그토록 험난한 목회산맥을 넘을 수 있으며 쉼 없이 밀려오는 파도를 넘어설 수 있겠습니까?

한국교회, 희망이 있습니다. 종점이 아닙니다. 고치고 새 옷으로 갈아입는다면 새로운 출발점이 될 수 있습니다. 그러나 병들었다고 포기해 버리면 신음하다가 병사하고 말 것입니다.

한국교회가 다 병들었습니까? 아닙니다. 건강한 교회도 많습니다. 지도자가 다 타락했습니까? 그렇지 않습니다. 건강한 지도자가 더 많습니다. 목회자가 다 변질했습니까? 아닙니다. 주님을 사랑하고 올곧게 일하는 사람들이 더 많습니다.

요즘 병원마다 예방의학 건강진단 시스템을 강화하고 있습니다. 미리 예방하고 건강을 지키기 위한 노력인 것입니다. 신앙도, 목회도 그런 시스템의 도입과 발상의 전환이 필요합니다.

"주여, 한국교회는 주님의 것입니다. 우리는 주의 종입니다. 건강한 새 힘 주셔서 세계를 견인하는 교회로 거듭나게 하소서. 우리에게 건강한 지도력을 주옵소서." 아멘.

주여, 내 아들을
(제6회 바른신학균형목회세미나 개회예배)

> **누가복음 9장 37-43절**
> 이튿날 산에서 내려오시니 큰 무리가 맞을새 무리 중의 한 사람이 소리 질러 이르되 선생님 청컨대 내 아들을 돌보아 주옵소서 이는 내 외아들이니이다 귀신이 그를 잡아 갑자기 부르짖게 하고 경련을 일으켜 거품을 흘리게 하며 몹시 상하게 하고야 겨우 떠나 가나이다 당신의 제자들에게 내쫓아 주기를 구하였으나 그들이 능히 못하더이다 예수께서 대답하여 이르시되 믿음이 없고 패역한 세대여 내가 얼마나 너희와 함께 있으며 너희에게 참으리요 네 아들을 이리로 데리고 오라 하시니 올 때에 귀신이 그를 거꾸러뜨리고 심한 경련을 일으키게 하는지라 예수께서 더러운 귀신을 꾸짖으시고 아이를 낫게 하사 그 아버지에게 도로 주시니 사람들이 다 하나님의 위엄에 놀라니라 그들이 다 그 행하시는 모든 일을 놀랍게 여길새 예수께서 제자들에게 이르시되

지방도시에서 신경정신과 병원을 운영하는 원장의 말이 떠오릅니다. 그것은 의사도 환자처럼 정신병자가 되지 않으면 소통도 안 되고 접근이 되질 않아 치료가 힘들다는 것입니다. 전문의들은 정신질환의 발병 원인을 환경적 요인과 심리적 원인의 복합이라고 말합니다. 그리고 하루아침에 순간적으로 발병하는 것이 아니라 잠재 기간을

거쳐 노출되기까지는 상당 기간을 거친다는 것입니다. 물론 개인차는 있다고 합니다.

일단 발병이 되면 어떤 환자는 평생 동안 병원을 드나들고 약을 복용하는가 하면 어떤 환자는 병세가 호전되어 건강한 삶을 누리는 경우도 있다고 합니다. 대부분의 경우 발병되기까지의 기간보다 치료 기간이 더 길고 험할 뿐 아니라 그 굴레를 벗어나기가 무척 어렵다고 합니다. 다시 말하면 외상이나 감기처럼 진단도 쉽지 않고 치료도 간단하지 않다는 것입니다.

정신질환은 발병 원인도 다양하고 거기다 개인차가 커서 한 가지 방법만으로 치료하는 것은 불가능할 뿐 아니라 일정한 특효약이 있을 수도 없다는 것이 전문가들의 견해입니다. 그것은 신경조직과 정신구조가 복잡하고 미묘하기 때문이라고 합니다.

귀신들린 아이 사건은 세 복음서가 함께 다루고 있습니다. 마태복음 17장 14~18절과 마가복음 9장 14~27절 그리고 누가복음 9장 37~43절이 함께 본 사건을 다루고 있습니다. 저는 오늘 누가복음을 본문으로 선택했습니다. 정신질환만으로도 삶이 무너지고 처참해지는데 이 아이의 경우는 간질과 귀신의 양면고를 겪고 있었습니다. 그 고통이 어떠했겠습니까?

정신병과 귀신들렸다는 것은 본질적으로 차이가 있습니다. 정신적으로 허약할 때 사탄의 세력이 침투해 증상을 악화시키고 최악의 상황을 만들 수 있습니다. 그러나 모든 정신질환을 싸잡아 사탄의 역사라든지 귀신이 들렸다고 단정하는 것은 잘못입니다. 사탄은 상대가 강하면 약해지고, 약하면 강한 힘으로 공격하는 특성을 지니고 있습니다. 본문의 주인공인 이 아이는 간질병에 귀신까지 들렸습니다. 귀신들린 사건이 먼저였는지, 간질병 발병이 먼저였는지, 아니면 귀신이 간질병과 함께 들어왔는지에 대해선 언급이 없습니다. 그러나 그 아이가 겪고 있는 고통이 상상 이상으로 컸을 것이라는 것은 짐작하고도 남음이었습니다.

본문은 그 아이의 처참한 상황을 밝히고 있습니다.

"귀신이 그를 잡아 갑자기 부르짖게 하고 경련을 일으켜 거품을 흘리게 하며 몹시 상하게 하고야 겨우 떠나가나이다"(눅 9:39).
"자주 불에도 넘어지며 물에도 넘어지는지라"(마 17:15).
"말 못하게 귀신들린 내 아들"(막 9:17).
"거꾸러져 거품을 흘리며 이를 갈며 그리고 파리해지는지라"(막 9:18).

간질병만으로도 버거운 투병인데 이 아이의 경우는 귀신의 역사까지 겹쳐 자아통제가 완전히 마비되어 버렸습니다.

같은 시간 변화산에서는 어떤 일이 전개되고 있었습니까? 베드로, 야고보, 요한 세 제자가 보는 앞에서 예수님이 찬란한 영광의 모습으로 변형되는 사건이 일어났습니다. 변화현장의 증인으로 선택받았다는 우월감과 영광의 목격자로 뽑혔다는 감격과 흥분이 세 제자를 사로잡았을 것입니다.

우리는 여기서 산상의 영광과 산하의 고통을 조망해야 합니다. 이것은 영적 세계의 양면이고 교회의 두 얼굴이기도 합니다. 십자가와 부활, 패배와 승리, 흑암과 빛, 고난과 영광, 양자가 교차하는 곳 그리고 치열한 전투가 벌어지는 곳이 영적 세계이며 교회의 현주소입니다. 우리가 십자가, 패배, 흑암, 고난만을 바라보면 백기를 들어야 합니다. 반대로 부활, 승리, 빛, 영광만을 바라보면 기독교는 귀족종교가 될 것이고 기독교인은 기복 위주의 테두리를 벗어나지 못할 것입니다.

산 아래의 갈등과 줄다리기를 우리는 어제도 오늘도 듣고 보고 있습니다. 그 아이의 비극은 지나간 시대의 전설이 아니라 우리 시대 동서남북에서 폭발하고 있습니다. 우리 아이들이 땅바닥에 나뒹굴고, 불에도 물에도 뛰어들고, 경련을 일으키고 발작하고 있습니다. 문제는 그네들이 10년, 20년, 30년이 지나면 교회, 사회, 나아가 세계의 주역들이 되어야 한다는 것입니다.

교과부가 2012년 인성교육 실태조사 결과를 발표했습니다. 초중고생 10명 중 3명은 별다른 이유 없이 불안감에 시달리거나 걷잡을 수 없는 분노에 휩싸이는 등 심리적 불안 증세를 경험했고, 5명 중 2명은 학교를 그만두고 싶다는 생각을 하고 있답니다. 학생 31,364명을 대상으로 조사한 결과에 따르면, "이유 없이 불안하다" 30.9%, "지난 일주일 동안 걷잡을 수 없이 화가 치밀었다" 33.7%, "평소 학교를 그만두고 싶었다" 40.3%였습니다. 그리고 고민 상담 대상으로는, 친구 43.1%, 부모 30.1%였고, 선생님을 지목한 것은 2.8%에 불과했습니다.

기독교 기관의 리서치가 아니었기 때문이지만 고민 해결을 위해 목사를 찾아간다든지 교회를 찾아간다는 답은 없었습니다.

현대인의 고민은 청소년으로 국한되는 것은 아닙니다. 국민건강보험공단이 발표한 2011년 우울증 환자 진료현황에 따르면 2011년 한 해 동안 우울증 진료환자 수는 53만 5천 명이고 보건복지부 발표에 의하면 전체 국민의 3%인 150만 명이 일 년 중 우울증을 경험했다는 것입니다.

우울증은 국민의 정신과 육체를 갉아먹고 있다는 것이 전문가들의 지적입니다. 세계보건기구(WHO)는 2020년까지 우울증이 사망과 장애 요인 2위가 될 것이라고 했습니다. 우울증은 자살에 이르는 뇌 질환이라고 합니다.

여기에 대해서도 교회는 무엇인가 대답을 해야 합니다.

우울증 환자들은 크게 두 부류로 나뉩니다. 우울증을 앓다가 자포자기하고 스스로 목숨을 끊는 사람들이 있습니다. 그들은 우울증 앞에 무릎을 꿇은 사람입니다. 그러나 우울증과 싸워 이긴 사람들도 있습니다. 음악가 베토벤, 미술가 미켈란젤로, 러시아 작가 톨스토이, 영국 소설가 찰스 디킨스, 미국 야구선수 지미 파이설, 이탈리아 오페라 가수 게타노 도니제티 등 모두 우울증 환자들이었습니다.

그러나 그들은 우울증을 극복하고 세계 역사에 큰 획을 그었습니다. "KBS 아침마당"에 소설가 김홍신 씨가 강사로 나와서 강연을 한 적이 있습니다. 그는 이야기 중에 암과 싸워 이기려 하지 말고 함께 가라는 말을 했습니다. 암을 쳐부수고 무찌르고 싸우려 들면 암도 공격자세로 나선다는 것입니다. 그래서 암에게 "같이 가자. 오늘도 나랑 함께 가자. 내가 죽으면 너도 죽을 것 아니냐"라며 동행자가 되라는 것입니다. 역설이긴 합니다만 일리 있는 얘기였습니다.

본문의 아이는 극한 상황으로 치닫고 있는 현대인의 모습이며 예표입니다. 해법은 무엇입니까? 산 아래 머물고 있던 제자들만의 힘으론 길이 없었습니다.

"당신의 제자들에게 내쫓아 주기를 구하였으나 그들이 능히 못하더이다"(40절)라는 말이 그 사실을 증언합니다.

왜 능히 못했을까요? 주님은 그들에게 "믿음이 없고 패역한 세대여"(마 17:17)라고 책망하셨고, "우리는 어찌하여 쫓아내지 못하였나이까?"(마 17:19)라는 물음에 "너희 믿음이 작은 까닭이니라"(마 17:20)고 대답하셨습니다. 귀신 내쫓는 것은 오직 믿음으로만 가능하다는 것입니다. 귀신 내쫓는 것만이 아닙니다. 인생을 사는 것도 목회를 하는 것도 믿음 없으면 안 되고 못합니다.

믿음보다 자기 경험을 앞세우는 사람들이 있습니다. 믿음보다 자신의 학문과 배경을 내세우는 사람도 있습니다. 목회의 경우를 보겠습니다. 잘할 것 같은데 안 되는 사람이 있습니다. 이유는 자아가 지나치게 강하고 아는 척, 잘난 척하기 때문입니다.

교인들은 잘나고 똑똑하고 세상사를 통달한 사람보다 그 반대의 사람을 좋아합니다. 바보 목회자를 박수로 환영합니다. 그런가 하면 안 되고 못할 것 같은데 잘 되고 성공하는 사람이 있습니다. 그런 사람들은 대부분 시골사람, 학벌이 신통찮은 사람, 신학교 재학시절 학점 때문에 턱걸이했던 사람들입니다. 이것은 저 자신의 관찰이기 때문에 정확성이 보장된 이야기는 아닙니다. 오해 없으시기 바랍니다.

예수님의 제자들, 그때 거기서 얼마나 부끄럽고 얼굴이 화끈거렸을까요? 이 장면 역시 오늘 우리들의 사건으로 대입시켜야 합니다. 우리가 할 수 있는 일은 무엇입니까? 우리가 해야 될 일은 어떤 것입니까? 그리고 그 일을 못하는 이유가 어디에 있습니까? 신학 지식이 모자라기 때문입니까? 노하우가 없어서입니까? 왜 목회가 힘들고 능력이 없고 뜻대로 안 됩니까?

여기서 잠깐 유럽 교회의 지난 일을 살펴보겠습니다. 유럽 교회가 힘을 잃고 저렇게 퇴락한 것은 믿음은 뒷전으로 제쳐두고 비본질적인 문제들로 힘을 소진했기 때문입니다.

예를 들겠습니다.

"세례 준 목사가 타락했다. 그 경우 그 세례는 유효한가, 무효한가?" "세례 줄 세례수에 파리가 빠졌다. 그 물로 세례를 줄 것인가, 말 것인가?" "천사가 바늘 끝에 몇이나 설 수 있는가."

이 따위 문제로 논쟁하고 열을 올렸습니다. 그 사이 회교가 유럽을 점령했고 교회는 속빈 강정처럼 외형만 남게 되었습니다.

우리네 이야기로 돌아가겠습니다.

"주여 내 아들을 불쌍히 여기소서"(마 17:15),

"우리를 불쌍히 여기사 도와 주옵소서"(막 9:22).

"내 아들을 돌보아 주옵소서"(눅 9:38).

여기저기서 절박한 탄원의 소리가 들려옵니다.

우리 시대의 아이들은 온갖 잡스런 환경에 노출되어 있습니다. 술, 마약, 도박, 인터넷, 영화, 드라마, 폭력, 타락한 성문화에 에워싸여 있습니다. 지구상에서 어디를 가든 24시간 술을 사거나 마실 수 있는 나라는 대한민국이라고 합니다. 유흥가, 편의점, 음식점 등 어디서나 술을 사고 마실 수 있습니다. "조선일보" 취재팀이 서울 강동구 길동 지하철 5호선 역을 중심으로 300여 미터 거리를 조사했습니다. 39개의 상점이 자리 잡고 있는데 술집이 16개, 음식점이 16개, 노래방이 4개, 24시 편의점이 2개, 슈퍼가 1개였고, 39개 상점 가운데 술을 팔지 않는 가게는 찐빵과 냉면을 파는 분식집 한 곳뿐이었다고 합니다.

사후 약방문처럼 이런저런 처방이 나오고 있습니다만 귀신들린 아이를 살리는 처방은 아닙니다.

> "이에 예수께서 꾸짖으시니 귀신이 나가고 아이가 그때부터 나으리라"(마 17:18).
>
> "그 더러운 귀신을 꾸짖어 이르시되 말 못하고 못 듣는 귀신아 내가 네게 명하노니 그 아이에게서 나오고 다시 들어가지 말라"(막 9:25).
>
> "예수께서 더러운 귀신을 꾸짖으시고 아이를 낫게 하사 그 아버지에게 도로 주시니"(눅 9:42).

지난 20년을 돌아보고 다가올 30년을 미리 보자는 것은 다음세대,

즉 우리 아이들을 어떻게 키우고 돌보고 세울 것인가를 숙고하자는 것입니다. 그리고 전략을 만들어 보자는 뜻입니다.

우리는 귀신들린 아이의 사건을 통해 확인한 진리가 있습니다. 그것은 믿음으로 돌아가고 믿음을 회복해야 된다는 것입니다. 제자들도 믿음이 없었습니다. 우리도 믿음이 없을 수 있습니다. "믿습니다"라고 소리치지만 믿지 못할 때가 더 많습니다. 이것이 문제입니다.

간디는 사회적 죄악 7가지가 있다고 했습니다.

① 원칙 없는 정치
② 일하지 않고 누리는 부
③ 양심 없는 쾌락
④ 인격 없는 지식
⑤ 도덕 없는 상행위
⑥ 희생 없는 신앙
⑦ 인간성 없는 학문

그러나 이보다 더 큰 죄악이 있다면 믿음 없는 제자, 믿음이 없으면서 있는 줄로 착각하는 것, 자신의 신념을 믿음인 양 포장하고 설치는 사람들입니다.

우리는 지나치게 변화산의 영광을 기대하고 추구하고 있습니다. "여기가 좋사오니, 이대로가 좋사오니"라는 생각이 심리기조 깊숙이 자리 잡고 있습니다. 제아무리 교회가 어렵고 목회가 힘들어도 순교의 피를 흘렸던 선배들의 고난에 비할 수 없고, 우리네 목회 선배들이 흘렸던 눈물과 땀은 따를 수 없습니다.

그래서일까요. 산 아래 사건에는 별 관심이 없습니다. 귀신들린 아이를 둔 아버지의 "내 아들을 고쳐주시오. 살려주시오"라는 절규가 귀찮고 시끄러운 소음으로 들립니다. 땅 사고, 교회 짓고, 재산 늘리고, 이러한 일련의 행위가 악은 아닙니다. 그렇다고 그런 일들이 교회 사명의 본질도 아닙니다.

우리 시대도 패역한 세대 쪽으로 치닫고 있습니다. 거기다 믿음까지 저버린다면 누가 우리 시대를 구원하고 귀신들린 아이를 살릴 수 있겠습니까? "기도할 수 있는데 왜 걱정하십니까. 기도하면서 왜 염려하십니까"라는 복음성가가 떠오릅니다.

연구하고 조사하고 전략을 좇는 것은 방법론입니다. 기도하고 힘을 얻고 믿음을 회복하는 것은 본질론입니다. 본질을 제쳐둔 채 방법에 매달리지 맙시다. 오늘 이곳 이 현장이 전략연구실이 아니라 신앙 회복을 위한 기도의 용광로가 되게 합시다.

"주여, 우리 시대를 살려 주소서. 한국교회를 고쳐 주소서. 내 아들을 살려 주소서." 아멘.

소통하는 사람들
(제7회 바른신학균형목회세미나 개회예배)

> **로마서 8장 28절**
> 우리가 알거니와 하나님을 사랑하는 자 곧 그의 뜻대로 부르심을 입은 자들에게는 모든 것이 합력하여 선을 이루느니라

요즈음 정치권, 기업, 대학, 교회 어느 곳을 가도 '소통'이 중요한 화두로 오르내리고 있습니다. 그것은 그만큼 소통이 중요하기 때문이고 소통이 안 되고 있기 때문입니다.

소통의 반대는 불통입니다. 불통이 빚어낸 몇 가지 사례들을 예로 들어 보겠습니다.

1. 세대간의 불통입니다

결혼을 앞둔 며느릿감은 시부모와 함께 살아야 된다는 것을 형벌로 생각합니다. 특히 시어머니에 대한 알레르기 반응을 보이고 있습니다. 대화가 통하지 않는다는 이유 때문입니다. 그래서 시어머니를

싫어한 나머지 시집도 읽지 않고, 시금치도 먹지 않고, 시편도 읽지 않는다고 합니다. '시'자가 들어간 것은 덮어놓고 싫기 때문이랍니다.

2. 부부간의 불통입니다

부부가 사소한 일로 티격태격 부부싸움을 하게 되었습니다. 이유는 큰 것이 아니었습니다. 말이 오고가며 거칠어지기 시작했고 마침내 큰 소리로 번졌습니다. 그러나 밤새워 싸울 순 없지 않습니까? 남편이 덜 풀린 마음으로 자기 컴퓨터 전원을 켜고 평소 버릇대로 검색을 시작했습니다. 새로 나온 책들을 검색하다가 깜짝 놀랐습니다. 《아내 안에 하나님이 없다》라는 신간이 클로즈업 됐기 때문입니다. 감탄할 일이었습니다. '그러면 그렇지. 아내 같은 악바리 속에 하나님이 계실 리 없지'라며 바로 그 책을 주문했습니다.

사흘 뒤 책이 도착하자 뜯어보지도 않은 채 퉁명스런 어조로 "여보, 선물이야. 읽어봐"라며 건넸습니다.

"무슨 선물?"

"좋은 책이야, 읽어봐."

잠시 뒤, 아내가 책을 손에 들고 나오더니 남편에게 말합니다.

"여보, 이건 내가 읽을 책이 아니라 당신이 읽을 책입니다."

책을 받아든 남편은 기가 막혔습니다. 책 제목이 딴판이었기 때문입니다. 《아, 내 안에 하나님이 없다》, 저자는 필립 얀시입니다.

분통이 터져 일어난 착시, 착각이었겠지만 이 부부의 불통도 눈여겨 보아야 합니다. '내 안에는 하나님이 계시지만 네 안에는 하나님이 계시지 않는다'는 일방적 단정과 속단이 교회에서, 가정에서 점증되어 가고 있습니다.

3. 설교 불통입니다

다니던 교회를 옮긴 교인이 있었습니다. 이유는 여러 가지였지만 가장 큰 원인은 설교 때문이었습니다. 무슨 이야기를 하려는지, 누가 대상인지 알 수 없는 설교를 한다는 것입니다.

부임한 지 4년밖에 안 된 그 목사님은 화려한 이력의 소유자입니다. 국내 명문대 출신으로 독일과 미국에서 각각 석사와 박사 학위를 받은 엘리트 목사입니다. 당회가 후임 선정 기준으로 해외 유학파를 선임했기 때문에 나무랄 데 없는 목사였습니다. 그런데 목회도 서툴고, 인간관계도 서툴고, 리더십도 자리를 못 잡은 데다 설교가 불통이어서 교인들이 하나둘 교회를 떠난다는 것입니다.

목사의 이력이 우중충할 필요는 없습니다. 화려하다고 목회가 서툴지 않은 것도 아닙니다. 목사의 이력서, 그건 그 교회 담임이 되는 조건은 됩니다. 그러나 화려한 이력은 부임한 그날 이후부터는 별 의미가 없습니다. 특히 설교의 경우 이력 때문에, 전공 때문에 은혜를 받는 것이 아니지 않습니까? 전달과 소통이 없는 설교는 설교가 아닙니다.

독백이 있고 대화가 있습니다. 독백이란 대상 없이 자기 혼자 말하고 듣는 것이고, 대화란 대상을 마주 대하고 이야기를 주고받는 것입니다. 그런데 대화 상대가 한 사람이든 대중이든 개의치 않고 소통되지 않는, 알아듣지도 못하는 얘기를 할 때마다 반복한다면 그건 대화가 아니라 독백입니다. 독백의 범주를 벗어나지 못한 설교, 경우에 따라서는 설교자 자신도 무슨 얘기를 하고 있는지 아리송한 설교, 그 설교야말로 불통 설교가 아닐 수 없습니다.

물론 설교를 설교답게 하는 요소는 한두 가지가 아닙니다. 깊은 영성과 기도, 성경 연구와 사색, 텍스트와 컨텍스트의 예술적 만남, 정확한 전달과 소통. 거기다 설교자의 자아관리와 정갈한 삶이 겹친다면 왜 설교를 탓하고, 왜 다니던 교회를 떠나겠습니까?

안경 대신 콘텍트렌즈를 착안하는 사람들이 있습니다. 눈과 안경이 제대로 맞지 않으면 눈이 아프고 충혈됩니다. 설교의 경우 역시 설교와 듣는 이들 간에 아이컨텍이 되어야 합니다. 그리고 때로는 흐르는 물처럼 잔잔하게, 때로는 용솟음치는 파도처럼, 폭포처럼 폭발하는 신령한 에너지가 넘쳐나야 합니다.

그러려면 늘 대상 이해와 그 대상과의 소통을 고려해야 합니다. 설교 대상이 유치원 아이들인데 "사랑하는 성도 여러분, 지금 우리나라는 미증유의 다각적 위기에 봉착해 있습니다"라고 설교한다면 이건 대상 몰이해에다 독백을 하고 있는 것입니다. 대학교수를 위한 설교에서 "여러분, 제 손을 봐주세요. 이건 엄지, 이건 검지잖아요? 교회 잘 다녀야 돼요" 이런 접근은 우매무지의 불통설교일 뿐입니다. 독백은 일방적 선포로 성립되지만 대화는 일방통행이어선 안 됩니다. "말하고 듣고"의 소통공식이 자리 잡아야 합니다.

4. 불통목회입니다

목회가 무엇입니까? 하나님께로부터 위임받은 그의 백성을 하나님께로 이끄는 신령한 행위입니다. 위임하신 하나님의 뜻을 헤아리고 위임받은 사역에 최선을 다하는 것이 정도목회(正道牧會)입니다.

하나님의 교회, 하나님의 목회라는 사실을 잊고 내 교회, 내 목회, 내 양떼라는 착각에 빠져 허우적대는 목회자들이 있습니다. '재산도 건물도 돈도 내 것이다. 나 때문에 쌓인 것들이다'라고 생각하기 때문에 남용, 과용, 심지어는 착복현상이 벌어지게 됩니다. 내 것이 아닙니다. 내 것이어선 안 됩니다. 내 것일 수가 없습니다. 나도 내 것이 아니고, 건물도, 돈도, 땅도 내 것이 아닙니다. 하나님의 것을 위임받은 청지기일 뿐입니다.

그런데 만일 '내 것이다'라고 우격다짐을 한다든지 만용을 부리면 하나님과의 소통이 단절되고 과욕에 눈이 어두워 불통의 역사가 시작됩니다. 누구나 예외일 수 없지만 개척교회에 성공하고 중대형 교회를 일군 목회자들, 어렵고 힘든 교회를 대형교회로 성장시킨 사람들이 빠지기 쉬운 함정과 유혹은 더 큽니다. 내 것 아닙니다.

다음으로 목회는 사람이 대상입니다. 그런데 그 대상은 신뢰하기 힘든 대상입니다. 적도 없고, 동지도 없습니다. 마치 가변차선과 같아서 수시로 변합니다. 작은 이해나 말 한마디에 얼굴을 바꾸고 태도를 바꿉니다. 흔들리는 관계는 비단 목사와 교인만의 경우는 아닙니다. 교인끼리도 문제가 됩니다.

저는 교인끼리의 웬만한 문제는 논평이나 언급 없이 지켜봅니다. 어느 정도는 자기 면역과 자가 치료가 가능하기 때문입니다. 그러나 반대로 목회자가 사사건건 개입하고 시시비비를 가리다 보면 작은 일이 크게 번지는 경우가 됩니다. 한강물은 자정능력에 의해, 밀림의 나무는 자연숨음질을 통해 생존의 신비를 지켜나갑니다.

여기서 우리가 문제로 봐야 될 것은 목회자와 교인 사이의 불통입니다. 말씀드린 대로 목회위임자는 하나님이시고 대상은 사람입니다. 대상에 대한 사전이해 없이 목회는 성립될 수 없습니다.

"나를 따르라"는 일방적 구호만 믿고 교인이 목사를 따르던 시대는 고전입니다. 눈으로 확인하고 귀로 듣고 뼘으로 재고 난 후 타당성이 인정될 때 따를까 말까를 결정합니다. 그리고 지식의 발달로 교인들의 상식이 높아지고 두꺼워졌기 때문에 목회자들의 비상식적 언동이나 행위를 긍정하지도 쉽게 수용하지도 않습니다. 일단은 비평을 통해 필터링한 뒤, 태도를 결정합니다.

목회 수난시대입니다. 여기에 필요한 것은 목회자의 삶과 일관된 행동 그리고 진실성과 자기 낮춤입니다. '내 목회가 최상이다', '내 설교가 최고다'라고 여기면 발전도 진보도 없습니다. 어떻게 내 설교가 최고가 될 수 있으며 내 목회가 최상이 될 수 있습니까?

모 목사님은 주중 당회가 결의한 것을 주일이면 바꾸곤 했습니다. 이유는 기도해 보니 하나님의 뜻이 아니었다는 것입니다. 그러나 나중에 드러난 사실은 사모님의 입김이었다는 것입니다. 결국 목사님은 그 교회를 떠나야 했습니다.

어느 날 새벽기도회 이후 개인기도 시간에 통곡하며 기도하는 여집사가 있었습니다. 반응은 각각 달랐습니다.

"정신이상인가? 미쳤나? 싸웠나? 웬 소란이야?"

지켜보다 못한 한 권사가 다가가 등을 툭툭 치며 말했습니다.

"이봐요, 좀 조용히 기도할 수 없어요? 우는 건 집에 가서 울고 조용히 기도 좀 합시다."

그녀가 통곡한 사연은, 남편이 종합검진 결과 위암이라는 판정을 바로 어제 오후에 받았기 때문이었습니다. 교회 말고 어디 가서 울 데가 있습니까? 기도하면서 울지 못하면 길거리를 쏘다니며 울어야 합니까? 선입견, 자기중심의 이해, 오만 따위는 불통의 씨앗이 됩니다.

불행한 불통의 시작은 아담과 하와에서부터 비롯되었습니다. 불통의 원인 제공자는 악마 사탄이었습니다. 하나님은 소통하는 존재로 창조하셨고, 사탄은 소통을 깨고 불통부부로 만들었습니다. 바벨탑 사건도 불통의 효시가 됩니다. 방언이 달라지자 곧바로 불통의 역사가 일어나고 와해와 분열이 시작되었습니다. 이 경우 역시 원인은 오만과 불신이었습니다.

예수님은 십자가를 지시려는데 제자들은 자리다툼으로 열을 올리고 있었습니다. 시쳇말로 정치바람에 휩싸인 것입니다. 교회정치? 필요합니다. 그러나 그것도 '하나님과 그의 나라를 위하여, 교회를 위하여서'야지, 자신의 욕망이나 영화를 위한 정치가 되면 그 끝마무리가 힘들고 추태라는 쓰레기가 날리게 됩니다.

본문의 말씀을 주목합시다.

"우리가 알거니와 하나님을 사랑하는 자 곧 그의 뜻대로 부르심을 입은 자들에게는 모든 것이 합력하여 선을 이루느니라"

아담과 하와의 불통, 바벨탑의 불통, 제자들의 정치 지향적 불통. 이 모든 것을 한데 묶어 소통의 축제마당을 만드신 분은 예수 그리스도입니다.

그리고 주목할 것은 "십자가에 죽으심으로"라는 것입니다. 십자가로 막힌 담을 허셨습니다. 하나님과 인간의 불통은 죄 때문인데 그 죄를 십자가로 해결하시고 소통의 은총을 주신 것입니다.

"합력하여 선을 이루느니라."

우리 시대는 불통과 반대, 불통과 억지, 불통과 아집, 불통과 편견, 불통과 속단 등 악성 바이러스가 급속도로 번지고 있습니다. 정치, 경제, 사회, 문화, 예술, 교육 그 어느 곳도 치외지대가 없습니다. 문제는 교회입니다. 동역자와 동역자, 목회자와 장로, 장로와 장로, 집사와 권사 가리지 않고 불통의 사자가 왕래하고 있습니다.

합력이란 힘과 지혜를 모으는 것입니다. 그리고 그 힘을 선을 위하여, 하나님을 위하여, 교회를 위하여 재배치하고 투자하는 것입니다. 국제관계도 단독자라든지 독불장군이 있을 수 없는 것처럼 영적 전쟁 역시 합력과 연합전선 없이는 승리가 불가능합니다.

일본 오키나와 장수마을에 가면 100세 넘은 노인들이 건강하게 살아가고 있습니다. 그들의 건강관리 비결은 저염식단, 천연음식물, 해조류, 물고기 등의 섭취입니다. 부단한 운동을 통해 신체를 단련합니다. 그리고 인간관계를 편하게 펴나갑니다.

건강과 장수 역시 소통이 조건이 된다는 것입니다.

불통시대, 불통목회, 불통교회의 막을 내리고 우리 함께 소통과 동역의 새 문을 활짝 열어갑시다.

방황하는 사람들

(제8회 바른신학균형목회세미나 개회예배)

📖 민수기 21장 4-9절

백성이 호르 산에서 출발하여 홍해 길을 따라 에돔 땅을 우회하려 하였다가 길로 말미암아 백성의 마음이 상하니라 백성이 하나님과 모세를 향하여 원망하되 어찌하여 우리를 애굽에서 인도해 내어 이 광야에서 죽게 하는가 이곳에는 먹을 것도 없고 물도 없도다 우리 마음이 이 하찮은 음식을 싫어하노라 하매 여호와께서 불뱀들을 백성 중에 보내어 백성을 물게 하시므로 이스라엘 백성 중에 죽은 자가 많은지라 백성이 모세에게 이르러 말하되 우리가 여호와와 당신을 향하여 원망함으로 범죄하였사오니 여호와께 기도하여 이 뱀들을 우리에게서 떠나게 하소서 모세가 백성을 위하여 기도하매 여호와께서 모세에게 이르시되 불뱀을 만들어 장대 위에 매달아라 물린 자마다 그것을 보면 살리라 모세가 놋뱀을 만들어 장대 위에 다니 뱀에게 물린 자가 놋뱀을 쳐다본즉 모두 살더라

    목표나 목적을 정하지 못하고 갈팡질팡 오락가락하는 현상이나 행동을 '방황'이라고 합니다.
    인간의 방황은 인간 역사와 함께 시작되었습니다. 하나님이 지으신 인간은 창조주이신 하나님과 정상적 교제를 누리며 살았습니다. 아

담과 하와의 관계 역시 정상이었습니다. 그러나 뱀의 유혹에 넘어가면서부터 정상은 비정상으로, 행복은 불행으로, 안주는 추방으로, 영생은 죽음으로, 안식은 고통으로 돌변했습니다. 그와 함께 방황도 시작되었습니다.

가인도 방황아였습니다. 방황의 단초를 제공한 것은 가인의 질투와 증오였습니다. 아벨을 살해한 가인은 두려움의 포로가 되었고 조절하기 어려운 방황의 삶을 살아야 했습니다. 아담과 가인의 방황은 정도를 벗어난 가치관과 판단의 착오 때문이었고 하나님을 외면한 불신앙이 그 원인이었습니다. 하나님의 말씀을 과소평가하고 사탄의 소리에 귀를 기울인 아담은 결국 에덴에서 쫓겨나 고통과 저주와 죽음이 드리운 세상을 방황하게 되었습니다. 가인 역시 누군가가 나를 죽이려 한다는 정신적 공포에 사로잡힌 채 방황자로서의 삶을 꾸려 나가야 했습니다.

우리는 이 즈음에서 현대인의 방황을 살펴보아야 합니다. 최첨단 과학문명시대, 가공할 만한 첨단기기들이 하루가 멀게 개발되는 시대를 살아가는 현대인들이 왜 불안하고 공허하고 고독한 방랑자가 되어야 합니까? 그것은 악성 바이러스의 전염성 때문입니다.

저는 가끔 먹물 실험을 합니다. 하얀 컵 안에 물을 가득 담고 먹물 한 방울을 떨어뜨립니다. 그러면 금방 먹물이 퍼지면서 컵 안의 물이 검정색으로 변합니다. 반대의 실험도 합니다. 먹물이 가득 찬 병을 열고 한 방울의 물을 떨어뜨립니다. 그러나 먹물은 변함이 없습니다. 물방울은 온데간데 없이 흔적도 찾을 길이 없습니다.

악화가 양화를 구축한다는 말이 떠오릅니다. 악성세포가 착한 세포를 잠식하고 점령하는 생리적 현상이 체내에서 벌어지면 암이 발병하고 온갖 질병이 발생한다고 합니다.

선한 것이 악한 것을 이길 수 있습니다만 그러나 공격하고 번지는 세력은 악한 것이 더 강합니다. 아담과 하와를 무너뜨린 사탄은 머리에 치명상을 입게 되었습니다만(창 3:15), 그러나 지금도 여력을 총동원해 개인과 가정, 교회와 역사를 공격하고 있습니다. 그리고 그 여세에 밀려 무너진 개인, 가정이 속출하는가 하면 흔들리는 교회가 불어나고 있습니다.

살인자 가인은 여호와 앞을 떠나 에덴 동쪽 놋 땅에 터를 잡고 거기서 자녀를 낳게 됩니다(창 4:16). 가인이 살던 곳을 떠나 놋 땅으로 갔다고 하지 않고 하나님 앞을 떠났다고 한 대목을 주목해야 합니다.

자신의 살인죄를 회개하지 않은 가인은 불안했습니다. 하루하루가 불안했고 초조했습니다. 도저히 하나님을 대면하고 그 앞에 머물 수가 없었습니다. 왜 불안합니까? 죄를 숨기고 있기 때문입니다. 왜 방황합니까? 하나님과의 관계가 망가졌기 때문이고 단절되었기 때문입니다. 놋 땅에 자리 잡은 가인은 행복했을까요? 아닙니다. 땅이나 돈이나 지위나 환경이 행복의 조건이 아닙니다. 살던 곳을 떠나지 않고 그냥 거기 살았더라도 하나님과의 관계를 회복했더라면 가인은 평안을 누리며 살았을 것입니다.

성경은 우리에게 집단 방황에 대해 그 전말을 밝히고 있습니다. 두 가지 예를 찾겠습니다.

1. 바벨탑 사건과 인류의 방황입니다

창세기 11장 기사에 의하면 시날 평지에 터를 잡은 인간들은 기상천외한 발상을 하게 됩니다. "벽돌을 만들고 견고히 굽자, 성읍과 탑을 건설하자, 탑 꼭대기를 하늘에 닿게 하자, 우리 이름을 내자. 그리고 지면에 흩어짐을 면하자"고 했습니다(창 11:3-4). 하늘을 찌르는 탑, 이것은 인간의 욕망의 발로입니다. 이름을 내자, 이것은 공명심의 발로입니다. 흩어짐을 면하자, 이것은 집단행동과 대중의 횡포입니다.

중요한 것은 "여호와께서 거기서 그들을 온 지면에 흩으셨으므로 그들이 그 도시를 건설하기를 그쳤더라"(창 11:8)입니다. 욕망의 탑, 오만의 탑, 불신앙의 탑은 중단되고 무너졌습니다. 그리고 그들은 그날부터 언어의 방황, 소통의 방황, 주거의 방황을 겪어야 했습니다.

현대문명과 과학은 소통을 차단하는 흉기로 변하고 있습니다. 휴대폰 가입자가 전세계 69억 1천 500만 명이라고 합니다. 문제는 그 피해입니다. 우리나라는 67.6%라는 세계 제1위의 스마트폰 보급률을 자랑하는 나라입니다. 스마트폰은 문명의 최첨단 이기입니다. 쇼핑, 뱅킹, 뉴스, 날씨, 블로그, SNS 등 못할 것이 없습니다. 미래창조과학부와 한국정보화진흥원이 발표한 2013년 인터넷 중독 실태조사에 의하면 만 10세 이상 54세 이하 스마트폰 이용자 15,561명을 대상으로 조사한 결과 만 10~19세 청소년의 중독률은 25.5%로 드러났습니다. 청소년 2명 중 1명은 스마트폰 중독 증세라는 것입니다.

스마트폰을 장시간 쳐다보면 근시가 나타나고 안구건조증을 초래

한다고 합니다. 거기다 목을 구부린 채 스마트폰에 집중하다 보면 '거북목증후군'에 걸릴 위험이 있는데 그것은 집중력이나 기억력 저하를 가져오고 수면유도 호르몬의 생성을 방해하기 때문에 수면장애 증상의 원인을 제공한다는 것입니다. 그뿐만이 아닙니다. 사이버 폭력, 허위사실 유포, 성매매 등 부정적 사회문제를 일으키게 됩니다. 거기다 건강한 인성발달을 가로막기 때문에 정신적 기형아를 양산하게 됩니다.

스마트폰이 빚어내는 기현상은 가정과 교회에도 파급되고 있습니다. 가족간의 대화를 앗아가는가 하면, 식사시간에도 저마다 스마트폰을 들여다봅니다. 밥 한 술 뜨고 스마트폰 들여다보고, 국 한 숟갈 뜨고 스마트폰 들여다보고……. 교회는 어떻습니까? 예배 시간에도 스마트폰을 들여다보느라 인도자를 바라보지 않습니다. 성경 찬송가도 지참할 필요가 없습니다. 스마트폰에 탑재되어 있기 때문입니다.

이쯤 되면 이기입니까, 흉기입니까? 길잡이입니까, 방황선입니까? 거룩한 성입니까, 바벨탑입니까?

2. 이스라엘 민족의 광야에서의 방황입니다

애굽에 들어간 야곱의 식솔들은 70명이었습니다. 그러나 모세의 인도로 출애굽한 후 둘째 해 둘째 달 첫째 날 시내 광야에서 계수한 싸움에 나갈 만한 이스라엘 남자의 수는 60만 3,550명이었습니다(민 1:1~2, 1:45~46). 성서학자들은 여자와 아이들을 합하면 2백만 명을 넘었을 것으로 봅니다.

출애굽의 시작, 홍해도하 사건. 극적이었고 기적이었습니다. 목적지 가나안의 꿈에 부푼 그들은 들뜬 심정으로 행군을 시작했습니다. 그러나 그들의 가나안을 향한 행군은 험로였고 방황이었습니다.

방황의 원인은 두 가지였습니다.

1) 원망과 불평 때문이었습니다.

하나님의 역사나 기적은 지나간 사건일 뿐 눈앞에 전개되는 현실은 원망과 불평의 원인이었습니다.

"길이 멀다, 험하다, 애굽이 좋다, 고기가 먹고 싶다, 정력이 쇠해졌으니 마늘 부추를 다오."

그들의 원성은 하늘에 닿았습니다.

부부도 원망과 불평이 심해지면 거리가 멀어지고 사이에 괴리가 생깁니다. 결국 별거나 이혼의 단초가 됩니다. 교회도 교인은 목사를, 목사는 교회를 원망하면 교회가 흔들리고 성장과 거리가 멀어집니다. 세계 역사를 보면 국론이 나뉘고 이념의 골이 깊어지고 갈등이 심화된 나라치고 잘된 나라가 없습니다. 우리나라의 경우 남남갈등, 계층갈등, 이념갈등, 지역갈등, 노사갈등의 수위가 높아지면 어렵게 쌓아올린 국위와 성장의 탑이 순식간에 무너져 내릴 것입니다. 쌓아올리는 데 50년 걸렸다면 무너지는 것은 순식간입니다.

그 공식은 개인의 경우에도 예외가 아닙니다. 민수기 21장 4-9절의 기사는 호르 산을 떠난 이스라엘이 에돔 땅을 지나 행군하던 길에서 일어난 사건입니다. 험한 길, 폭염, 먹을 것, 마실 것, 그 어느 것 하나 만족이 없었습니다. 그들은 하나님과 모세를 원망하기 시작했습니다 (민 21:5). 우리는 여기서 선민의 원망과 불평의 최종 도착지는 하나님이시라는 것을 유의해야 합니다. 다시 말하면 모세를 향한 원망은 단순히 모세에게 한정되는 것이 아니라는 것입니다. 자신들이 만든 방황의 원인을 하나님께 떠밀고 모세에게 떠미는 그들의 행태를 하나님은 용납하지 않으셨습니다.

"여호와께서 불뱀들을 백성 중에 보내어 백성을 물게 하시므로"(민 21:6).

해법을 찾아야 합니다.

"불뱀을 만들어 장대 위에 매달아라 물린 자마다 그것을 보면 살리라"(민 21:8).

모세가 구리로 만든 뱀은 쇠붙이에 불과합니다. 생명체도 아니고 신통한 광물질도 아니고 약물체도 아닙니다. 우리는 여기서 언약과 믿음의 중요성을 발견하게 됩니다. "만들어라!" 그대로 만드는 순종이 필요합니다. "바라보아라!" 바라보는 믿음이 중요합니다.

"뱀에게 물린 자가 놋뱀을 쳐다본즉 모두 살더라"(민 21:9).

방황하는 사람들

대부분의 주경가들은 모세의 놋뱀은 그리스도의 십자가의 예표였다고 해석합니다. 2천 년 전 사건인 십자가. 거기 달리신 예수 그리스도를 믿으면 누구든지 멸망하지 않고 영생을 얻게 된다는 것이 복음의 핵심 메시지입니다(요 3:16). 우리 시대의 잡다한 방황은 예수 그리스도의 피 흘린 십자가로 끝낼 수 있습니다.

2) 훈련 때문입니다.

지중해 연안을 끼고 첩경을 따라 가나안에 쉽게 들어가면 '우리가 위대하다, 우리가 잘났다, 우리가 해냈다, 우리에게 불가능은 없다'라며 자만에 빠질 확률이 2백, 3백 퍼센트입니다. 그들을 낮추시고 훈련하시기 위해 광야의 방황을 주신 것입니다. 목회자의 위기도 '내가 했다, 내가 해냈다, 내가 하고 있다'라는 오만지수가 높아질 때입니다. 삼가 조심해야 합니다.

한국은 OECD 국가들 가운데 자살률이 최고입니다. 하루 평균 12명인데 한국은 28명입니다. 출산율은 최하위, 술 소비는 최고라고 합니다. 왜 자살합니까? 더 이상 길이 없다는 절망감, 우울증, 자살충동 바이러스, 영적 방황 등 다양한 원인이 복합되어 일어나는 현상입니다.

살인죄로 무기형을 선고받은 죄수가 있었습니다. 그 교도소 교도관이었던 모 교회 장로가 무기수를 관찰했습니다. 그 무기수는 시도 때도 없이 벽에 이마를 쳐박고 자해하는가 하면 목을 졸라 자살을 시도하는 등 자살 소동을 벌였습니다. 그를 돌보기 시작한 교도관이 그에게 물었습니다.

"왜 자해행위를 하는가?", "왜 자살하려 하는가?"

그의 대답은 "검은 물체, 귀신 같은 것이 나타나 '너는 죽어야 한다, 너는 살 가치가 없다, 너는 살인마다, 죽어도 싸다, 지금 당장 죽어라' 하고 소리 지른다. 나는 견딜 수가 없다."

그래서 죽으려 한다는 것이었습니다. 방황을 교사하는 세력은 사탄의 세력입니다. 우리 시대는 어른 아이 할 것 없이 온통 헤매고 있습니다.

로리 목사는 미국의 대형교회인 하비스트 크리스천 펠로십 교회의 담임목사입니다. 그는 "종교의 자유(Freedom of religion)가 종교로부터의 자유(Freedom from religion)로 되어가고 있다. 학교에서, 스포츠 행사에서, 공공장소에서 그리고 직장에서 하나님을 제거했다. 우리의 자유는 절대 진리의 기초 위에 세워진 것이다. 그 기초를 제거하면 자유는 난장판으로 바뀔 것이다"라며 미국 사회를 비판했습니다.

교회가 싫다며 교회를 떠나는 사람, 교회가 잘못했다며 공격하는 사람, 이것저것 따지지 않고 욕설을 퍼붓는 사람, 수단과 방법을 동원해 교회를 파괴하려는 사람, 그게 아니라며 교회를 지키는 사람, 그래도 희망은 교회라며 교회로 오는 사람, 교회는 교회다워야 한다며 개혁을 외치는 사람. 오늘 한국교회는 이 사람 저 사람으로 뒤엉켜 헤쳐 나가기가 어렵습니다.

한국을 방문한 필립 얀시는 국민일보와의 인터뷰에서 이렇게 말했습니다.

교회는 흠 있는 개인들로 채워진 곳이다. 이렇게 문제 많은 사람들에게 하나님이 복음의 메시지를 위임한 사실은 믿을 수 없는 영광이자 하나님 편에서는 엄청난 위기다. 가족 중에 무책임한 일원이 있다고 인연을 끊고 살 수는 없지 않는가?

교회 문제 때문에 누군가는 한발 물러날 필요가 있다는 것에 동의한다. 그러나 그렇게 떠난 사람들은 돌아오지 않는다. 불에서 꺼낸 숯은 차가워지게 마련이다. 성숙한 기독교인이 교회 안에 계속 남아 개혁과 새생명 운동을 일으켜야 한다. 그렇지 않으면 한국교회는 유럽교회가 그렇듯 텅 빈 유물로 전락할 것이다.

떠나는 사람들을 붙잡는 비결은 무엇일까요?
돌팔매를 던지는 사람들을 우군으로 만드는 방법은 무엇일까요?
교회의 위상을 되살려야 합니다. 추락한 신뢰를 되찾아야 합니다. 교회의 존재 의미와 가치를 드러내야 합니다. 무릎 꿇고 손잡고 기도해야 합니다. "주님, 저 때문입니다. 제가 잘못했습니다. 제가 주범입니다"라고 소리쳐 고백해야 합니다. 그리고 복음을 회복해야 합니다.

우리는 그동안 복음 아닌 다른 것들 때문에 정열과 가능성과 재능을 소진했습니다. 그러기에 낮은 자리로 내려가야 합니다. 낮추고 내려놓고 섬김의 도를 실천해야 합니다. 주님에게 좋은 자리, 높은 자리는 내어드리고 나는 종이 되어야 합니다.

이런 모습들이 새롭게 전달된다면 떠났던 사람들은 돌아올 것이며, 독화살은 장미꽃다발이 될 것이며, 교회는 교향곡이 울려퍼지는 축제의 장이 될 것입니다.

그 책임은 나에게 있고 우리에게 있습니다.

"주여, 우리 시대의 방황이 막을 내리게 하여 주소서." 아멘.

그들이 떠나는가! 교회가 떠나는가!
(제9회 바른신학균형목회세미나 개회예배)

> **누가복음 15장 20-24절**
> 이에 일어나서 아버지께로 돌아가니라 아직도 거리가 먼데 아버지가 그를 보고 측은히 여겨 달려가 목을 안고 입을 맞추니 아들이 이르되 아버지 내가 하늘과 아버지께 죄를 지었사오니 지금부터는 아버지의 아들이라 일컬음을 감당하지 못하겠나이다 하나 아버지는 종들에게 이르되 제일 좋은 옷을 내어다가 입히고 손에 가락지를 끼우고 발에 신을 신기라 그리고 살진 송아지를 끌어다가 잡으라 우리가 먹고 즐기자 이 내 아들은 죽었다가 다시 살아났으며 내가 잃었다가 다시 얻었노라 하니 그들이 즐거워하더라

흔히 누가복음 15장 20-24절 이야기를 '탕자의 비유' 또는 '집나간 아들 이야기'라고 합니다. 그러나 엄격하게 말하면 '삼부자의 이야기'라고 불러야 합니다. 아버지와 두 아들의 이야기를 리얼하게 다루고 있기 때문입니다. 성경 안에 이 이야기처럼 타락과 용서와 회복을 드라마틱하게 다룬 기사는 없습니다. 호세아서의 경우 호세아 선지자와 고멜의 이야기를 다루고 있습니다만 누가복음 15장에 비할 바가 아닙니다.

대부분의 주경가들은 본 비유에 등장하는 아버지는 하나님, 큰아들은 유대인, 둘째 아들은 죄인 혹은 이방인을 상징한다고 보고 있습니다. 이 이야기를 우리 현실에 대입하고 적용해 보겠습니다.

아버지는 그때나 지금이나, 그들에게나 우리에게 하나님을 뜻합니다. 우리는 양자로 입양된 존재여서 하나님을 '아바'라 부를 수 있게 되었습니다. 하나님과 우리의 관계는 아버지와 아들의 관계가 된 것입니다. 아버지! 그 이름만으로도 의미가 깊고 삶의 동력을 받게 됩니다.

제가 세 살 때 아버지가 가난한 시골 교회 전도인(조사)의 삶을 끝내고 세상을 떠나셨습니다. 남기신 유산은 가난, 고독, 그리고 《구약스기》라는 책 한 권이 전부였습니다. 저는 아버지 있는 아이들이 부러웠습니다. 그러나 그때마다 제 곁에 아버지는 계시지 않았습니다. 손잡아 주고, 무등 태워 주고, 과자 사주고, 편들어 주는 아버지, 학교 운동회 날 달음질하는 아들을 응원해 주는 아버지가 그립고 부러웠습니다. 그런데 철들고 난 후 소리쳐 부를 수 있는 아버지를 만났습니다. 그분은 하나님 아버지입니다.

그 아버지는 제 곁을 떠나지도 않고 늘 함께하시는 임마누엘 아버지입니다. 저는 그 이후로 지금까지 하나님 아버지를 부릅니다. 고독할 때도 불렀습니다. 먹을 밥이 없어 끼니를 거를 때도 불렀습니다. 등록금을 내지 못해 어려울 때도 불렀습니다. 목회가 힘들고 고달플 때도 불렀습니다. 피로와 스트레스 누적으로 쓰러졌을 때도 부르고 중병으로 사망선고를 받았을 때도 소리쳐 불렀습니다. 지금도 저는 아버지를 부릅니다. 그 믿음과 아버지 은혜로 오늘 여기까지 왔습니다. 그리고 그 아버지 때문에 일하고 있습니다.

본문에 등장하는 큰아들은 누구입니까?

그는 선민 이스라엘을 의미합니다. 출애굽기 4장 22절을 보면 "이스라엘은 내 아들 내 장자"라고 했습니다. 자녀 중 맨 먼저 태어난 사람이 장자입니다. 그 당시 상속법은 장자가 4분의 3을, 차자는 4분의 1을 상속하도록 되어 있었습니다. 특별대우와 혜택을 독차지했습니다.

유대인들의 선민사상은 하나님의 은혜에서 출발했습니다. 그러나 그들은 하나님의 선택을 유아독존화했고 오만의 탑을 쌓는 데 잘못 사용했습니다. "우리가 제일이다. 우리만이 선민이다. 우리만 구원받을 수 있다"는 우월감 때문에 그들은 '다른 사람'을 이해하는 데 인색했고 적대적이었습니다.

오늘도 교회 안에서 특권의식과 선민의식에 빠져 있는 사람들이 있습니다. 그런 부류의 사람들은 목사 가운데도 있고 장로 중에도 있습니다. 그들의 생각이나 행동은 "내가 제일이다. 내 말을 들어라. 나 아니면 안 된다. 내가 주인이다"라고 말하고 행동합니다. 그들은 귀족인 양, 황제인 양 거들먹거리고 몸짓을 합니다. 책임 없는 선택은 의미도 가치도 없습니다.

하나님이 아브라함의 후손인 유대인을 아들로 선택하신 것은 그들의 자격이 탁월해서가 아니었습니다.

"여호와께서 너희를 기뻐하시고 너희를 택하심은 너희가 다른 민족보다 수효가 많기 때문이 아니니라 너희는 오히려 모든 민족 중에 가장 적으니라"(신 7:7).

여기서 말하는 '적다'는 것은 단순히 숫자가 적다는 뜻이 아닙니다. 모든 면에서 총체적으로 미미하고 모자라는 민족이라는 것입니다.

이사야를 통한 다른 메시지도 있습니다. "버러지 같은 너 야곱아 너희 이스라엘 사람들아"(사 41:14)라고 했고, "질그릇 조각 중 한 조각 같은 자"(사 45:9)라고 했습니다. 구역 번역은 "지렁이 같은 야곱"이라고 했습니다. 버러지 같고 질그릇 같은 이스라엘이라는 뜻입니다. 쓸모도 없고, 가치도 없고 그래서 버림받고 천대받는 작은 민족 이스라엘이었습니다. 다시 말하면 내세울 만한 것도 없고, 자랑할 만한 것도 없는 민족이었다는 것입니다. 그러나 하나님은 그들을 선택하시고 신분 상승의 은혜를 주셨습니다.

그 실례를 찾아보겠습니다. 현재 유대인은 세계 인구의 0.2퍼센트 정도라고 합니다. 지금까지 노벨상 수상자 10퍼센트는 유대인들입니다. 미국 내 재벌의 23퍼센트는 유대인이고 상·하 양원 의원 중 35명이 유대인입니다. 아이비리그에 속하는 프린스턴, 하버드, UCLA 등의 대학 총장, 교수 중 50퍼센트 정도가 유대인입니다.

세계를 주름 잡았던 저명인사들도 수두룩합니다. 석학 스피노자, 유물사관으로 공산주의를 창시한 마르크스, 상대성이론으로 과학계를 놀라게 한 아인슈타인, 음악거장 번스타인, 정치외교의 거장 키신저, 세계적인 영화감독 스필버그, 스트렙토마이신을 만든 젤만 왁스만, 페니실린을 만든 어네스트 체인, 억만장자 소로스 등 일일이 열거하기가 어려울 지경입니다. 그뿐입니까. 뉴욕 타임즈, 워싱턴포스트, NBC TV, CBS 방송, ABC 방송도 주인이 유대인이고, NASA도 50퍼센트가 유대인이라고 합니다.

버러지나 질그릇 같은 저들을 하나님은 세계 민족 중 뛰어난 민족이 되게 해주셨습니다. 큰아들, 장자이기 때문에 받고 누리고 있는 것입니다.

둘째 아들은 누구입니까? 그리고 왜 떠났습니까?

둘째 아들은 유대인들이 그토록 경멸하고 따돌린 이방인, 죄인, 세리, 창기들입니다. 시쳇말로 하면 갑을관계에서 을에 속하는 사람들입니다. 그러나 둘째 아들 역시 아버지 그늘 밑에서 잘 먹고 잘 입고 잘 살았습니다. 그런데 왜 떠났을까요? 그 이유를 유추해 보겠습니다. 그리고 '왜 둘째 아들 같은 사람들이 신앙을 포기하고 교회를 떠나는가?' 그 이유를 둘째 아들 사건과 비교, 진단해 보겠습니다.

1. 왜 떠났을까요?

1) 사랑을 간섭으로 오해했기 때문입니다.

좋은 사람 되어라, 바르게 살아라, 일어나라, 일해라, 밥 먹어라, 가라, 오라는 간섭이 싫었을 것입니다. 이스라엘 백성이 하나님을 떠나 우상숭배로 기울게 된 원인도 이와 비슷합니다. 성경 전체를 떠받치고 있는 두 흐름이 있습니다. 그것은 '…하라'와 '…하지 말라'입니다. 십계명의 경우도 그렇고 율법의 구조도 그렇습니다.

거기 비해 우상숭배는 자유롭습니다. 규제도 느슨하고 방법도 자유롭습니다. 천주교보다 기독교가 보다 더 높은 원리를 강조하고 금하는 것이 많습니다. 그래서 자유롭다는 곳으로 가는 사람도 있고, 간섭이 싫다며 교회를 떠나는 사람도 있습니다.

모 교회 담임목사님의 아들이 성가대원으로 봉사하고 있었습니다. 서울 시내 대학 정외과에 재학 중이었습니다. 악보 챙기는 일, 예배 후 대원들이 벗어놓은 가운 치우는 일을 말없이 그가 해냈습니다. 대원들은 목사 아들이니까 당연하다는 자세로 그를 대했습니다. 어느 주일 예배 후 성가대 연습실에서 다음 주일에 부를 찬양을 연습하고 있었습니다.

연습 중이던 지휘자가 그를 부르더니 커피를 한잔 가져오라고 했습니다. 순간 그동안 참았던 상한 감정이 폭발했습니다. "나 커피 배달하는 사람 아닙니다"라고 받아치자 지휘자는 "목사 아들이 안 하면 누가 해?"라고 언성을 높였습니다. 그러자 그는 "이봐요! 아버지가 목사지, 내가 목사야? 제 커피는 자기가 갖다 마셔요" 하고 뛰쳐나갔습니다. 지휘자의 소위 '갑질'이 젊은 대원 한 사람을 떠나게 한 것입니다.

그러나 하나님의 간섭은 간섭을 위한 것도 아니고, 갑질 수준의 행위도 아닙니다. '사랑하기 때문에'를 귀찮고 세세한 간섭으로 이해하면 떠나고픈 마음이 커질 수밖에 없습니다.

2) 형의 갑질이 거슬렸을 것입니다.

'내가 형이다'라는 우월감, 힘쓰지 않아도 재산 4분의 3은 내 것이라는 자기 과시, 거기다 동생을 애 취급했을 것이고 식탁에서도, 일상 속에서도 형에게 밀렸을 것입니다. 거기다 큰아들은 성실과 순종이 몸에 배어 있었고, 둘째는 겉돌기를 즐겼을 것입니다. 형의 갑질이 순간순간 거슬렸을 것입니다.

본문 25절을 보면 "맏아들은 밭에 있다가 돌아와"라고 했습니다. 그의 성실성이 돋보이는 구절입니다. 28절에서는 "저가 노하여 집에 들어가기를 즐겨하지 않았다"고 했습니다. 큰아들의 본심이 드러나고 있습니다. 30절에서는 "아버지의 살림을 창기와 함께 먹어버린 이 아들이 돌아오매"라고 했습니다.

큰아들의 갑질 본색이 드러나고 있습니다. "나는 잘했다, 나는 잘못한 게 없다. 나는 금식하고 구제하고 기도생활에 힘쓰고 십일조를 드리고 거룩하게 살고 있다"는 유대인의 선민의식이 이방인을 정죄하고 다른 사람을 내쫓는 갑질로 나타난 것입니다.

교회를 떠나는 사람들! 그것은 자신이 내린 결단과 선택에 의해서입니다. 그러나 때론 보이고 때론 보이지 않는 기득권 집단의 갑질 때문에 상처받고 교회를 떠나는 사람이 있다면 누군들 그 책임을 면할 수 없을 것입니다.

갑질 논란이 사회적 화두가 되고 있습니다만 교회 안에도 다양한 갑질이 자리할 수 있습니다. 교회를 개척했다는 이유로, 성공목회의 주인공이라는 이유로, 목사의 갑질이 있을 수 있습니다. 교회 창립 멤버라느니, 선임이라는 이유로 아무개 장로의 갑질도 가능합니다. 건축헌금, 십일조헌금, 절기헌금을 많이 한다는 이유로 모 권사의 갑질이 일어날 수도 있습니다. 엘리트라느니 지식인이라느니 사회지도층이라는 이유로 김아무개, 이아무개의 갑질이 생길 수도 있습니다. 그런 사람들의 갑질이 거세질수록 신물 난 보통 사람들은 그곳을 떠나고 싶어합니다. 이미 떠날 사람들도 있고 떠나려고 벼르는 사람들도 있습니다. 특히 젊은이들은 숨막히는 그런 교회가 생리에 맞지 않습니다. 한마디로 그들은 교회를 떠나고, 교회는 그들을 떠나고 있는 것입니다.

문화관광부가 펴내는 〈공감〉이라는 월간지가 있습니다. 2015년 8월 24일자에 윤용근 기자가 쓴 "흔들리는 청소년 마음 챙기는 법"이라는 글이 있었습니다.

"요즘 아이들은 덩치는 이전보다 훨씬 크지만 온갖 고민으로 마음이 아프다. 어린 생각으로 보면 눈 앞에 닥친 힘든 상황이 거대한 벽 혹은 절망의 늪이라고 생각하기 쉽다. 이러니 우울증에 걸리는 청소년이 해마다 늘어나고 심지어 심각하게 자살을 생각해 본 청소년 비율이 어른보다 높다. 청소년기의 극단적이고 충동적인 성향은 불만과 방황을 더욱 부채질한다. 흔들리는 아이들을 잡아주는 것이 멘토와 부모, 학교의 역할이다. 과연 어떤 방법으로 접근해야 청소년의 위기 상황을 해결할 수 있을까"라고 쓰고, 불교 승려의 활동을 소개하고 있었습니다.

떠나고 흔들리는 그네들을 위해 교회는 무엇을 어떻게 해야 합니까? 방임하고 방치할 것인가, 해법을 찾을 것인가 고민해야 합니다.

3) 유혹 때문이었습니다.

13절을 보면 "먼 나라에 가서"라고 했고 "허랑방탕하며"라고 했습니다. 그는 이미 먼 나라의 정보를 수집했고 떠날 준비를 한 것입니다. 그리고 그 나라의 사회 분위기는 허랑방탕하기에 딱 좋은 상황이었습니다. 허랑방탕의 원어의 뜻은 "구원하기 어렵다"라는 것입니다. 허랑방탕은 구원받지 못한 사람의 생활태도입니다. 그러나 구원받은 하나님의 자녀나 종은 그렇게 살면 안 됩니다.

우리 사회 분위기는 어떻습니까? IT기술의 발달은 오만 가지 정보를 섭렵하고 대면할 수 있게 해줍니다. 자살, 음란, 폭력, 악플, 이단 사이트 등 클릭만 하면 언제 어디서 누구라도 접속이 가능해졌습니다. 그 피해는 심각합니다. 갈 곳도 많고 볼 것도 많고 할 짓도 많아졌습니다. 그러나 하나님의 자녀나 종들은 그런 데 빠지면 안 됩니다. 교회는 내팽개쳐 둔 채 이곳저곳 기웃거리고 이일 저일 닥치는 대로 손을 대다 보면 영혼의 집은 반드시 무너지도록 되어 있습니다.

한국 초대교회의 경우 교회 문화가 세상 문화를 앞장섰습니다. 그러나 세상이 변했습니다. 교회가 별일을 다하고, 별짓을 다 꾸며도 세상 문화를 앞지르지 못합니다. 그런데도 요즘 교회들은 문화적 접근을 내세워 세상 흉내 내기에 바빠졌습니다. 교회가 제아무리 멋진 영상을 만든다 해도 "명량"이나 "암살" 같은 영향력을 행사할 수 없습니다. 그래서 무엇을 하든 교회는 교회의 영역을 사수해야 합니다. 십자가 빠진 행사, 세상 문화 흉내 내는 이벤트, 우후죽순 같은 프로그램 그런 것들 때문에 교인들은 피곤해하고 있습니다. 누구를 위한 이벤트이며 프로그램입니까? 하루빨리 교회는 본질을 회복하고 복음으로 돌아가야 합니다. 본질과 비본질을 뒤섞는 일을 중단해야 합니다.

A교회는 목회자가 풍기는 멋 때문에 교인들이 모인답니다. B교회는 목회자의 화려한 경력과 학벌 때문에 교인들이 몰려든답니다. C교회는 훈훈하고 인정 넘치는 목회자의 인간미에 반해 교인이 온답니다. D교회는 다양한 문화행사와 고차원의 이벤트 때문에 지성인들이 많이 모인다고 합니다.

그러나 그런 이유라면 오래 못 갑니다. 머잖아 바닥이 드러나고 명분이 고갈됩니다. 그리고 떠납니다. 예수님 목회, 십자가 목회, 복음 목회라야 합니다. 느리고 더디더라도 그쪽에 승부를 걸어야 합니다. 그렇게 하면 안 떠납니다. 돌아옵니다. 거기다 교회 내홍이 겹치면 젊은이들은 뒤도 돌아보지 않고 떠나버립니다.

그들이 교회를 떠납니까? 교회가 그들을 떠납니까? 양자의 관계는 수레의 두 바퀴와 같습니다. 따로따로가 아닙니다. 교회가 그들을 내쫓았습니다. 저네들은 "저절로 크겠거니, 제가 알아서 하겠거니"라며 수수방관했습니다. "교회 운영이 어렵다, 지원할 수 없다"라며 저들을 돌보지 않았습니다. "세상풍조가 그렇다, 누구나 한때는 그렇게 했다"라며 자위했습니다. 그러는 동안 저들은 교회를 떠나 먼 나라로 가버렸습니다.

교회를 떠난 저들은 대학로, 압구정동, 홍대거리, 신림동으로 가버렸습니다. 교회에서 철야기도하던 저들이 밤새 술 마시고 춤추고 떠드는 나라로 가버렸습니다. 한국교회는 뒤늦게 그 사실을 발견했습니다. "아차, 이건 아닌데, 이러면 안 되는데"라며 뒷북을 치고 있습니다. 그들은 돌아와야 합니다. 반드시 돌아와야 합니다.

2. 대안은 무엇입니까? 왜 돌아왔습니까?

1) 실패가 동기를 자극했습니다.

"그 나라에 크게 흉년이 들어 궁핍한지라"(14절).
"돼지를 치게 하였는데"(15절).
"돼지 먹는 쥐엄 열매로 배를 채우고자 하되 주는 자가 없는지라" (16절).
"스스로 돌이켜", "나는 여기서 주려 죽는구나"(17절).

다 망하고 탕진한 후 돼지 인생으로 전락하게 됐을 때 아버지가 생각났습니다.

"낭패와 실망 당한 뒤에 예수께로 나옵니다" 찬송이 연상되는 장면입니다. 문제는 '아버지가 받아 줄 것인가'였습니다. 아버지는 기다렸고 아들은 돌아왔습니다. 아버지의 용서와 사랑, 아들의 믿음과 회개가 만난 것입니다. 우리는 여기서 십자가의 웅변을 듣게 됩니다. 믿음과 사랑, 회개와 용서가 절묘하게 만나는 곳이 바로 십자가입니다.

기다리시는 아버지! 돌아온 아들! 여기에 해법이 있습니다.

여기에 기독교 복음이 살아 움직입니다.

2) 기다리시는 아버지의 마음을 읽어야 합니다.

> "이에 일어나서 아버지께로 돌아가니라 아직도 거리가 먼데 아버지가 그를 보고 측은히 여겨 달려가 목을 안고 입을 맞추니"(20절).

이상근 주석은 "① 아들이 아버지를 보기 전 아버지가 아들을 먼저 보았다. ② 아들은 천천히 걸어가고 아버지는 달려갔다. ③ 아들이 자기 죄를 고백하기 전 아버지가 먼저 다 용서해 주었다"라며 이것을 하나님의 '선수적 사랑'(initiative love)이라고 해석했습니다. 떠난 사람들이 돌아올 수 있도록 참고 기다려야 합니다. 관용하고 수용해야 합니다. 통이 좁고, 답답하고, 숨통이 막히고, 말이 통하지 않고, 몸짓이 다르다는 이유로 떠났던 사람들이 돌아오게 하려면 아버지의 심장으로 바꾸고 언어를 바꾸고 행동을 고쳐야 합니다. 그때 그들은 돌아올 것입니다.

오래 전 청년부 예배에 설교를 하기 위해 앞자리에 앉았습니다. 때는 무더운 여름철이었습니다. 위아래층을 둘러보았습니다. 청년들 모습이 가관이었습니다. 찢어진 청바지 사이로 무릎과 허벅지가 보이는가 하면, 모자를 벗지 않고 거꾸로 쓰고 있는 사람, 선글라스를 끼고 있는 사람, 졸고 있는 사람, 머리를 무지개 색깔로 골고루 염색한 사람. 그야말로 꼴불견이었고 심사가 편치 않았습니다. 그때 영감이 떠올랐습니다.

"박 목사야, 저들이 찢어진 청바지 입고 교회 오는 게 좋냐, 대학로 가는 게 좋냐? 네가 저네들 청바지 사라고 돈 준 일 있느냐?"

"교회 오는 게 훨씬 좋지요."

"그런데 왜 네가 화내고 있느냐"

"박 목사야? 저네들이 모자 거꾸로 쓰고 홍대거리 가는 게 낫냐, 교회 오는 게 낫냐?"

"교회 오는 게 백번 낫지요."

"박 목사야, 저네들이 빨강, 파랑, 노랑, 검정, 하얀 색깔로 염색하고 교회 오는 게 좋겠니, 압구정동 가는 게 좋겠니? 흰머리, 검정색으로 염색하는 건 괜찮고, 검은머리 무지개 색깔로 염색하는 건 잘못이냐, 죄냐?"

"주님 아닙니다. 제가 생각을 바꾸겠습니다."

이렇게 고백하고 강단에 올랐습니다.

"주목! 교회 온 것을 환영한다. 청바지 마음 놓고 갈기갈기 찢어라. 모자 뒤집어 쓰든 거꾸로 쓰든 마음대로 해라. 머리 염색 마음 놓고 멋대로 해라. 단 교회만 오면 된다"라고 기염을 토했습니다. 그랬더니 위아래층 아이들이 "오빠!"라고 소리치며 박수를 쳤습니다. 소통은 이해의 뿌리에서 자랍니다.

한국은 사회갈등지수가 세계에서 4위이고, 갈등해결지수는 27위랍니다. 세상이 온통 갈등으로 치닫는다 해도 교회는 그러면 안 됩니다. 그 이유 때문에 그들이 떠나기 때문입니다. 예수님 믿고 구원받앉다는 사람들, 주의 종이라고 떠벌리는 사람들, 교회를 섬기노라고 입을 여는 사람들이 갈등을 생산하고 갈등의 검을 휘두르게 되면 둘 다 상처를 입고, 상처 입은 그들은 거기를 떠나 버립니다. 그 책임을 누가 어떻게 져야 합니까?

솔직히 말하면 떠났거나 떠날 채비를 하고 있는 그네들에게 문제가 있다기보다는 교회에 문제가 있다는 게 맞는 말입니다. 너그러움으로 그들을 대합시다. 진솔하게 그들과 소통합시다. 그들을 위해 말과 행동을 조심합시다. 쓸데없는 일에 교회 힘을 소진하지 맙시다. 그네들이 보기도 싫고 듣기도 싫다는 그릇된 일을 하지 맙시다. 그리고 너그럽고 여유롭고 풍성한 교회를 만들고 보여 줍시다.

한국 음식은 언제나 넉넉합니다. 먹고 남습니다. 먹고 싸줍니다. 일본 음식은 모자랍니다. 반찬도 돈 주고 사먹어야 합니다. 미국 음식은 맛이 없습니다. 먹을 만큼만 준비합니다.

교회는 믿음도, 섬김도, 용서도, 사랑도 넉넉해야 합니다.

교회의 품이 커야 그네들을 안을 수 있습니다.

교회는 그들에게로, 그들은 교회로 돌아와야 합니다.

그날을 기대하며 기도하고 방법을 찾아갑시다.

"아버지! 아버지 품으로 그들이 돌아오게 해주소서."

바벨탑 교훈
(제10회 바른신학균형목회세미나 개회예배)

🌿 **창세기 11장 1-9절**

온 땅의 언어가 하나요 말이 하나였더라 이에 그들이 동방으로 옮기다가 시날 평지를 만나 거기 거류하며 서로 말하되 자, 벽돌을 만들어 견고히 굽자 하고 이에 벽돌로 돌을 대신하며 역청으로 진흙을 대신하고 또 말하되 자, 성읍과 탑을 건설하여 그 탑 꼭대기를 하늘에 닿게 하여 우리 이름을 내고 온 지면에 흩어짐을 면하자 하였더니 여호와께서 사람들이 건설하는 그 성읍과 탑을 보려고 내려오셨더라 여호와께서 이르시되 이 무리가 한 족속이요 언어도 하나이므로 이같이 시작하였으니 이 후로는 그 하고자 하는 일을 막을 수 없으리로다 자, 우리가 내려가서 거기서 그들의 언어를 혼잡하게 하여 그들이 서로 알아듣지 못하게 하자 하시고 여호와께서 거기서 그들을 온 지면에 흩으셨으므로 그들이 그 도시를 건설하기를 그쳤더라 그러므로 그 이름을 바벨이라 하니 이는 여호와께서 거기서 온 땅의 언어를 혼잡하게 하셨음이니라 여호와께서 거기서 그들을 온 지면에 흩으셨더라

창세기 6장은 노아시대 홍수심판과 그 이유를 설명하고 있습니다. 6장 1절을 보면 '사람이 땅 위에 번성하기 시작했다'고 했습니다. 아담과 하와로 시작한 인간이 생육번성을 거듭해 인구가 급증한 것입니다.

문제는 창세기 1장 28절에서 말씀하신 "생육하고 번성하여 땅에

충만하라"는 번성과, 창세기 6장이나 11장에서 말하는 번성은 근본적으로 차이가 있다는 것입니다. 창조 당시의 번성과 충만은 하나님 안에서 형성된 집단을 의미하고, 타락 이후의 번성과 충만은 인간 중심의 집합체를 의미하기 때문에 동일시하는 것은 옳지 않습니다. 그래서 번성이 문제가 된 것입니다.

노아시대의 경우 "번성하기 시작할 때" 문제가 불거지기 시작한 것입니다. 어떤 문제가 터졌습니까?

첫째, 혼합주의입니다.

"하나님의 아들들이 사람의 딸들의 아름다움을 보고 자기들이 좋아하는 모든 여자를 아내로 삼는지라"(창 6:2)고 했습니다. 신앙과 불신앙이 뒤섞이기 시작한 것입니다. 신앙은 제쳐두고 관능미 위주의 결혼이 성행하기 시작했습니다. 이것은 단순한 결혼의 문제가 아닙니다. 하나님을 섬기는 남자들이 하나님을 섬기지 않는 여자들과 눈이 맞아 결혼한 이 사건은 오늘 우리 시대의 경우 신앙의 혼합주의에 해당됩니다.

"이래도 좋고, 저래도 좋고. 이 종교에도 구원이 있고, 저 종교에도 구원이 있다. 이 신학도 유의미하고, 저 신학도 유의미하다. 이 신앙도 좋고, 저 신앙도 좋다"라는 것은 극단의 혼합주의입니다.

하나님이 정하신 가정 성립의 원칙을 무시하고 男과 男, 女와 女의 결혼도 상관없다는 신학이나 교회라면 그들은 성경을 어떻게 읽고 해석하는 사람들입니까?

둘째, 네피림의 출현입니다.

"당시 땅에는 네피림이 있었고 그들이 낳은 자식들은 용사였고 명성을 날리는 사람들이었다"고 했습니다(창 6:4). 네피림은 영웅, 장부, 용사를 뜻합니다.

중요한 것은 하나님이 그것을 싫어하신다는 것입니다.

> "여호와께서 사람의 죄악이 세상에 가득함과 그의 마음으로 생각하는 모든 계획이 항상 악할 뿐임을 보시고"(창 6:5).
> "땅 위에 사람 지으셨음을 한탄하사 마음에 근심 하시고"(창 6:6).
> "내가 창조한 사람을 내가 지면에서 쓸어버리되 사람으로부터 가축과 기는 것과 공중의 새까지 그리하리니"(창 6:7).

예수 안 믿는 사람들은 예외로 치고 우리 얘기를 해 봅시다. 영웅주의, 공명심, 혼합주의가 교회 심장부를 공격하고 있습니다. 이름을 내고 싶고 명성을 날리고 싶고 성공하고 싶고 그래서 수단과 방법을 가리지 않는 모습이 내 자화상이 아닙니까?

지난날 제 목회를 돌아보면 '아! 너무나 서툴렀다. 너무 잘못했다'라는 자책감과 뉘우침으로 부끄럽고 죄송합니다. 잘한다 칭찬받고 싶어했고 성공했다고 인정받고 싶어했습니다. 결코 잘한 짓이 아니었습니다. 목회도 그렇고 인생도 그렇고 신앙생활도 잘하려고 하는 것이 아니라 바로하려고 노력했어야 했는데 그게 서툴렀습니다.

성공이 뭡니까? 그 기준을 내가 정하면 바른 척도가 아닙니다. 하나님이 정하신 척도가 바른 것입니다. 사람들의 칭찬, 떠받침, 환호?

아무것도 아닙니다. 그런 건 하루아침에 변합니다. 우선순위를 하나님께 두어야 합니다. 그런데 저는 그게 서툴렀습니다.

하나님의 아들이 됩시다. 하나님의 종이 됩시다. 네피림은 되지 맙시다. 영웅주의의 포로가 되지 맙시다. 하나님이 나 때문에 한탄하시고 근심하시고 '싹 쓸어버릴까?'라고 생각하시지 않도록 정신 차립시다.

저는 늘 이 구절을 묵상합니다.

> "그러나 노아는 여호와께 은혜를 입었더라"(창 6:8).

다 망해도, 다 죽어도, 다 끝나도 은혜를 입은 노아는 살아 남았습니다. 노아 자신의 공적이나 노력 때문이 아닙니다. 은혜 때문입니다. 목회는 실력이나 경력으로 되는 게 아닙니다. 오직 은혜로 됩니다. 구원이 오직 믿음, 오직 은혜이듯이! 은혜로 삽시다. 은혜로 목회합시다.

창세기 11장은 바벨탑 사건을 다루고 있습니다. 노아 홍수 후 셈, 함, 야벳을 통해 번성하기 시작한 사람들은 시날 평지로 모여 들기 시작했습니다.

모든 생활조건이 가장 편리한 그곳은 평원이었습니다. 그러나 편한 것이 다 좋은 것은 아닙니다. 악조건이 다 나쁜 것은 아닙니다. 이스라엘의 광야 40년은 악조건의 연속이었습니다. 그러나 저들에게 광야가 없었다면 가나안 정착도 어려웠을 것이고 적응도 힘들었을 것입니다.

현대인은 무사안일, 평안, 행복 찾기에 열을 올리고 있습니다. 덩달아 기독교인도 거기에 세뇌되어 가고 있습니다. 그러나 광야 다음에 가나안, 그것이 정도입니다.

그 당시 시날 평지에 모인 사람들과 그들이 시도했던 사건을 창세기 11장 1~9절이 설명해 주고 있습니다.

1. 언어와 말이 하나였습니다

"온 땅의 언어가 하나요 말이 하나였더라"(1절).

얼마나 소통이 원활했겠습니까? 언어가 다르고 주고받는 말이 다르면 불통의 고통이 따릅니다. 우리 시대를 '불통의 시대'라고 합니다. 계층간, 세대간, 국가간 소통의 길이 막혀 있다고 걱정하고 있습니다. 다양한 소통의 수단이 있지만 언어의 소통이 막히면 모든 소통은 막히게 마련입니다.

요즘 젊은이들과 아비세대를 단절시키는 불통의 요인 중 사고의 차이와 언어의 차이를 뺄 수 없습니다. 은어, 비어, 속어, 악어를 일상화하고 있는 젊은 세대를 이해할 수도 없고 접점을 찾는 것은 거의 불가능합니다. 언어의 통일은 당시 시날 평지 사람들의 생각을 모으고 행동을 단일화하는 계기를 제공했습니다. 선교지에 파송된 선교사들이 풀어야 할 선결과제가 현지 언어를 습득하는 것입니다. 언어의 소통이 안 되면 관계 형성이 어렵거나 늦어집니다.

오래 전 러시아 장로회신학교에서 강의를 한 일이 있었습니다. 모든 강사들이 러시아어를 모르기 때문에 통역 강의를 했습니다. 어떻게 통역하는지, 뭐라고 통역하는지 알 수 없는 강의를 하면서 느낀 것은 '내가 강의를 하는 게 아니고 통역자가 강의를 하고 있구나'라는 것이었습니다.

시날 평지 사람들은 통일된 언어를 나쁜 쪽으로 활용하기 시작했습니다. 나쁜 짓을 하는 데 뜻을 모은 것입니다.

2. 하늘에 닿는 탑을 쌓기로 했습니다

목적은 "이름을 내자, 흩어짐을 면하자"였습니다. 당시 바벨론의 건축 양식은 장방형에 계단식 구조였다고 합니다. 탑 꼭대기에는 성소를 설치하고 신상이나 성물을 보관했다고 합니다. 고고학자들의 연구에 따르면 바벨탑의 위치는 유프라데스강 오른쪽 바벨론의 남부였을 것으로 보고 있습니다.

바벨탑은 7층이었고 높이는 90미터, 너비도 90미터였다고 합니다. 요즘 건축 규모에 비하면 아무것도 아니지만 당시 건축 기술로는 엄청난 건축물이었습니다. 쌓아올리다 무너진 것을 높이고 높여 "하늘에 닿게" 하는 것이 그들의 목표였습니다.

탑이 무너진 것을 유세비어스는 강풍이 불어 무너졌다고 했고, 유대 전승에 의하면 하늘에서 불이 떨어져 기초까지 완전히 무너졌으며 탑이 무너지면서 탑을 세우던 사람들을 덮쳤다고 했습니다.

중요한 것은 하나님이 탑 쌓는 그들의 행위를 보고 진노하셨다는 것입니다.

"하늘에 닿게 하자", 인간의 지능과 기술을 총동원해 하늘을 무찌르자, 하늘에 계시다고 믿는 신을 끌어 내리자는 인간의 오만과 도전이 동기였습니다.

"이름을 내자", 인간의 능력과 문명의 위대함을 세계에 알리자, 그리고 후대에 전하자는 것이 그들의 의도였습니다.

저는 바벨탑 기사를 읽으면서 '현대판 바벨탑은 무엇일까'를 생각해 보았습니다. '내 안에 있는 바벨탑은 무엇일까?' 그것은 영적 교만과 공명심입니다. 영적 대가인 양, 영적 숙련공인 양 행세하고 처신하는 내 꼴이 바벨탑입니다. 설교로 이름을 내고 싶고, 학문으로 명성을 떨치고 싶고, 교회 건물로 키재기를 하고픈 바벨탑이 내 안에서 꿈틀대고 있습니다.

겉포장은 주님을 위한다면서 나를 드러내고 나를 과시하고 나를 높이고픈 바벨탑. 주님의 종이라면서 주님을 종 부리듯 하는 바벨탑이 내 안에 자리잡고 있습니다.

"무너져라, 바벨탑. 불타거라, 바벨탑. 산산조각 나라 바벨탑."

다른 바벨탑도 있습니다. 그것은 현대 문명과 질주하는 인간의 지능입니다. 인간의 문명은 부침(浮沈)을 되풀이했습니다. 바벨론, 앗수르, 헬라, 페르시아, 로마 문명의 부침을 거쳐 서구 문명시대를 열었습니다.

서구문명이 물질문명이라면 동양문명은 정신문명입니다. 둘 다 명멸하고 부침합니다. 일찍이 슈바이처는 람바데네에서 20세기 황금문명의 조종소리를 듣는다며 질주하는 문명의 몰락을 예견했습니다.

현대경제연구원이 밝힌 "4차 산업혁명의 등장과 시사점"이라는 보고서가 있습니다. 그에 따르면 제1차 산업혁명(18세기)은 수력, 증기기관, 기계식 생산설비의 동력화로 인류가 전혀 경험하지 못한 빠른 속도의 획기적 기술 진보를 이룩했고, 제2차 산업혁명은 19~20세기에 일어났는데 노동 분업 전기 등이 대량 생산되면서 전산업 분야에 파괴적 기술에 의해 산업구조가 재편되었고, 제3차 산업혁명은 20세기 후반으로 전자기기 IT, 자동화생산 등 디지털화했고, 제4차 산업혁명은 2015년 이후부터 시작됐는데 사이버 물리 시스템 등이 융합됨으로 생산 관리 지배구조 등 시스템에 변화가 일어날 것이라고 합니다.

3D프린팅, 사물 인터넷, 바이오공학 등 주요기술이 융합해 새로운 혁명을 가져온다는 것입니다. 운송수단이 바뀌고 로봇공학이 발전하고 빅 데이터, 유전공학 등이 부상해 산업구조를 바꾸게 됩니다. 4차 산업의 결과로 15개국에서 약 200만 개의 새 일자리가 생기지만 약 700만 개의 일자리가 사라져 약 500만 개의 일자리가 없어질 것이라고 합니다.

7세 이하의 어린이가 성장해 사회에 나가 직업을 선택할 때가 되면 65퍼센트는 지금 없는 직업을 갖게 된답니다. 인공지능을 지닌 기계가 현재 우리의 일자리를 다 빼앗을 것이라고 합니다.

'과학혁명과 산업혁명이 바벨탑이냐, 아니냐'는 분석과 판단에 따라 견해가 다를 수 있습니다. 보다 중요한 것은 '교회는 어떻게 할 것인가'입니다. 그리고 인간의 지능이 어디까지 탑을 쌓을 것인가 하는 것입니다.

 신학은 하나님을 논하는 학문입니다. 그러나 유한한 신학이 영원하신 하나님을 논하고 피조물인 인간이 창조주 하나님을 논한다는 사실 자체가 모순일 수밖에 없습니다.

 문제는 '하늘에 닿는 탑을 쌓아올리자'라는 오만한 도전으로 하나님의 존재와 영원한 세계를 논하는 단계에 접어들고 있다는 것입니다. 우리가 주목해야 할 부분입니다. 무너진 바벨탑 후손들은 세계 도처에서 제2, 제3의 탑을 쌓고 있습니다. 무너지고 쌓고를 반복합니다. 그러나 바벨탑은 그것이 권력이든 부이든 과학이든 지식이든 종교이든 신학이든 다시 무너질 것입니다. 무너져야 합니다.

3. 결론으로 회복을 조명해 보겠습니다

 (1) 시날 평원에서 일어난 언어혼잡 사건은 사도행전의 초대교회 성령 강림 사건으로 회복됩니다. 오순절 성령 강림을 통해 각 나라 방언이 하나로 통일되는 기적이 일어났습니다. 무엇을 뜻합니까? 시종과 예결이 하나님께 있다는 것입니다. 사도행전의 방언은 언어의 소통을 보여 주었고 고린도 교회의 방언은 영적 소통의 길을 예시해 주었습니다.

 (2) 무너진 바벨탑은 인간의 자만과 공명주의에 대한 하나님의 심판이었습니다. 그렇다고 하나님은 매사를 무너뜨리고 흩으시는 것은 아닙니다. 마지막 때 동서남북에 흩어진 사람들을 모으실 것이며 십

자가 깃발 아래 모여 하나가 되게 하실 것입니다. 그리고 그들이 머물 영원한 나라를 준비하셨습니다. 바로 그곳이 새 하늘과 새 땅이며 영원한 나라입니다.

시날 평지 사람들은 7층탑을 쌓다가 무너지고 흩어졌습니다만, 영원한 그 왕국은 무너지지도 흩어지지도 않습니다. 그래서 우리는 이렇게 고백해야 합니다. "우리의 앞날이 주님의 손에 있습니다"라고. 이 고백이 우리의 진솔한 고백이라면 호들갑을 떨 필요도 없고 당황할 필요도 없습니다. 겁낼 필요도 없고 흔들릴 이유도 없습니다.

우리의 앞날도 문명의 앞날도 교회의 앞날도 주님의 손에 있기 때문입니다. 아멘!

설교집 제30권
소통하는 사람들

1판 1쇄 인쇄 _ 2016년 10월 25일
1판 1쇄 발행 _ 2016년 11월 5일

지은이 _ 박종순
펴낸이 _ 이형규
펴낸곳 _ 쿰란출판사

주소 _ 서울특별시 종로구 이화장길6
편집부 _ 745-1007, 745-1301~2, 747-1212, 743-1300
영업부 _ 747-1004, FAX 745-8490
본사평생전화번호 _ 0502-756-1004
홈페이지 _ http://www.qumran.co.kr
E-mail _ qrbooks@gmail.com/qrbooks@daum.net
한글인터넷주소 _ 쿰란, 쿰란출판사
등록 _ 제1-670호(1988.2.27)
책임교열 _ 송은주

ⓒ 박종순 2016   ISBN 978-89-6562-951-1 93230

책값은 뒤표지에 있습니다.
이 출판물은 저작권법에 의해 보호를 받는 저작물이므로 무단 복제할 수 없습니다.
파본(破本)은 구입처에서 교환해 드립니다.